传媒集刊

中国网络传播研究　第25辑

CHINESE JOURNAL OF
COMPUTER-MEDIATED COMMUNICATION

夏倩芳 ◎ 主编

# 中国网络传播研究

## 风险传播与治理

中国传媒大学出版社
·北京·

# 目　录

# 专题探讨

## 风险传播与治理

## 主持人语

重大风险事件不同于一般意义上的风险事件或突发事件，它具有危害的潜伏性、爆发的突然性、后果的不确定性、诱因的复杂性、时间的持续性等特点，增加了识别、预警、防范和应对的难度，极大地考验社会治理能力。由于风险感知的不确定性、风险爆发的突然性以及公众情绪的不稳定性等因素相互交织，重大风险事件的治理过程总是伴随社会心态的剧烈波动，稍有不慎便会导致社会恐慌，产生“情绪焦虑综合征”，甚至引发大规模非理性集体行动，给社会秩序带来极大挑战。因此，实现风险传播与风险感知的平衡、情绪传播与舆情管理的平衡、秩序管控与社会活力的平衡、利益受损与社会信任的平衡，是风险传播与治理的关键。本期“风险传播与治理”专题，试图探讨当前重大风险事件的信息传播规律、关键节点、社会心态以及多元治理路径等，给学界提供一幅风险传播研究的新图景。希望本专题可以为风险传播研究者提供新的思路和启迪，并为我国重大风险治理实践提供有益借鉴。

郭小安

# 网络谣言犯罪的成立条件及其合理边界

## ——基于风险刑法的分析视角*

◇ 韩 放 郭小安**

**摘要:**面对网络空间中谣言问题的普遍性、广泛性和严重性,刑法介入网络谣言的治理不仅是时下之需,而且是必有之要。但受到风险刑法观的影响,本应位于网络谣言治理序列最末端的刑法,被视作一种消除社会风险隐患的重要且有效的“工具”,日益前置化。网络谣言入罪必须恪守罪刑法定原则,紧扣虚假信息、实质性后果、恶意动机“三位一体”入罪成立条件,既要考虑实质性的客观后果,也要结合恶意的主观动机,坚持主客观相统一原则,防止任何形式的客观归罪。划清网络谣言入罪的合理边界既能促使行刑顺畅衔接,避免网络谣言被随意罪化,也能缩限刑法过度化,限制刑罚权的恣意扩张。因此,刑法介入网络谣言治理的力度与限度需张弛有度,打击言论犯罪的同时保障公众言论自由的宪法权利,做到有所为、有所不为。

**关键词:**网络谣言;风险刑法;入罪条件;刑法边界;言论自由

## 一、问题的提出

随着我国社会转型升级,社会矛盾也随之显现,各种风险因子通过网络

* 基金项目:国家社会科学基金一般项目“重大风险事件中的社会情绪传播及舆论引导策略研究”(编号:22BXW015)。

** 韩放,重庆大学法学院新闻法学博士研究生;郭小安,重庆大学新闻学院院长、教授、博士生导师。

传播得到增殖与放大,尤其是网络谣言的屡禁不止使得风险社会的不确定性表征进一步凸显。任由网络谣言肆虐极有可能会造成严重危害后果,“响水爆炸谣言引发万人大逃亡”“皮革奶粉致癌谣言重创国产乳制品”“蛆橘谣言导致全国柑橘严重滞销”等诸多鲜活案例不一而足。面对网络谣言引发的一系列严重社会问题,当行政管治手段受到制约或力所不能及时,基于“重刑之下必有功”的逻辑,社会舆论对网络谣言施以“严法重刑”的呼声不绝于耳且日益高涨。自 2013 年始,公安部首次部署全国各地公安机关开展针对网络谣言的专项打击行动,其中以“秦志晖(网名:秦火火)、杨秀宇(网名:立二拆四)案”为标志,掀开了一场“运动式打谣”的序幕。新冠疫情防控期间,北京市公安局在短短 45 天内,对 33 名编造、传播网络谣言者采取刑事强制措施(环球网,2021)。2023 年 4 月 10 日,公安部网安局开启为期 100 天的“百日打谣”行动,公安部及各地公安机关“百日打谣”期间发布 193 起相关网络谣言案例,其中 29 起案件的行为人被采取刑事强制措施,占比 15%,行政处罚 154 起,占比 80%,剩余为批评教育等其他手段(九派新闻,2023)。近十年,公安部多次开展针对网络谣言的专项整治行动,各地公安机关迅即出击,以雷霆之势打击各类网络谣言,依托刑法的“运动式”强力矫正固然会带来立竿见影的治理效果,但一网打尽、泥沙俱下的打击方式也引来诸多分歧与争议。刑法的过度前置介入,与公民言论自由的宪法权利产生冲突,并使之受到侵蚀。刑法打击网络谣言不仅是时下之需,而且是必有之要,也有法学学者、社会舆论不时呼吁需警惕司法实践中刑罚权的扩大化使用,造成寒蝉效应。因此,网络谣言入罪的成立条件与安全约束边界,再一次引发学界与司法实务界的讨论。

风险刑法是从社会学的风险社会概念引申而来的刑法学概念,以预防和控制风险为主要导向(付强、孙利,2014)。风险刑法是法学与社会学的关联概念,起源自西方理论,在政治体制、国情制度、文化背景与西方截然不同的中国,学界对于风险刑法是否存在、有无合理性,更多的是疑虑与争议。仅是对风险社会概念中“风险”内涵的解读,法学学者与社会学学者就存在差异,有法学学者认为风险社会的“风险”不能等同于对法益的“风险”,后者的涵射范围远远超过前者(张旭、周为,2020)。有关风险刑法的命题,无论是在理论层面,抑或在实践层面,都存在分歧。理论上,源于西方的风险社会理论能否论证风险刑法的学理性,风险刑法在我国成为一个有力的刑法模式是否有其合理性;实践中,风险刑法在回应社会需求的同时,司法解释扩张化、罪刑法定原则被破坏、造成部门法冲突等问题凸显(姜涛,2019)。但不得不承认,尽管分歧颇大,风险刑法理论渐成一股"洪流之势"(劳东燕,2019),在刑法学界异军突起。基于预防与控制风险的目的,干预风险早期化、能动化日益成为我国刑法的主要发展趋势(焦旭鹏,2018)。刑法逐渐成为减少与控制风险的重要预防性"工具",以积极的预防性态势介入风险,进而回应社会安全需求,我国刑法开启了从回应性刑法向预防性刑法的转向。

风险刑法的转向与谣言的产生和传播的背后,都集中表达了公众对社会中不确定因素的恐惧、焦虑与不安。当网络谣言大行其道并严重扰乱社会秩序时,公众渴望施"重刑"以维护社会秩序,期望通过刑法将网络谣言扼杀于摇篮之中,收到杀一儆百、以儆效尤的威慑之效。刑法对未知的、不确定的、可能引发重大危害的风险的提前介入和干预成为公众之所期,同时也可避免当风险真正来临时,刑法对风险的反应力有不逮。因此,风险刑法"未雨绸缪"的目的与公众内心对网络谣言"防患于未然"的期待一拍即合。但需警惕的是,网络谣言的入罪尺度事关公众言论自由的宪法权利,因而有学者呼吁应确立"网络言论不被轻易犯罪化"的宪法法理(姜涛,2021)。事实上,我国网络谣言犯罪化在法律与社会互动的博弈之中,呈现扩张与缩限的摇摆态势,"维护社会秩序"与"降低社会风险"成为核心能动条件,但社会秩序的维护与社会风险的高低并非成正比关系,而是时而此消彼长,时而同涨同落,使得网络谣言入罪化陷入两难窘境,因而出现了刑法的"自反性"法治悖论 (冯建华,2020)。可以看出,刑法对于打击与遏制网络谣言犯罪具有不可非议的正面积极震慑作用,但刑法的过度介入在某种程度上可能又会产生新的刑法风险,进而出现刑法的"自反性"法治悖论。

我国网络谣言入罪主要基于对现行刑法中传统既有罪名的司法解释、扩大入罪范围、降低入罪门槛等变通手段。2013 年,最高人民法院与最高人民检察院颁布了《关于办理利用信息网络实施诽谤等刑事案件适用法律若干问题的解释》(下文简称《解释》),意味着我国首次将网络谣言传播行为纳入刑事法律规制范畴内,是谣言传播行为入罪化的标志。该《解释》的出台,随即引发了巨大争议,其中不乏赞扬之声,但更多的则是质疑、批评之声。有学者认为该《解释》越俎代庖,对刑法做出立法化的扩张解释,远远超出了刑法条文的字面意义,具有立法之嫌(刘宪权,2016)。有学者更是毫不讳言地指出该《解释》有“行解释之名而制造法律推定之实”的嫌疑(陈小彪,2021)。直至2015年,《刑法修正案(九)》正式确立了编造、故意传播虚假信息罪这一专门针对网络谣言的专有罪名。就我国现行刑法而言,网络谣言入罪由侵害个人法益的诽谤、侮辱型,侵害社会法益的编造传播型和侵害国家法益的煽动宣扬型三类罪名组成。在风险刑法观的影响与推动下,对于侵害国家法益和社会法益的网络谣言入罪门槛较为宽泛且打击力度较大,目的在于维护国家安全与社会秩序,而对于侵害个人法益的网络谣言犯罪则入罪条件较为严格。由于针对社会法益(无特定个人、无特定指向)的编造传播型网络谣言的社会危害性更大,为了保护社会安全、维护公共秩序,刑法被前置使用,入罪条件呈现模糊化特征,入罪门槛也被技术性扩张,其中主要罪名涵盖编造、故意传播虚假信息罪以及寻衅滋事罪。可以看出,我国刑法对于网络谣言的规制以专有罪名为主,以非专有罪名为辅,将“险情、疫情、灾情、警情”之外网络谣言犯罪用寻衅滋事罪兜底。同时,笔者对中国裁判文书网公布的网络谣言案例进行统计时也发现,编造、故意传播虚假信息罪以及寻衅滋事罪成为我国刑事惩处网络谣言的两种主要罪名。基于此,本文根据以上两种罪名,梳理具有共通性、一般性的构成要件,结合现实案例进行具体探讨,微观分析网络谣言入罪的成立条件,基于微观要件对网络谣言入罪的安全边界进行宏观反思。

## 二、编造传播型网络谣言入罪的成立条件

### (一)虚假信息的延展性内涵

言论内容的真假是界定言论型犯罪的事实基础。刑法上述两款罪名中使用“虚假信息”替代“谣言”作为法律性表述。从语义学视角看,《现代汉

语词典》对"谣言"的解释为"没有事实根据的消息"[《现代汉语词典》(第7版),2016],《现代汉语词典》对"虚假"的解释为"跟实际不符合"[《现代汉语词典》(第7版),2016],"虚假信息"则为"跟实际不符合的信息"。在社会学与传播学领域,中外学者几乎达成共识,认为谣言是"未经证实"的信息(Knapp,1944;Peterson & Gist, 1951;蔡静,2006;胡钰,2001;苏萍,2001),抑或"未经官方证实"的信息(卡普费雷,2008;周裕琼,2012;郭小安,2015)。"未经证实"并不等于毫无根据,也不能等同于跟实际不符合。显而易见的是,不能在未经证实、未证真伪的情况下匆忙将某种言论犯罪化。那么,刑法意义上的虚假信息应该如何定义以及有罪质意义,则需考虑以下几个方面。

1.事实性言论与意见性言论

意见(观点)与事实构成了言论,刑法只处罚虚假的事实性陈述,而非观点。言论入罪必须以所陈述事实是否虚假作为判定标准,围绕事实发表的讨论、争执、探讨、意见、批评等价值判断,即使有些意见性言论措辞激烈、刺耳、尖锐,甚至有可能观点错误,都不应具有罪质意义。网络空间时常充斥着质疑、批评、吐槽、恶搞、讥诮、求知、求证等形式的意见性言论,一般而言,上述言论形式是公众情绪表达、学习知识、获取信息的重要途径。很多时候,鉴于人自身知识的有限性,对认知范围之外的事情多存疑惑或不安,谣言便可作为一种求知、质询、查证的便捷手段。日常生活中,关于健康、医疗、预防、食品等的科普类谣言更是层出不穷。例如,"微波炉加热食品容易导致癌症""隔夜的水不能再烧开饮用""喝咖啡会致癌""杨梅加海鲜毒如砒霜"等谣言经常萦绕在我们耳边。在我国,网络是公众发表吐槽、抱怨、戏谑、质疑等意见性言论的重要公共平台。2017年8月,河北涉县一网民吐槽"医院新餐厅质差、价贵、量少",同月,陕西一网民发布"华州区强制所有公职人员捐款200,是否合理?"(河南县域经济网,2017),发布两则信息的行为人都被行政拘留并被认定为编造谣言、传播虚假信息,引起网络舆论热议。但仅从内容而言,网民基于事实发表的吐槽、质疑性评论,并无任何虚假成分,不属于虚假信息的范畴。若诸多基于事实本身所做的价值判断、评论性信息、观点性言论、意见性表述、情绪性表达都被认定为虚假信息,则会让公众人人自危、道路以目。但事实与观点在诸多情况下确实难以做出明确区分,观点的表达在某种程度上可能是对事实做出的倾向性结论,个人意见的输出通常也会对事实结果进行暗示。所以,事实与观点的区分对言论入罪的控制作用有限(刘艳红,2016),需要结合虚假的事实陈述与引发公共秩序混乱的严重程度,做出有罪化判定。

2.与实害后果的可能性关联

引发社会秩序的严重混乱是网络谣言入罪的构成要件之一。编造、故意传播虚假信息罪以及传播型寻衅滋事罪都以“严重扰乱社会秩序”作为网络谣言入罪的后果要素。奥尔波特与波斯特曼在《谣言心理学》一书中曾提出著名的谣言传播公式:谣言的流通量(rumor)= 问题的重要性(importance)×问题的含糊性(ambiguity)(奥尔波特等,2003)。根据该公式可知:信息越模棱两可,重要性(或与己相关程度)越高,越容易滋生谣言。析言之,一则网络谣言能否在某一地域广泛传播,进而引发严重的社会秩序混乱,关键在于网络谣言与公众切身利益关联的紧密程度。关联性主要指网络谣言与公众实际的日常生活有关系,并且使公众产生不当反应或者做出错误决定(孙万怀、卢恒飞,2013)。只有与公众的切身实际相关联的网络谣言,才有可能对日常生活产生影响,进而导致社会秩序的混乱。如“印度近日即将发生大地震”“美国纽约可能遭受严重恐怖袭击”等可能引发域外当地社会秩序混乱的网络谣言,与国内公众的切身实际和日常生活毫无关联,显然不会造成我国国民的恐慌,更不可能造成国内社会秩序的严重混乱。相反,2011 年“日本福岛核电站泄漏”事故发生后,一则“吃碘盐可以预防核辐射”的网络谣言,令与日本毗邻的中国沿海地区出现了抢盐狂潮。穷根究底,我国沿海省份与日本相邻,沿海地区的居民担忧日本放射性物质会通过海水渗透到我国沿海,影响居民的日常生活与个人健康,在网络谣言的诱使下疯狂抢购与囤积碘盐,居民正常的生活秩序被严重扰乱。所以,该条网络谣言与市场、社会秩序的严重混乱具备高度关联性。此外,涉及公共安全的网络谣言与社会治安、公众生命安全密切相关,引发实质性危害后果的可能性较高。

如2019年5月17日，吴某在深圳地铁为拍摄恶搞视频大喊“所有人趴下，小心地雷”等话语，车厢内乘客慌忙奔跑，该列车立即实施紧急预案，导致有乘客不同程度受伤，后续列车停运或晚点（人民日报，2019）。该谣言与公共安全直接相关，并产生了乘客受伤和列车晚点的“清楚且现实”的实质性危害后果，因而具有罪质意义。相较而言，2013年8月3日，珠海一在校大学生在网络上发布“我要去炸珠海某大楼，还要去炸某公司”的信息（中国新闻网，2013），此类“想要去炸某机场、高铁站、大楼、大桥”等言论，若没有造成实质性危害后果，仅属于犯意，而不构成犯罪。因此，网络谣言已经被完全证伪或大部分核心内容实质性虚假，但其内容并没有引发现实危害后果，则不具备刑罚的可罚性，反之亦然。

3.虚假性与误导性

“虚假信息”是“跟实际不符合的信息”。“跟实际不符合”意味着有以下两种情境：第一，与事实完全不符合；第二，与事实部分不符合。前者言论内容被认定为有罪质意义无可非议，且与谣言在词源上具有同一性，而后者在多大程度上与事实不符才能界定为刑法意义上的虚假信息则存在争议。就与事实部分不符合的情况而言，有学者认为只要虚假信息内容有一定的事实根据，但与事实并不是完全相符，则不属于虚假信息（孙万怀、卢恒飞，2013）。但是，刑法意义上的虚假信息不应该只看该信息是否有一定的事实根据，而应该综合考虑该信息核心、主要、大部分、实质性内容是否有事实根据。2023年6月11日，浙江上虞发生车祸，一网民发布视频称“上虞一交通事故致两车人死亡”，经查，上虞确实发生了交通事故，但仅是两车轻微碰撞，且交通事故中无人死亡，伤者均在接受治疗（澎湃新闻，2023b）。该条网络谣言内容中，除了发生车祸这一要素准确外，其他核心要素全部虚假，则可以界定为虚假信息。同样是车祸，2013年8月27日，于某在网络上发布“310国道砀山段发生严重车祸，16人死亡”的信息，经查，310国道确有发生车祸，且造成严重人员伤亡，行为人发布的信息中只是将死亡人数由10人误写为16人（国务院新闻办公室，2013）。该条网络谣言主要的、实质性内容为事实，只是人数写错，则不应界定为虚假信息。总之，“编造传播型和侮辱诽谤型言论犯罪行为组成之言论，无论在公事言论或者私事言论的场合，必须具有罪质决定意义的主要、重要或者核心部分的内容全部不实且造成预期受众对不实内容的信赖”(刘艳红，2016)。

误导性的核心要义在于虚假信息是否令公众信以为真，使公众据此做出误判，并诱使公众发生直接或间接的不当行为(杨征军等，2015)。只有具有误导性的信息，才有可能产生危害后果。一则信息是否具有误导性，需考虑该信息的可信性，并结合具体罪名所保护的法益来综合判断。编造、故意传播虚假信息罪与寻衅滋事罪所保护的法益皆为公共利益，现实生活中恐慌类、抗争类等误导性极强的网络谣言极易引发社会动荡。如2010年2月21日，一条“家人们，明天早晨6点以前太原地区有大地震，请大家一定要注意，并转告身边的朋友们，切记！”的消息在山西多地蔓延，导致当天凌晨山西几十个县市的上百万群众出门躲避地震(新浪网，2010)。此类地震、核辐射、毒奶粉等与公众切身相关并引发恐慌的谣言，极具误导性，容易诱使公众做出误判，进而通过线下行动做出严重扰乱社会秩序的反应。基于中国国情的特定现实，抗争类谣言具有“非直接利益性”，往往由长期矛盾的积累所致(郭小安，2014)。当涉及“官与民”“警与匪”“富与贫”等敏感身份的二元对立时，泄愤式谣言的情感动员作用尤为明显，相对弱势的公众利用谣言制造声势，吸引围观者的注意与同情，进而借势、用势达到其目的，成为弱者“反抗的武器”(周裕琼，2012)。笔者梳理公安部及各地公安机关近期发布的193起典型案例发现，关于“胡鑫宇失踪事件”的网络谣言有10起，占比近20%，从当事人失踪初始到官方详慎的调查结果公布，网络谣言全过程如影随形。如“胡鑫宇被灭口，当地公安不干净”“网友为胡某宇发声，家人遭威胁，亲属失踪”“后山发现带血被子，胡某宇被老师杀死”“致远中学花1500元骗胡鑫宇入校，是因为看中了他身上的器官”等网络谣言极具误导性，一系列的网络谣言迅速唤醒并激发了公众的同情与愤怒情绪，对“政府不作为”“警方不可信”“器官贩卖”等话语情景的构建无疑起到了推波助澜的关键作用，诱使公众反对政府、仇视警察，挑动官民对立，极易引发具有非直接利益性的线下群体性事件，从而严重扰乱社会秩序。彼时“贵州瓮安6·28事件”“广东乌坎9·21事件”“湖北石首6·17群体性事件”还历历在目,三起事件中极具误导性的网络谣言使当地公众信以为真,引发社会动荡。值得警惕的是,当官方权威性消解,社会矛盾久拖不决,公众愤怒、不安、对立情绪持续高涨时,“只看立场、不看事实”的谣言传播特点便会进一步凸显,使得恐慌类、抗争类谣言陷入“信者恒信,不信者恒不信”的逻辑怪圈。

### (二)社会秩序严重混乱的类推扩张

#### 1.网络虚拟空间秩序不应类推至现实社会秩序

编造、故意传播虚假信息罪以及传播型寻衅滋事罪都以“严重扰乱社会秩序”作为网络谣言入罪的结果要件之一。囿于网络谣言的传播特性,网络空间的言论入罪有两个特征:第一,有虚拟化倾向(刘艳红,2016),将定量数据作为界定网络谣言入罪的标准;第二,《解释》将网络空间的公共秩序直接等同于现实社会的公共秩序。关于网络公共秩序能否等同于现实公共秩序,在学界有较大争议。有学者认为网络空间与现实空间相互交织,网络社会秩序与现实社会秩序不可分割,共同构成了人类社会的整体秩序,所以网络空间的公共秩序平移至现实社会无可厚非(于志刚,2013);但也有学者直言《解释》将“公共场所秩序”直接扩张为上位概念“公共秩序”是一种类推性解释(罗斌、宋素红,2020),是刑法非常典型的禁忌的类推解释(张明楷,2014)。

刑法意义上的“公共秩序”通常指社会公共生活依据相同的生活规则并有条不紊进行的状态,既包括公共场所的秩序,也包括人们在非公共场所遵守相同规则形成的秩序(高铭暄,1998)。司法实践中,“公共秩序”这一概念抽象且模糊,以至于这一结果要件往往成为编造传播型网络谣言入罪标准降低的重要突破口。基于秩序主义中心的主张,刑法维持社会秩序的价值概念不断凸显,个人权利的保护被忽略。以至于在具体实践操作中,司法机关常常以“秩序维持论”为基本逻辑,忽略了“不特定”或“大多数”作为“公共”的本质内涵,诸多针对侵害个人法益的情况也被纳入“公共”范畴,导致“公共秩序”的范围不断扩张。因此,现实空间的“公共秩序”应缩限为“公共场所秩序”。2013 年 9 月,最高人民法院《关于审理编造、故意传播虚假恐怖信息刑事案件适用法律若干问题的解释》(下文简称《虚假恐怖信息解释》)清晰地圈定了“严重扰乱社会秩序”的范畴:“致使机场、车站、码头、商场、影剧院、运动场馆等人员密集场所秩序混乱,或采取积极疏散措施的”“影响航空器、列车、船舶等大型客运交通工具正常运行的”“致使国家机关、学院、医院、厂矿企业等单位的工作、生产、经营、教学、科研活动中断的”“造成行政村或者社区居民生活秩序严重混乱的”“其他严重扰乱社会秩序的”。可以看出,《虚假恐怖信息解释》已经十分明确地说明,虚假恐怖信息的传播必须引起现实社会公共场所秩序的严重混乱,才有入罪可能。换言之,网络空间秩序的“混乱”作为一个抽象概念,其“混乱”的广度与深度只能通过现实社会反映,而不能仅将定量参数作为入罪成立条件。例如,在“毕节孤儿院儿童被性侵”一案中(搜狐网,2020),行为人赵某、尤某编造、传播虚假信息,不仅在网络引发“9.07 亿人阅读,37.2 万人讨论”,而且造成涉事当地群众极大恐慌,部分群众因害怕小孩受到侵害而不敢将其送到幼儿园,当地党委和政府组织相关部门对辖区所有幼儿园进行排查,耗费人力、物力等社会资源,对现实空间秩序产生了直接、明显的影响,导致现实社会公共场所秩序严重混乱,被当地法院分别判处有期徒刑六年、四年六个月。基于此,网络空间秩序若直接等同于现实社会秩序,不仅会造成司法实践中执法标准的不统一,也会为刑罚权的制度性扩张留下缺口。

2.现实社会的实质侵害后果

行为无价值论认为,违反行为规范导致法益受到侵害的行为便是犯罪;结果无价值论主张,以结果的发生对社会产生的影响作为犯罪实质,重视结果是其首要特点(曾根威彦,2005)。基于行为无价值论与结果无价值论,我国刑法目前针对国家法益与社会法益的言论型犯罪分为危险犯与实害犯。针对危害国家安全、颠覆国家政权、宣扬恐怖主义、煽动极端主义等煽动宣扬型犯罪言论,无论是事实陈述还是意见表达,属于危险犯,即无须引发任何实际侵害后果便成立犯罪。其他针对社会法益的编造传播型言论犯罪则应恪守罪刑法定原则,属于实害犯。析言之,网络谣言在网络空间发酵、传播,并对现实社会产生重大、直接、清晰的实质性危害,导致公共秩序陷入严重混乱,才具有罪质意义。

遗憾的是,司法实践中,网络谣言的入罪后果要件主要是基于转发、评论、浏览、点击等定量因素判断是否"严重扰乱社会秩序",而忽略了是否对现实社会产生了实质侵害后果。例如,从江西警方发布打击"胡某宇失踪事件"网络谣言的通告可知,上饶揭某威借由"胡鑫宇失踪事件",频繁大批量编造"胡某宇失踪和校长有关系""胡某宇被光头杀害"等一系列网络谣言,数量高达167条,上述系列网络谣言获得极大关注,累计获赞349.6万次、评论5000余条;同样,上饶文某先在网络发表"铅山县致远中学死亡17人""胡某宇舅舅与光头老师录音流出",累计获得点赞4万次、评论近4000条(环球网,2023)。两人随后被警方采取刑事强制措施。从披露的通告来看,警方认为二人虚构事实,"造成恶劣社会影响","扰乱社会秩序",但并未详细说明现实社会秩序被扰乱到何种严重程度。可以看出,上述案件明显均以网络定量因素作为网络谣言入罪的后果判罚依据,并且将网络空间的公共秩序直接等同于现实社会的公共秩序。换言之,"高转发量""高浏览量""高评论量""高点赞量"便已然显示网络空间秩序被"严重扰乱",因而成为网络谣言的入罪依据。通常而言,基于定量因素入罪的网络谣言往往被冠以对现实社会造成了"不良影响"或"恶劣影响",显而易见的是,"不良"或"恶劣"并不能判定现实社会秩序严重混乱的程度。同理,网络空间秩序的混乱必须对现实社会产生直接、现实、清楚、关联的负面影响,以此作为参考依据,才能定义为"不良影响""恶劣影响",而非以笼统的、模糊的虚拟定量参数作为客观标准。因此,本文认为网络在刑法中主要体现为犯罪对象或犯罪工具(苏青,2017),网络空间的言论只有经过酝酿、发酵后,转移落地到现实社会,引发重大群体性事件,抑或造成严重的社会动荡,导致现实空间公共场所秩序产生实质性严重混乱,才能纳入刑法规制的范畴。

### (三)故意且恶意的主观动机

#### 1."明知故犯"

网络谣言犯罪属于主观故意犯罪。作为一种基本的责任形式,故意由认识因素与意志因素构成,即行为人明知该行为会产生危害社会的不良后果,且希望或放任该结果的发生,二者缺一不可,共同构成故意(张明楷,2020)。从认识因素视角来看,我国法学理论界与司法实务部门普遍认为,“明知”包含“知道”与“应当知道”两个维度,亦即,“实知”与“应知”(陈伟、霍俊阁,2017)。本文认为,网络谣言犯罪的“明知”应指“实知”,不包含“应知”与“可能知道”。2011 年 2 月 10 日凌晨 2 时许,一则“江苏陈家港化工园区可能即将发生爆炸”的消息不胫而走,不明真相的群众听闻该传言后仓皇出逃,惊慌失措中由于拥挤发生车祸,导致四人死亡(新浪网,2011)。警方随即对造谣者展开调查,于 2 月 12 日以编造、故意传播虚假恐怖信息罪对刘某、殷某采取刑事强制措施,朱某、陈某被行政拘留。但综合新华社与《中国青年报》的相关报道得知,该传言源自 2011 年 2 月 9 日晚 10 时许,刘某给响水生态化工园区某新建化工厂运送沙土时,发现厂区一车间散发出刺鼻白烟,误以为厂区有氯气泄漏,在未经核实的情况下,遂打电话告诉朋友桑某,告知其厂区可能有毒气泄漏,赶紧逃离。桑某与在场朋友随即通知各自亲友避难。就责任要素而言,刘某并不具有“故意”的主观动机,其能否构成编造、故意传播虚假恐怖信息罪是值得商榷的。事实上,该园区近年来多次发生爆炸与氯气泄漏事故,园区内多家化工企业存在污染问题与安全隐患,群众对此大多心有忌惮,且事发当晚确实存在厂房冒白烟与气味刺鼻的客观事实,刘某基于自身有限认知、事前经验等因素误认为有刺鼻气味的白烟为氯气泄漏,说明其并非蓄意凭空捏造,不存在“明知故犯”的基础逻辑,由此不宜将刘某的主观动机界定为“故意”。

2. 主观恶性

网络谣言的传播动机非常复杂,不仅源于人的恐惧、企图、仇恨,还与求知、娱乐、希望等心态相关:它有时是宣泄愤怒情绪和打击报复他人的工具,裹挟着别有用心的目的;有时是人际交往的润滑剂,传递着公众的美好愿望。当突发事件发生时,它常常表现为恐慌和焦虑情绪支配下的一种集体求知方式,特殊情况下还是弱者进行反抗的秘密武器。因此,对于网络谣言犯罪,既要考虑实质性的客观后果,也要结合恶意的主观动机。“要坚持主客观相统一的原则,只打击故意造谣传谣行为、恶意造谣传谣行为和出于牟利等特定目的的造谣传谣行为,反对任何形式的客观归罪。”(胡云腾,2013)根据公安部网安局公布的193起打击网络谣言的典型案例,经笔者梳理发现,“博取关注”与“吸粉引流”成为造谣者编造、传播谣言的最主要动机,共有166起,占比86%(九派新闻,2023)。2023年4月,天津河西那某某为博人眼球、赚取流量,在网络发布“天津巡逻民警开枪打伤行凶男子,致其残废”的信息,引发公众热议。随后,天津河西警方认定其扰乱“网络公共秩序”,对那某某采取刑事强制措施。此案中行为人那某某仅为了“出于取乐”“获得流量”“增加粉丝”发布虚假信息,其言论确实给河西警方带来一定程度的负面影响,但显然并未严重扰乱“现实社会秩序”,在此之下有无足够必要动用刑事手段进行惩治,确应留有商议的余地。

然而博得关注、获取流量往往还伴随一个更深层次的企图,便是通过传播网络谣言实现流量变现,进而牟取利益。传播网络谣言获得大量关注后,通过直播带货、赚取佣金、平台抽成、敲诈勒索、骗取捐款等方式牟利。如2020年以来,广西吴某某、贾某等人以个人身份通过各大购物App购买商品,后发布相关商品网络谣言向商家实施敲诈勒索,获利300多万元。同样,2018年以来,刘某某等5人冒充中国食品报社工作人员或记者,利用举办阿胶知识论坛之名,强迫参会的阿胶企业缴纳参会费、广告费、赞助费等,利用网络谣言对不参会、不合作的企业进行恶意抹黑,借机向非合作企业进行敲诈勒索,非法获利400余万元(澎湃新闻,2023a)。上述案例中相关行为人均被当地公安机关采取刑事强制措施。需要注意的是,以组织化、集团化、公司化的团伙造谣方式进行牟利,则危害更大、影响更广。2023年3月,山东某传媒公司通过购买群控软件嵌入人工智能,利用其运营的4万余个百度百家号、今日头条号、大鱼号、企鹅号等自媒体账户,大量爬取境外短视频内容,移花接木地嫁接境内外视频制造热点、吸粉引流、牟取利益。经查,该公司编造虚假帖文80余万篇,被网民浏览、转发、点赞超过1000万次(澎湃新闻,2023a)。公安机关对该公司23人采取刑事强制措施。由此可见,以牟利为目的的造谣传谣动机可以被界定为具有“主观恶意”。

此外,最高法明确指出,对具有泄私愤、抱怨、取乐、质疑、求知、交际、娱乐等动机的造谣传谣行为,为了最大限度保护公民言论自由的宪法权利,对于以上动机的造谣传谣者,只要对“现实社会秩序”没有产生重大影响,一般而言都不宜纳入刑法的规制范畴(最高人民法院刑事审判三庭,2014),对以上动机谣言的惩治以行政手段为主。如 2023 年 7 月 4 日,上海张某为泄私愤,在网络发布“使用汽车撞击屠杀上海外牌摩托车”的谣言信息,上海警方对其采取的是行政拘留、关停账号的措施。另外,也有很多谣言内容具有积极性、愿望性、期望性,通常承载着民众对某事的美好憧憬,表达民众的美好愿望,周裕琼将此类谣言定义为“玫瑰色谣言”(周裕琼,2012)。如“从今天起,全国公交正式成为中国失联儿童守护车”“今年 5 月 1 日起,顺丰全国 38 万员工包括顺丰各门店将正式成为中国失联儿童守护站”等网络谣言,则是在我国儿童走失、被拐案例难以杜绝的现实语境下,公众表达守护儿童安全的良好期许。现实生活中,存在着诸多道听途说、以讹传讹的闲言戏语,谣言、流言、八卦、闲话在某种意义上是公众日常生活中信息交换与情感维系的重要方式,为人们茶余饭后的消遣娱乐提供了谈资。在不确定、惊惧、动荡的社会危机情境中,谣言成为情绪释放与宣泄愤懑的一种有效的低成本手段,以致弥散在社会中的焦虑、不安、猜疑、恐惧、仇恨等情感通过谣言得到发泄、安慰与解释。

## 三、网络谣言入罪的合理边界

### (一)最大限度避免行刑衔接不畅

司法实践中,行刑衔接不畅,导致谣言传播行政违法行为被拔高作为刑事犯罪处理的情况屡见不鲜。究其根本,是刑法的罪刑法定原则没有得到很好的恪守,以致网络谣言入罪条件被类推扩张,入罪门槛不断降低,诸多本该属于行政处罚的网络谣言被罪化。2013 年,两高颁布《关于办理利用信息网络实施诽谤等刑事案件适用法律若干问题的解释》,创设入罪范围极为宽泛的传播型寻衅滋事罪,网络谣言在争议中正式被纳入刑法惩治的范畴。为了纠正传播型寻衅滋事罪的过度模糊与抽象,此后立法机关便试图对网络谣言的入罪条件进行缩限。2015 年,《刑法修正案(九)》创设关于网络谣言的专有罪名“编造、故意传播虚假信息罪”,将网络谣言内容缩限至“险情、疫情、灾情、警情”四种情况,且刑罚也更为轻缓。换言之,除了涉及上述四种情境之外的网络谣言均不具有罪质意义。遗憾的是,传播型寻衅滋事罪并未被撤销,反而在司法实践中,除了上述“四情”之外的网络谣言犯罪都被传播型寻衅滋事罪进行兜底,立法者缩限言论犯罪的本意没有得到应有的体现。就消极的罪刑法定原则而言,法律没有明文规定为犯罪行为的,不得定罪处刑。但传播型寻衅滋事罪的“内容不设限”,似乎形成了对网络谣言的围猎,且刑罚更重。析言之,所有具有罪质意义,有时候甚至完全没有达到罪化的网络言论,皆有可能使用该罪名定罪。然而,法律应是明确的、普遍的一种规范,法治的要义在于用清晰明了的规则去制约权力,让民众对于行为犯罪与否有合理的预期,免于惶惶不可终日的恐惧。因此,传播型寻衅滋事罪与罪刑法定原则有所抵触,对该罪的适用应慎之又慎,避免公众言论自由的宪法权利被侵蚀。

诚然,并非不具有罪质意义的网络造谣、传谣行为可以肆无忌惮、有恃无恐,行政手段可以作为应对网络谣言违法的一般手段。《治安管理处罚法》第二十五条则对散布谣言行为有相关规定,但该条款也存在一定的模糊性。首先,对谣言内容并没有明晰的范围划定;其次,对于散布的“对象”与“途径”也并不明确;最后,“情节较轻”与“情节较重”没有具体的客观的量化参数,使得公安机关在执法过程中缺乏统一标准,具有恣意性。司法实务中,基于“构成要件否定说”的基本逻辑,公安机关通常以“秩序至上主义”为指导原则,为了“维稳”,对于只要有散布谣言行为的,无论是否具有主观故意,也无论是否引发具体的、实际的社会危害后果,都认定为谣言传播违法行为。但上述认知显然是站不住脚的,若没有现实空间的公共秩序被扰乱这一结果,何以认定扰乱公共秩序的行为?所以,行政违法的侵害后果不应是抽象的、观念中的、可能发生的危险,而应是现实空间的公共秩序实质性被扰乱(罗斌、宋素红,2020)。因而有学者呼吁网络谣言的违法判定必须依据违法三要件,即“散布谣言的客观行为+扰乱公共秩序的危害后果+主观故意”(孟凡壮,2020)。基于此,恪守刑法的罪刑法定原则,确保行刑衔接顺畅,对于不具有罪质意义的网络谣言考虑使用行政手段施以惩罚,但同时必须遵循违法三要件,避免过度、任意执法,伤及公众言论自由这一基本权利。

(二)立法层面与司法层面的双重禁止

刑法的边界主要是限制刑法扩张的手段,包括立法层面的刑法禁止和司法层面的刑罚禁止(冯建华,2021)。就立法层面的刑法禁止而言,风险刑法观以制约、抗衡风险为主要目的,刑法被视为"维护社会秩序"的重要"工具"被经常、广泛地使用,社会治理越来越倚重"重刑"手段,"刑法浪漫主义"在社会治理中逐渐凸显,以至于象征性立法、扩张性司法解释、刑法修正案频繁颁布,由此导致刑法立法的异化。近年来,为了应对不断变化的社会风险,受风险刑法观的驱动,部分领域的刑法立法摒弃了其原有的可行性与实用性规范,追求华而不实的社会影响效果。为了应对"风险",设立了诸多新的刑事罪名,但在司法实践中并不存在被适用的机会,诸多新罪名被束之高阁,造成刑法立法"冗余"(魏昌东,2016)。例如,立法者为了纠正传播型寻衅滋事罪的过度模糊与宽泛,在《刑法修正案(九)》增设编造、故意传播虚假信息罪,对网络谣言入罪的条件进行明显缩限,且刑罚较为轻缓。日常生活中,诸多网络谣言内容并不涉及虚假的"险情、疫情、灾情、警情",以至于传播型寻衅滋事罪成为包罗网络谣言犯罪"最好用"的罪名,任何虚假的、有罪质意义的网络谣言皆可适用该罪,反而造成编造、故意传播虚假信息罪的适用机会没有传播型寻衅滋事罪多,并未达到新罪名缩限传播型寻衅滋事罪的用意。诚如古人言,"严法重刑,犹不能禁也"。因而更有学者直接呼吁"我国应该停止犯罪化的刑事立法"(刘艳红,2011)。

就司法层面的刑罚禁止而言,防止国家刑罚权的滥用或随意使用是关键,刑法既要惩罚犯罪,又要限制惩罚犯罪的权力。如上文所述,网络谣言入罪有虚拟性倾向,将定量数据作为界定网络谣言入罪的标准,并且将网络空间的公共秩序直接等同于现实社会的公共秩序。值得警惕的是,此类倾向在一定程度上为刑罚权的扩张撕开了缺口。编造、故意传播虚假信息罪与传播型寻衅滋事罪都是以"严重扰乱社会秩序"作为网络谣言入罪的结果要件,但在司法实务中,司法机关多以网络空间秩序的浏览量、转发量、点击率等作为判定混乱严重程度的标准,并且牵强地认为高转发量、高评论量就能对现实社会秩序产生“恶劣影响”,所以“情节严重”,因而具有罪质意义,刑罚权随之被扩张。刑法介入网络谣言的治理,应该且只能以现实物理空间秩序作为危害后果,只有当网络谣言在网络的发酵、震荡转移至线下,造成物理空间社会秩序“清楚且现实”的严重混乱,才有入罪可能。此外,风险刑法观导致过度刑法化现象也时有发生。司法实践中,就算虚假内容属于前述“四情”,为了回应民意、稳定民心,个别司法机关依然将传播型寻衅滋事罪适用于网络谣言犯罪,因为该罪囊括了所有内容和形式的虚假信息,且刑罚重于编造、故意传播虚假信息罪,进而便于达到强力维护社会秩序的目的。由此,网络谣言的入罪边界需要从立法与司法层面的双重禁止限制刑法的扩张。

### (三)纠正刑法工具主义,回归传统刑法观

刑法工具主义认为,包括刑法在内的一切法律都不具有独立的价值,法律本身不是目的,只是实现特定目标的工具。刑法工具主义使刑罚权与个人权利产生直接冲突,犯罪化和刑罚权的范围过于宽泛,刑法泛化,法令滋彰,导致国家刑罚权的恶性膨胀与公民权利与自由的萎缩(谢望原,2019)。在网络谣言日益泛滥的现实背景下,无论是社会舆论,还是民间百姓,皆期望刑法成为强力惩治网络谣言的重要“工具”,因而对网络谣言施以“严刑重法”的呼声不绝于耳。刑法由于具有较强的暴力性,本该在法律体系中置于最后序列,但在工具主义刑法观的推动下,刑法作为打击网络谣言、维护社会秩序的有效“工具”被不断前置。在刑法工具主义、特定领域行政管制力不足等主客观因素的多重叠加与影响之下,刑法作为法律调控的“最后性”价值本质被忽略(冯建华,2020)。同样,刑法的最后性、谦抑性原则也在风险刑法观的推动与作用下受到动摇。现代社会,网络谣言被视作一种巨大的“社会风险因子”,极易引发公众在不确定性带来的失序状态下的惊惧与恐慌。当“谣言风险”近在咫尺时,刑法理所当然地被公众视作惩治网络谣言的“利器”,公众之所期与风险刑法的积极性、预防性价值不谋而合,刑法被不断推向惩治网络谣言的前台,企图通过刑法达到威慑网络谣言犯罪之

力、维护社会秩序之功。诚然,刑法的提前介入,在某种程度上能起到威慑与矫正的作用,但也使得政策导向工具主义刑法观日益被强化(何荣功,2015)。

传统刑法观以保障人权作为重要原则,强调保护具体的、实质的法益,认为具有严重社会危害性的行为才属于犯罪,所以应恪守刑法的最后性与谦抑性原则,不可为了打击谣言犯罪而过度介入反而忽略保护法益的重要目的。必须警惕的是,刑法工具主义与风险刑法观在“秩序主义”理念的加持下,更加凸显利用刑法强力维护社会秩序的目的,刑事司法上自由裁量权被过度扩张,导致网络谣言的犯罪圈扩大、犯罪门槛降低,刑法过度化现象日益显现。所以,网络谣言入罪必须根据罪刑法定原则,于法有据。若将刑法视作强力惩治网络谣言的“工具”,那么权力的滥用则不可避免,刑罚权的制度性扩张也随之而来,社会中合理、客观、理性的声音被淹没与压制,刑法惩治网络谣言的正向作用极可能带来负向的反噬,最终伤及言论自由的社会肌理。

## 四、结论与反思

网络谣言的治理是一个系统性、综合性、全面性的社会工程,刑法作为网络谣言治理体系中不可或缺的法律手段,其惩治网络谣言的威力与震慑力无疑是最强的。然而,本应位于治理序列最末端的刑法,受到风险刑法观的驱使,日益被推到治理网络谣言的最前沿,刑法过度化现象凸显,直接导致网络谣言罪化的犯罪圈扩大、门槛降低,侵蚀言论自由空间。网络谣言入罪必须恪守罪刑法定原则,既要考虑实质性的客观后果,也要结合恶意的主观动机,坚持主客观相统一原则,防止任何形式的客观归罪。因此,划清网络谣言入罪的合理边界既能促使行刑衔接顺畅,避免网络谣言被随意罪化,也能缩限刑法过度化,限制刑罚权的恣意扩张,进而保障公众言论自由的宪法权利。

事实上,一个正常言路开放的信息社会,谣言具有“减压阀”“减震器”的重要积极作用,是官方管窥民情、体察民心、了解民意的重要途径,有助于减少官民矛盾、化解群体争议,反而能够起到维持社会秩序的作用。谣言的治理需宽严相济,若秉持“重刑之下必有功”的简单思维,或施行严刑峻法意图“消灭”谣言,会导致社会风声鹤唳、噤若寒蝉,从而使谣言丧失正向功能。面对网络空间中谣言犯罪问题的普遍性、严重性与广泛性,刑法不能依据谦抑性原则不作为,亦不可为了打击谣言犯罪而过度介入,反而忽略保护法益的重要目的。互联网时代,网络作为一种新的媒介工具使得非正式的社会统制力减弱,网络犯罪无论是侵害领域,还是侵害对象以及侵害结果都宽泛且严重,因此刑法介入网络谣言治理的力度与限度需控制在合理区间,做到有所为、有所不为。

### 参考文献

奥尔波特,等,2003.谣言心理学[M].刘水平,梁元元,黄鹂,译.沈阳:辽宁教育出版社:17.

蔡静,2006.流言:阴影中的社会传播[D]. 上海:复旦大学.

陈伟,霍俊阁,2017.论恶意转发网络虚假信息的司法认定[J].重庆大学学报(社会科学版),23(5):90-100.

陈小彪,2021.网络谣言犯罪证明困境及其出路:兼论否定性命题之司法证明[J]. 河南社会科学,29(5):53-61.

冯建华,2020.网络谣言入罪的尺度与限度:以风险刑法为分析视角[J]. 新闻与传播研究,27(2):5-24,126.

冯建华,2021.刑法介入网络信息治理的背景、路径与边界[J]. 新闻界,(9):65-74.

付强,孙利,2014.风险刑法质疑[J].中国刑事法杂志,(1):16-21.

高铭暄,1998.新编中国刑法学[M]. 北京:中国人民大学出版社:808.

国务院新闻办公室,2013.最高法最高检将出台司法解释定性网络谣言[EB/OL].http://www.scio.gov.cn/ztk/hlwxx/zyhlwyzhy/629178/Document/1345652/1345652.htm.

郭小安,2014.网络谣言的传播及治理[J].理论探索,(6):53-57.

郭小安,2015.当代中国网络谣言的社会心理研究[M]. 北京:中国社会科学出版社:14.

何荣功,2015.社会治理“过度刑法化”的法哲学批判[J]. 中外法学,27(2):523-547.

河南县域经济网,2017.网民因“吐槽”被行拘事件舆情解析[EB/OL].https://www.henance.com/fazhi/show-4145.html.

胡钰,2001.新闻与舆论[M]. 北京:中国广播电视出版社:131-136.

胡云腾,2013.遏制网络谣言重在建设网络诚信[N]. 法治日报:2013-08-28(9).

环球网,2021.北京:查处涉疫谣言案件450起,33人被采取刑事强制措施[EB/OL].https://m.huanqiu.com/article/41WkBmM5BT0.

环球网,2023.江西公布打击整治网络谣言10起典型案例[EB/OL].https://3w.huanqiu.com/a/7122ba/4DhuB6hUq0P.

姜涛,2019.社会风险的刑法调控及其模式改造[J]. 中国社会科学,(7):109-134,207.

姜涛,2021.网络谣言的刑法治理:从宪法的视角[J]. 中国法学,(3):208-228.

焦旭鹏,2018.现代刑法的风险转向:兼评中国当下的刑法观[J]. 西南民族大学学报(人文社科版),39(12):79-90.

九派新闻,2023.193起"造谣"事件数据分析:命案与事故成重灾区[EB/OL].http://k.sina.com.cn/article_5539777260_14a324aec0200153ya.html.

卡普费雷,2000. 谣言:世界最古老的传媒[M]. 郑若麟,译.上海:上海人民出版社:15.

劳东燕,2019.风险刑法理论的反思[J]. 政治与法律,(11):30-43.

刘宪权,2016.网络造谣、传谣行为刑法规制体系的构建与完善[J]. 法学家,(6):105-119,178-179.

刘艳红,2011.我国应该停止犯罪化的刑事立法[J]. 法学,(11):108-115.

刘艳红,2016.网络时代言论自由的刑法边界[J]. 中国社会科学,(10):134-152,204-205.

罗斌,宋素红,2020.谣言传播违法与犯罪的成立条件:基于行政法与刑法相关制度比较的视角[J]. 新闻与传播研究,27(5):21-40,126.

孟凡壮,2020.网络谣言扰乱公共秩序的认定:以我国《治安管理处罚法》第25条第1项的适用为中心[J]. 政治与法律,(4):71-80.

澎湃新闻,2023a.净化网络环境! 山东10起打击整治网络谣言典型案例公布[EB/OL].https://www.thepaper.cn/newsDetail_forward_23961576.

澎湃新闻,2023b.曝光! 7起网络谣言警示案例公布[EB/OL].https://www.thepaper.cn/newsDetail_forward_23894850.

人民日报,2019.在地铁拍视频制造恐慌,被判刑不冤[EB/OL].https://baijiahao.baidu.com/s?id=1647367849854469796&wfr=spider&for=pc.

搜狐网,2020.造谣"毕节孤儿院儿童被性侵",二人被严惩[EB/OL].https://www.sohu.com/a/364140191_357727/.

苏萍,2001.谣言与近代教案[M]. 上海:上海远东出版社:4-20.

苏青,2017.网络谣言的刑法规制:基于《刑法修正案(九)》的解读[J]. 当代法学,31(1):

15-26.

孙万怀,卢恒飞,2013.刑法应当理性应对网络谣言:对网络谣言司法解释的实证评估[J].法学,(11):3-19.

魏昌东,2016.新刑法工具主义的批判与矫正[J].法学,(2):85-91.

谢望原,2019.谨防刑法过分工具主义化[J].法学家,(1):87-100,193.

新浪网,2010.山西地震谣言演变全程披露[EB/OL].https://news.sina.com.cn/o/2010-02-26/062017131562s.shtml.

新浪网,2011.江苏响水县证实化工厂爆炸系谣传[EB/OL].https://news.sina.com.cn/c/2011-02-10/213221934550.shtml.

杨征军,曲新久,洪道德,等,2015.利用互联网散布虚假信息行为如何适用法律[J].人民检察,(6):41-46.

于志刚,2013."双层社会"中传统刑法的适用空间:以"两高"《网络诽谤解释》的发布为背景[J].法学,(10):102-110.

曾根威彦,2005.刑法学基础[M].黎宏,译.北京:法律出版社:85.

张明楷,2014.简评近年来的刑事司法解释[J].清华法学,8(1):5-26.

张明楷,2020.刑法学[M].北京:法律出版社:252.

张旭,周为,2020.从"风险社会"到"风险刑法":理论与进路的多重清理[J].东北师大学报(哲学社会科学版),(1):107-114.

中国社会科学院语言研究所词典编辑室,2016.现代汉语词典[M].北京:商务印书馆:1523,1478.

中国新闻网,2013.大学生闹着玩发微博扬言炸楼,被行拘五日[EB/OL].https://www.chinanews.com/fz/2013/08-07/5133876.shtml.

周裕琼,2012.当代中国社会的网络谣言研究[M].北京:商务印书馆:14.

最高人民法院刑事审判三庭,2014.网络犯罪司法实务研究及相关司法解释理解与适用[M].北京:人民法院出版社:167-172.

KNAPP R H,1944. A psychology of rumor[J]. Public opinion quarterly,8(1):22-37.

PETERSON W A, GIST N P, 1951. Rumor and public opinion[J]. American journal of sociology,57(2):159-167.

# 利益相关者理论视阈下的风险沟通:价值分析与路径选择*

◈ 黄毅峰**

**摘要**:风险沟通既是风险治理过程的重要环节,也是风险治理成功的关键。风险沟通之于风险治理有着重要意义。本文基于利益相关者理论分析认为,风险沟通有利于满足利益相关者的风险信息需求,提高利益相关者的风险认知水平,纾解利益相关者的风险恐惧心理,强化利益相关者的风险应急准备。有效的风险沟通,需要分析风险目标受众、明确风险沟通对象,关注风险信息变化、确定风险沟通内容,遵循风险沟通原则、选择风险沟通方式。风险沟通可以帮助利益相关者理解风险并做出风险决策,介入风险治理过程,更好地实施风险治理。

**关键词**:风险治理;风险沟通;利益相关者

## 一、问题提出

党的二十大报告指出,要提高公共安全治理水平,坚持安全第一、预防为主,推动公共安全治理模式向事前预防转型。其本质就是实现公共安全治理

* 基金项目:国家哲学社会科学基金项目“重大风险事件中的社会情绪传播及舆论引导策略研究”(编号:22BXW015)(项目负责人:郭小安);江西省哲学社会科学重点研究基地项目“政企协同治理企业安全生产重大风险机制建构研究”(编号:22SKJD33)(项目负责人:黄毅峰)。

** 黄毅峰,博士,教授、硕士生导师,江西省哲学社会科学重点研究基地江西应急管理研究中心主任、首席专家,研究方向为风险治理与危机管理。

由危机管理向风险管理转变，既要警惕"黑天鹅"事件，也要防范"灰犀牛"事件，防范化解重大突发公共事件风险。究其原因，正如风险管理学者乌尔里希·贝克指出的，在风险社会，"风险一旦出现就意味着大规模破坏，以至于其后的补救行动都无济于事"，因此"风险意识的核心不在当下，而在未来。我们在今天积极作为，是为了避免、缓解或预防明后天的问题和危机"（贝克，2018）那些大概率、高强度风险就像"灰犀牛"，"躲避灰犀牛的侵扰，方法不一而足：可以是直面危机，化危机为机遇；也可以是避免损失，或者，至少也是减少损失。适时的预防可以使局面发生戏剧性的转变"（渥克，2017）。因为危险的到来很少是出其不意的，总是事前会发出各种各样的警示信息，让人们识别并做好防范准备。面对各种各样的风险，人们可以尝试采取措施，做好风险治理，防范风险向危机的转化。风险沟通正是在这种背景下应运而生，并被广泛地运用到公共管理和应急管理领域当中。风险沟通是指在风险状态下，风险管理主体与风险利益相关者之间进行风险信息交换的过程。"这一过程涉及多个侧面的风险性质及其相关信息，它不仅直接传递与风险有关的信息，也表达对风险事件的关注、意见以及相应的反应，或者发布国家或机构在风险管理方面的法规和措施等。"（王彩平，2021）也就是说，风险沟通内容不仅包含对风险特性描写的相关信息，也包括不完全与风险特性相关的内容，比如对风险及风险管理的法律或制度安排表现出的各种担心、意见和反应等。由此可见，风险沟通既是风险治理过程中的重要环节，也是风险治理成功的关键，风险沟通之于风险治理有着重要意义。通过风险沟通，风险管理者与利益相关者之间相互传递和交流风险信息，可以解决风险状态下各利益主体之间信息不对称问题，尽最大可能让所有利益相关者获悉风险的各方面情况，以便利益相关者做出相应风险决策，采取相关应对措施。

## 二、风险治理过程中的利益相关者分析

在探讨风险沟通的价值之前，有必要了解究竟什么是风险以及风险的致灾机理，因为概念的界定和学理的阐释是进行学术研究的前提。在当下，无论是理论研究还是实际工作中，很多人把"风险"与"危机"这两个概念混用甚至

等同。著名危机管理学者罗伯特·希斯在《危机管理》一书中提出："风险、威胁和危险等词语描述了极其相似的问题及危险来源……在本书中，主要用危机一词来涵盖以上所有的意思。"（希斯，2004）其实，"风险"和"危机"是两个既有内在联系，同时又有着严格区分的概念。"风险的概念与可能性和不确定性概念是分不开的"（吉登斯，2001），危机则是"对一个系统的基本价值和行为准则架构产生严重威胁，并且在时间压力和不确定极高的情况下，必须对其做出关键决策的事件"（郑杭生，2004）。风险指的是一种造成破坏性的可能性和不确定性，而危机是已经明确发生的具有一定破坏性的事件，二者的发生时序和呈现方式都不相同。从风险到危机有一个转化演变的过程，二者是这个过程"连续体"上不同阶段的不同表现形态，风险在前，危机在后。危机的形成必须有风险，但是有风险未必导致危机的发生，因为危机的形成不仅需要风险因子，还需要特定的条件和环境，只有这三个要素同时出现，风险才可能转化成危机。如果用燃烧理论来阐释风险的致灾机理和致灾过程，大致可以这样描述：致灾因子是燃烧物质，致灾条件是助燃剂，致灾环境是氧气，三者相互发生作用，产生化学反应，最终形成危机，实现从风险到危机的转化（图 1）。这个转化过程为风险治理指明了方向，提供了路径依赖。风险治理的本质就是阻止风险致灾因子向危机转化，让风险致灾因子永远停留在可能性和不确定性的风险阶段。

图 1 风险致灾机理模型图

"利益相关者"一词最早被提出可以追溯到 1984 年，弗里曼出版的《战略管理：利益相关者管理的分析方法》一书，明确提出利益相关者管理理论。与传统的股东至上主义相比较，该理论认为任何一个公司的发展都离不开各利益相关者的投入或参与，企业追求的是利益相关者的整体利益，而不是某些特定主体的利益。利益相关者理论的出现与发展反映了现代社会治理的现实要求。当今社会，任何组织的生存与发展都不再是一座孤岛，总是会和其他特定的人或组织联系在一起，与其发生反应，并达成各种有形或无形的契约，结成或远或近的利益关系。因此,在社会治理过程中,治理主体不仅要考虑自身利益,也要充分考虑其他利益相关者的利益诉求。在风险治理过程中,同样涉及来自各方面的利益相关者。风险利益相关者既包括"那些会或者认为自己会在灾难中有所得失的人"(林德尔等,2011),也包括促成风险发生的风险制造者,控制风险转化的风险管理者等直接利益主体,还包括风险旁观者等非直接利益主体(图2)。在风险治理过程中,除非把风险信息传递给所有与风险相关的人,否则,任何风险管理方法都难以奏效。有效的信息沟通是风险管理的关键,风险沟通可以让不同的利益相关者了解风险,从而明确自己的角色定位。

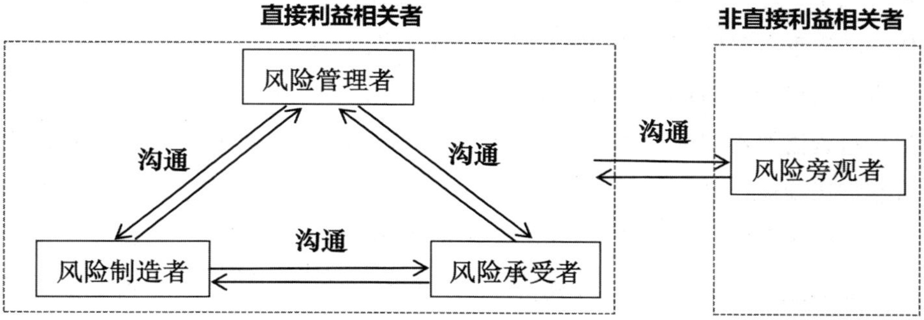


图2 风险利益相关者沟通模型图

## 三、基于利益相关者分析的风险沟通价值分析

事实上,风险沟通既是风险治理过程中的重要内容,也是风险治理的保障。通过风险沟通,"与公众交流各种备灾和减灾信息,是为了教育公众,提高其备灾减灾意识,并获得他们对各种备灾减灾工作的支持"(哈岛等,2012),显然有助于风险治理的成功进行。上述风险致灾机理和致灾过程以及利益相关者分析为风险沟通提供了可能性和必要性。在风险治理过程中,利益相关者首先要了解风险单位的风险信息,然后才能形成对风险的全面认知,从而消除对风险的恐惧和担忧,在此基础上未雨绸缪,做好充分的应急准备,这是实现风险治理的前提与基础。风险沟通为风险治理提供重要的信息支撑,对于满足利益相关者的风险信息需求、提高利益相关者的风险认知水平、纾解利益相

关者的风险恐惧心理、强化利益相关者的风险应急准备,增强风险意识,提高风险处置能力,都起着重要作用。

(一)风险沟通有利于满足利益相关者的风险信息需求

风险沟通是风险治理的前提和基础,没有有效的信息沟通,风险治理将无法进行。首先,风险沟通为不同利益相关者参与风险治理提供信息支撑。从风险的致灾机理可以看到,危机的形成是致灾因子、致灾条件、致灾环境三者共同发生作用的结果。因此,风险治理的路径依赖也包括三个方面:一是控制致灾因子,减少致灾因子的产生和暴露;二是阻断致灾条件,防止风险因子的传播和出现;三是改善致灾环境,增强风险所处系统环境的韧性。然而,这三个方面的风险治理路径,在大多数情况下涉及不同的利益相关者。因此,风险治理过程需要不同利益相关者的参与和协调配合,这需要建立在各利益相关者掌握风险信息的基础之上。此外,不同利益相关者在风险治理过程中扮演着不同的角色,它们对风险信息的要求也不相同。风险沟通主体需要针对不同沟通对象,选择不同沟通方式,告知不同的信息内容,让不同的利益相关者掌握不同的风险信息,为他们参与风险治理提供信息支撑。"沟通可以使利益相关者和社会理解风险,通过双向交流的方式,让他们说出自己的看法和观点,可以使他们认可自己在风险管理过程中的角色。"(邹积亮,2013)其次,风险沟通为风险治理各环节之间的有效衔接提供保障。在危机管理中,沟通是最重要的工具。如果深陷危机情境的人,与它有牵连的人和管理危机情境的人之间没有沟通的话,就无法评估危机及其影响。危机管理依赖信息交换能力和危机管理者依据收集的信息制定有效行动方案的能力。(希斯,2004)无论是危机管理还是风险管理,沟通都有着同样重要的价值。风险治理过程包括风险识别、风险分析、风险评价、风险处置等环节,风险治理全过程都需要风险沟通的介入(图3),都需要实现信息在各个环节之间的沟通与交流,尤其是后一环节工作的开展离不开对前一个环节信息的精准掌握,正如有学者指出:"关于突发事件风险管理的流程与策略,可以将其归纳为四个步骤:风险识别、风险分析与评估、风险处理以及风险监控。而在这四个步骤中,自始至终都需要进行风险沟通。"(张小明,2018)

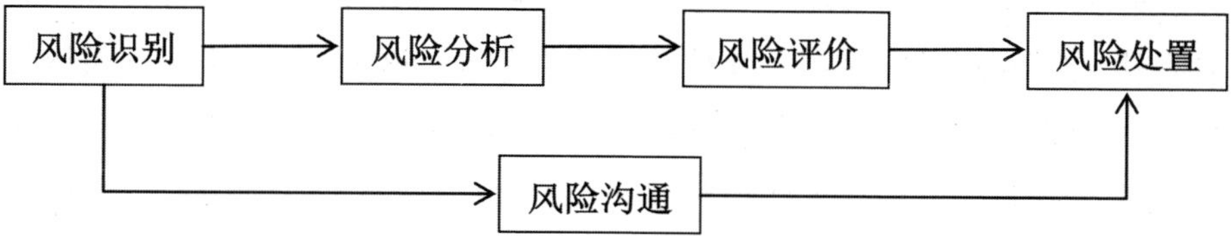


图 3 风险治理流程模型图

（二）风险沟通有利于提高利益相关者的风险认知水平

有效的风险沟通可以提升风险认知水平，是成功进行风险管理的核心。所谓风险认知，是指公众对存在于外界的各种风险的感受和认识状态。风险认知水平受个体心理、社会环境和文化因素等诸多方面的影响。利益相关者的风险认知对于风险治理来说至关重要，它直接影响到利益相关者对风险的研判和认知，从而影响到他们对待风险的态度，以及对风险的重视程度。风险认知源于公众的风险知识、风险经历及其对风险信息的掌握程度等。大多数应急管理专业人士都认为需要加强公众的风险知识，并及时通知公众风险的存在。利益相关者对风险信息的掌握越全面、越深入，风险知识越多，风险经历越丰富，风险认知水平就越高，对风险的研判将越准确，风险决策将越科学，越有利于利益相关者采取有效措施应对风险。正如有学者指出：“信息是突发事件或灾难中最具价值的商品，其有助于生成关注度和信任感。”（朗格林、麦克马金，2016）这些信息既包括风险致灾因子、致灾条件、致灾环境等致灾要素的内容，也包括风险识别、风险分析、风险评价和风险处置等风险治理流程的内容。所以说，风险沟通的本质就是风险信息与风险利益相关者进行信息交换的过程，其目的在于增强利益相关者的风险认知水平。例如，烟草生产商会在香烟盒上印制“吸烟有害健康”信息，其实就是告诉人们吸烟行为可能存在的风险。还比如在湖边或者江边设置“游泳危险”的警示牌，也是把这种风险告知公众，让公众意识到风险并做出慎重选择，预防溺水事故的发生。此外，风险认知水平的提高有利于预防风险谣言的传播。人们为什么在风险情境下容易制造谣言、传播谣言，究其原因，在于“如果社会网络中的人们有普遍的恐惧或者希望，谣言的制造者就很容易利用这些恐惧或者希望去散播某些所谓的事实，并且让这些观点成为驱之不散的幽灵，萦绕在受害者左右，甚至深深地植根于他们心中”（桑斯坦，2010）。风险信息告知越快、越多，事实真相越公开透明，就越有利于公众形成对风险的正确认知，从而预防谣言的传播。必须认识到，公众和媒体如果无法得到权威信息，就会臆造或从别的地方继续寻找，而公众和媒体想当然或者寻找到的很可能是不准确或不客观的信息，所以及时沟通并将信息传递给公众尤为重要。总之，在进行风险治理时，要在风险沟通者、大众传媒与公众之间架起一座桥梁，让权威信息走在前面，占据舆论的主导地位，减少造谣、传谣的机会。

（三）风险沟通有利于纾解利益相关者的风险恐惧心理

乔治·D. 哈岛曾经指出：“风险沟通理论基于这样一个假定：因为不知道或不确定某些行为的后果，所以人们让自己处在危险之中。准确有用的信息能够改变人们对灾害的观念，促使他们采纳一些适当的减灾措施。”（哈岛等，2012）风险最大的特点就是不确定性和不可视化，只有在风险转化为危机给社会造成破坏性后果之后，人们才意识到风险的存在，才明确风险的破坏性，但此时风险的破坏性后果已经造成。也正因为风险的破坏性和不确定性，人们在面对风险时往往表现出恐惧和焦虑情绪。人们在风险环境中的反应往往强烈而复杂，身处风险情境中的人，由于对风险的不知情，内心往往会产生恐惧与不安、焦虑和紧张。这种恐惧和不安如果长时间持续存在的话，有时会让人以极端的、不理智的方式去避免正在感受或遭受的威胁。而人们的惊恐程度取决于之前所做准备工作的多少，以及他们对于类似风险的见证次数和历次同类风险危机中的表现。这种恐惧有可能让人们陷入绝望状态而变得无动于衷，甚至否认潜在的风险和威胁，继而忽略风险管理者发出的各种警告，不相信威胁是真实存在的或不相信威胁会落在自己身上。究其原因，人们如果对风险相关信息尤其是致灾后果不了解，就会按照个人经历或者所见所闻去假想风险一旦致灾可能带来的破坏程度，而且会按照最严重、最可怕的情形去假想可能发生的危险。关键还在于，由于对风险一无所知，既不了解风险致灾因子、致灾条件，也不了解致灾因子所处致灾环境的韧性状况，人们会担心所有的行为都可能触发致灾过程，导致危机的发生。上述这些情况，都可能会加剧利益相关者对于风险的恐惧感。此外,如果风险沟通缺失或者失灵,没有人告诉身处风险情境中的利益相关者应该采取什么样的措施去控制风险,阻止致灾条件的形成,增强风险环境的韧性,以避免危机的发生,同样会加剧他们的紧张和恐惧。总而言之,当人们身处风险情境中,告知人们目前的处境以及一些可采取的行动措施至关重要。"危机管理者应该明白危机形势能使人紧张、感到恐惧和忧虑。应当采取措施通过正式和非正式沟通系统来消除这种紧张和忧虑。"(希斯,2004)当然,风险沟通者不应做出过分的保证,或者试图说服人们相信没有什么可怕的。人们可以适度地担心,要承认并接受公众的适当忧虑是合理的,有利于人们重视风险并关注风险。

(四)风险沟通有利于强化利益相关者的风险应急准备

"沟通在应急管理中发挥着越来越重要的作用。向公众、政府官员和媒体发布及时准确的信息是有效管理各种救灾和恢复活动的重要内容。备灾、预防和减灾这三类信息的交流能促进各种降低未来灾难风险的行动。与工作人员、合作者和参与者进行相关政策、目标以及规划方面的交流,能在加强他们支持的同时促进开展更有效的灾难管理操作。"(哈岛等,2012)风险沟通的目的一方面是为风险治理提供信息保障,预防风险向危机的转化,从而防范危机的发生;另一方面是针对可能发生的危机做好相应的应急准备。因为在很多情况下,危机令人防不胜防,仍然频繁出现在公众面前。应急管理要未雨绸缪,不仅需要了解危机状态下的公众需求和愿望,制定相应的应急预案,还要培训员工、教育公众、获取应急救援中所需要的资源,并确保相关设施到位以便落实计划,这些准备工作需要风险管理者和利益相关者共同努力。为了使应急预案具有可操作性和针对性,风险管理者要对风险单位的风险状况有全面掌握和了解,例如风险致灾因子特性、风险致灾条件、风险系统环境以及风险致灾后果,只有这样才能制定科学的应对方案,保证危机出现之后的方案具有可操作性。危机管理需要动员的人力、物力、财力以及其他资源,都需要提前做好相关准备工作。应急资源的数量、规模、质量、品种、规格等,也需要通过风险分析获取标准,然后通过风险沟通传递信息。正如有学者指出:"风险沟通者希望人们对相关事态保持关切和警惕,并采取合理的预防措施。通过行动,人们得以共同掌控局势,在有些情形下还可以阻止事态进一步恶化。赋予人们建设性的角色不仅能使其凝聚在一个共同的使命之下,还能为其带来掌控感。人们可以为自己、受害者和突发事件的应急人员做一些有益的事,也可以为降低并最小化风险做些准备。"(朗格林、麦克马金,2016)此外,信息沟通不仅贯穿于风险管理的全部环节,还贯穿于危机管理的全过程,即使风险单位中某一风险已经转化为危机,关于该风险单位的风险沟通仍然没有结束,因为风险单位存在的风险往往不只是这一种风险。为了防止危机叠加和二次危机的出现,在危机管理过程中,同样需要不断地进行风险沟通,强化利益相关者的风险意识,并做好应急准备。

## 四、基于利益相关者分析的风险沟通路径选择

从风险的致灾过程可以发现,"从社会风险到公共危机是一个连续的过程,至少包括社会风险识别、预警、消减、公共危机应急处理、情境恢复等五个阶段,公共危机还是完全可防、可控和早期预警的"(张海波、童星,2017)。然而,要实现对风险的预防、控制和预警,无论是从风险致灾三个要素入手,通过控制风险致灾因子、阻断风险致灾条件、强化风险致灾环境,还是从风险管理流程四个环节入手,通过风险识别、风险分析、风险评价、风险处置措施,它们都面临一个共同问题,那就是需要不同利益相关者之间的协调配合和必要的信息沟通。因此,要成功预防风险向危机的转化,实现有效的风险治理,取决于风险信息沟通状况。可以说,有效的风险治理依赖风险信息的交换能力以及利益相关者依据信息制定有效行动方案的能力,也即风险沟通效果。一个完整有效的风险沟通模式包括跟谁沟通、沟通什么、如何沟通三个方面,即风险沟通对象的明确、风险沟通内容的确定以及风险沟通方式的选择。

### (一)分析风险目标受众,明确风险沟通对象

受众即沟通对象,在风险沟通过程中,必须让受众参与风险沟通的过程,且这一过程须是双向的对话,而不是来自组织一方的独白。若要保证风险沟通的高效进行,就必须以受众分析为基础,从而明确沟通对象。在风险沟通之

前,要充分考虑受众的特点,例如受众的阅读能力、风险知识、情绪态度等因素。在设计风险信息时,要充分考虑受众关心的议题、存在的顾虑和信息需求等。然而,受众分析在风险沟通中常常被忽略,几乎所有失败的风险沟通案例中,受众分析的缺失或不到位都难辞其咎。让受众或利益相关者直接与负责沟通、评估和管理风险的人员进行互动是非常有效的风险沟通方式。风险治理是典型的多中心治理,风险治理主体是一个以风险管理者为主体,包括风险制造者、风险承受者和风险旁观者在内的多中心治理主体系统。风险治理过程不仅需要风险制造者、风险承受者和风险管理者等直接利益主体参与,也需要风险旁观者等非直接利益主体的介入。

首先要进行风险受众分析。成功的风险沟通有赖于风险沟通者对风险受众的充分了解。风险受众不同,风险沟通的内容与方式也不尽相同。第一,分析受众的接收能力。假如受众群体接收能力不强,就需要把信息以一种比较简单易懂的方式告知受众,也可以通过制作图片、视频、声音等更直观、更具体的方式,使用简单的语言进行清晰的交流,确保科学和专业建议用简单的形式表现。可能的话,此类信息需要避免出现任何内行的、专业的或技术的缩写词或术语。如果受众接收能力强,就可以采取比较专业和精确的方式将信息告知对方,以便他们对风险做出更具针对性和科学性的判断。第二,分析目标受众的类型。如果只是为了唤醒公众的风险意识,则需要风险沟通者了解受众的阅读水平、受教育程度和偏好;如果是为了改变受众行为,则需要全面地洞察受众的心理特征,包括受众采取目前行为的原因、对风险的情绪态度等。第三,分析受众的层级。受众分析大致可以分为三个层级。一是基本受众分析。主要分析受众理解风险沟通的能力,如受众的风险经历、阅读能力、信任状况、受教育程度、受众规模、目标期望及敏感问题等。所有的风险沟通工作至少都应进行基本受众分析,以更好地选择沟通内容和沟通方式。假如受众只能进行低水平的阅读,则需要对语言、编排、句子和段落结构进行简化;若受众阅读能力较强,就可以使用更复杂的语言。二是中级受众分析。中级受众分析是在基本受众分析基础上增加了社会经济状况、身份信息等情况的分析,如年龄、性别、职业、经历、区域等。假如受众只是被动地接收信息,则可以基于既有观念进行沟通,并鼓励受众主动参与;若受众意在建立共识,就要提供信息并鼓励受众参与;如果受众发起抗争,则要承认问题以降低受众的敌意,并鼓励其主动参与。三是综合受众分析。综合受众分析包括心理因素信息的分析,如动机和风险心智模型、对风险的关切和感受、遭受其他风险的经历、接触新闻媒体或其他报道渠道的情况、风险的影响、对风险的掌控程度等。如果受众有好的沟通先例,则可以此为基础展开沟通;如果受众有深刻教训,则需要了解相关情况,在沟通时首先向受众提供风险的基本信息。在以改变受众行为为目的的共识沟通和保护沟通中,综合受众分析往往必不可少。

其次要明确风险沟通对象。风险的沟通对象也即风险的利益相关者。不同利益相关者在风险治理过程中扮演着不同的角色、具有不同的功能,这就需要掌握不同的风险信息。"特别是在危机情境下,由于特定利害关系的存在,利益相关者需要利益主体对他们的立场和要求(如危机信息的知情权)给予紧急关注和有效回应,通过这种关注和回应,利益主体与利益相关者的良性互动关系得以建立、维持、增强和发展。"(陈世瑞,2011)因此,在进行风险沟通之前,需要认真分析风险的利益相关者。一是风险制造者。所谓风险制造者即风险致灾因子的孕育者以及导致风险向危机转化的促成者。风险制造者是风险的始作俑者和推动者,在风险的孕育和转化过程中起到关键性作用,与其沟通有助于控制风险因子生成和暴露,阻止风险致灾条件的形成,从而有助于规避或减少风险的出现和危机的转化。二是风险承受者。风险承受者即风险致灾的作用对象。风险一旦致灾,往往会对社会造成不同程度的影响,包括人员伤亡、财产损失、自然环境破坏、基础设施损毁、社会秩序的冲击等,涉及各方面利益主体,包括个人、企业、社区、政府、社会组织等。风险承受者是风险沟通最重要的对象,与其进行沟通的主要目的是增强风险意识、告知风险后果、消除风险恐惧,并做好应急准备。三是风险管理者。风险管理者即实施风险控制的主体,既是风险利益相关者,也是风险沟通的主体和客体。作为风险利益相关者,其是风险管理的决策者和处置者;作为风险沟通主体,其要借助各种传播渠道向风险制造者和承受者传递风险信息,寻求二者的配合;作为风险沟通客体,其主要涉及风险的内部沟通,让相关信息在系统内部保持畅通。四是风险旁观者。风险旁观者属于风险的非直接利益相关者,极容易被风险管理者忽视。实际上,风险旁观者也是风险沟通的重要对象。究其原因,在于风险致灾因子的变化性和风险治理过程的复杂性。风险致灾要素的变化性经常导致非直接利益相关者转化为直接利益相关者,风险治理过程的复杂性使得风险治理行为需要动员全社会力量共同参与,包括非直接利益相关者。因此,风险沟通不仅要在风险单位和利益相关者之间建立风险信息共享和沟通机制,还需要加强与非直接利益相关者之间的信息沟通和交流,建立一个社会多方参与的共治共享型风险沟通模式。

### (二)关注风险信息变化,确定风险沟通内容

在风险沟通过程中,信息内容至关重要,全面、准确、及时的信息内容是沟通成功的关键。在风险沟通过程中,针对不同利益相关者需要沟通不同的信息内容,这些内容主要涉及风险致灾因子、致灾条件、致灾后果和处置策略等有关风险的静态信息。与此同时,因为风险的动态变化性,上述静态信息往往会不断发生变化,无论是风险单位中的致灾因子状况,还是风险致灾条件、致灾环境和致灾后果等,乃至风险处置策略都在发生随机性改变。因此,风险沟通既要向利益相关者交流风险的静态情况,也要沟通风险的动态信息。

首先,要了解风险状况,告知风险静态信息。风险沟通者一定要知道自己的沟通对象是谁以及受众需要的信息是什么,否则其工作就很有可能以失败而告终。而且,如果没有提早考虑受众的关切和感知,风险沟通者将会在此后的风险信息解释与辩护中面临更多的困难。风险的静态信息是风险沟通最主要的内容。根据风险致灾机理和风险治理流程,需要向利益相关者告知的静态信息包括风险识别所形成的风险清单、风险分析所形成的风险等级状况、风险处置可以采取的方法策略等。一是风险的基本状况。要成为一名有效的危机管理者,显而易见,第一步就是确认危机情境的来源。风险的基本状况信息来源于风险识别。风险识别要了解的基本情况包括风险单位的风险因子种类、数量、特征、性质和分布状况等,其最终成果是风险清单。风险沟通者要把风险清单告知利益相关者,让利益相关者知晓风险的基本情况。二是风险的等级状况。风险的等级状况来自对风险的致灾概率和致灾后果的综合分析。风险在向危机转化的过程中需要满足若干条件,不同致灾因子的致灾条件不同。不同致灾条件的形成的难易程度也完全不同,有些致灾条件的形成与出

现非常容易,但有些致灾条件的形成就非常困难。有些风险之所以经常性地转化为危机,其主要原因就是致灾条件容易形成。同样,不同的风险致灾因子所处的系统环境也不尽相同,有些风险致灾因子所处的致灾环境韧性较强,具有较强的防御性,就难以发生危机的转化,但有些风险的致灾环境则相对脆弱,就容易导致危机的发生。上述风险致灾条件形成的难易程度和致灾环境的脆弱性共同影响到风险的致灾概率。致灾后果是指风险致灾的破坏程度,不同风险致灾因子的致灾后果是完全不同的,有些致灾因子一旦致灾可能导致毁灭性后果,而有些致灾因子即使导致危机的发生,其损失也微乎其微。风险致灾概率与致灾后果决定了风险的等级状况,这是风险沟通的另一项重要内容。风险等级状况涉及风险单位对于风险的态度,也涉及风险承受者、风险管理者对于风险的关注程度与准备工作。三是风险的处置策略。虽然在大多数情况下,风险是客观存在的,但是人们可以通过有效手段阻止风险转化为事故灾难。这是风险治理和风险沟通工作的出发点。在风险沟通过程中,风险沟通者不仅需要告诉利益相关者风险单位存在什么样的风险,还需要告诉利益相关者应该采取什么样的方法策略去应对风险。毕竟,有效处置风险才是风险治理和风险沟通的最终目标追求。在风险治理中,对于不同性质特点、不同等级状况的风险需要采取不同的处置策略。关于处置策略的沟通,既有助于利益相关者做好风险防范准备,也有助于其减轻对风险的恐惧,缓解其面对风险的紧张情绪。

其次,要跟踪风险变化,告知风险动态信息。从系统分析的角度来看,风险具有系统特性和动态特性。风险实际上并非单一实体或事物的固有特性,而是属于一个系统的特性。若系统发生变化,事先对风险所做的估算很容易随之发生变化。动态变化性是风险的重要特征之一,因此,在进行风险治理和沟通时,不仅要看到风险的静态状况,还要随时关注风险的动态变化情况,并将掌握到的情况及时告知利益相关者。第一,伴随风险单位所处系统环境的改变,有些风险致灾因子随着系统环境的改变而发生变化,其性质、种类、数量、特点等都可能发生改变,甚至有些致灾因子可能不复存在。当然,伴随系统致灾环境的改变,风险单位也可能出现了新的风险致灾因子。第二,伴随系统环境的改变,风险致灾条件、致灾环境和致灾后果也会发生改变。不同的风险致灾因子有不同的致灾条件、致灾环境和致灾后果,这些方面显然不是一成不变的,当系统环境发生改变的时候,这些方面也会同时发生改变,从而影响到风险分析以及风险评价的结果。若风险单位原有风险致灾因子的等级系数发生改变,有些致灾概率小、致灾后果不严重的低等级风险可能发展成为致灾概率大、致灾后果严重的高等级风险,有些致灾概率大、致灾后果严重的高等级风险则转变为低等级风险,导致风险单位的风险治理重点发生转移。第三,伴随系统环境、风险致灾要素、风险等级状况的改变,风险的处置策略也会发生改变。风险处置的“排除、缩减、转移、接受”四种策略,是根据风险评价结果做出的选择和安排,风险评价结果发生改变,相应的处置策略也需要进行调整,例如原来可以采取接受策略的风险,因为致灾后果的严重化,很可能需要采取排除或缩减策略;原来需要缩减或转移策略的风险,因为致灾后果的减轻,现在可能需要调整为接受策略等。总之,所有涉及风险状况的改变,都需要风险沟通者把变化了的信息与所有利益相关者及时进行沟通,以便利益相关者更好地介入风险治理过程。所以,风险单位应该建立风险监控机制,开展经常性的风险监测,随时跟踪和了解风险的发展动态和变化情况,并及时对风险清单和风险等级状况进行修正和调整。然后,要把变化了的情况第一时间告知风险管理者,然后传递给利益相关者。

### (三)遵循风险沟通原则,选择风险沟通方式

罗伯特·希斯说:“用简单的语言告诉人们存在什么样的固有风险是很容易做到的。其困难在于如何把抽象的参照术语(频率、概率和技术术语)转换成易于理解的参照构架。”(希斯,2004)这涉及沟通方式的选择问题,沟通方式是达成沟通目标及效果的重要保障。“为了理解风险沟通,我们需要了解风险沟通的方法,熟悉那些影响风险沟通开展的法律法规,知道有效的风险沟通有哪些制约因素,明白相关的道德伦理问题,并掌握基于方法、法律法规、制约因素和道德伦理形成的风险沟通原则。”(朗格林、麦克马金,2016)风险沟通方式有很多,每一种方式都是从不同角度来审视沟通对象。不同的利益相关者对沟通方式的敏感度和欢迎程度是不同的,因此,在进行风险沟通时,要对风险信息特点进行分析,明确风险沟通要求,选择符合信息特点、沟通要求和受众

需求的沟通方式,正如有学者提出:“最好的沟通方式取决于受众的类型及受众的需要。”(美国医学研究所等,2018)

首先,要遵循风险沟通原则。风险信息具有客观性、变化性和不确定性,所以在进行风险沟通之前,需要对风险信息进行系统分析,从而保证风险沟通的真实性、及时性和有效性。基于风险信息的特点,要求风险沟通必须满足以下几项原则。一是真实沟通。真实性是风险信息沟通的关键。处在风险状态下的利益相关者,其心理动态和行为选择都取决于信息的真实性。但是,在风险沟通过程中很容易出现信息缩小或放大效应,故意缩小或放大风险本身及其后果。一方面是缩小风险,报喜不报忧,让人们产生麻痹大意思想,掉以轻心,放松对风险的警惕;另一方面是放大风险,唯恐天下不乱,这种做法往往会引发人们对风险的恐惧心理,过分担忧风险的后果。显然,这两种做法都不利于风险治理。要防止风险沟通失效,既不能放大风险,也不能缩小风险,而应该客观公正、实事求是地把真实信息告知公众,让利益相关者形成对风险的正确认知。二是全面沟通。全面性是风险沟通的基本准则。身处风险情境中的利益相关者,其对风险信息的需求是完全不同的。风险信息沟通者要关注所有利益相关者的信息需求,全面收集风险信息,让每一个受众都能及时获得自己所需要的信息。三是持续沟通。持续性是风险信息沟通的要求。在风险单位中,风险的出现和存在往往都会经历一段较长时间,风险意识的形成也需要一个漫长的过程,因此在风险沟通中要持续性地展示风险,并不断重复强调,持续地强化和刺激,以提醒利益相关者,只有这样才能不断强化其风险意识。当然,风险沟通的时间间隔因风险本身及受众的关注程度不同而有所差异。那些等级系数和关注程度都较高的风险,自然要比那些危害程度小且受众不太关心的风险所进行的沟通更频繁。同时,为了让利益相关者能够全过程介入风险治理过程,风险沟通应在风险确定后就展开并持续进行。四是精准沟通。风险沟通者要保证信息内容的通俗易懂,不使用晦涩的术语,既传递科学可知的风险信息,也要承认风险尚不可知的方面。人们在面对灾难时处理信息的能力会急剧下降,在这样的情景中,风险沟通信息要足够简单,数量也不宜太多,若是口头信息则必须以文本的形式再次进行强调,此时人们最需要的就是切实可行的建议。五是统一沟通。当多个机构或组织参与信息发布时,确保所有发言人传达同一个声音是极为重要的。若从不同的机构或组织获得的信息相互矛盾,受众就会感到困惑,对这些机构或组织的信任度也会下降。最为关键的是,如果信息口径不一致或信息内容发生冲突,会让受众手足无措、陷入矛盾,不清楚究竟该听信谁的信息,让情况变得更糟。此外,对于风险信息要尽可能地量化,避免使用诸如“重要的”“微不足道的”“较小的”等相对主观的词语,这样可能会导致回避很多实质性问题。

其次,要选择风险沟通方式。在开展风险沟通时,既要增强信息与目标受众之间的相关性,又要清晰地呈现潜在危险的严重程度。此外,还要使受众有能力执行建议及相信采取行动会带来积极效果。因此,沟通方法的选择就变得非常重要。结合风险信息特点和受众情况,可供选择的主要沟通方法有以下几种。一是信息材料沟通。信息材料是指打印出来给受众阅读的资料,既可以是图片或其他图形元素,也可以是多卷本的风险报告。信息材料的优点是信息量丰富,对某些受众来说使用起来更舒适方便,也有利于保存和反复阅读。如果需要传播大量风险信息并且能够比较经济地满足细分受众需求的话,信息材料是个不错的选择。当然,其也有不足之处,如在编写信息材料时容易使用一些专业术语或过于技术性的语言,对某些特定受众而言难以理解,而信息材料篇幅太短或太长会使一些受众打消阅读的念头。二是可视化沟通。进行风险沟通时可以使用图形元素和相对简短的文本来传达重要的风险信息,例如海报、展板、广告、视频等。事实上,几乎所有形式的风险沟通都会使用一些可视化的方式来呈现风险。可视化沟通具有便于记忆的优势,合理使用颜色丰富、形状不一以及醒目文字等图形元素,可以使晦涩的风险信息变得生动鲜活。所以,如果风险沟通旨在增强风险意识,可视化呈现是最好的选择。但是,可视化呈现只能传达有限的信息,无法像其他风险沟通方式那样可以全方位地回答受众关于风险的诸多问题。此外,可视化呈现的成本相对于其他方式而言较高。三是面对面沟通。面对面沟通要求风险沟通者直接面向受众讲话或倾听受众的声音。面对面沟通可以即时观察受众对特定信息的反应,从而获取公众的反馈。因此,如果风险沟通目的是获得受众的即时反馈和以特定群体为沟通对象,并且受众范围小、人数不多,那么面对面沟通可以成为首选方式。四是传播媒介沟通。如果公众希望获得持续性的信息更新,那么电视广播和互联网是行之有效的手段。风险沟通者可以借助电视、报纸、广播、杂志和互联网等大众媒体资源向广大受众传播风险信息,这些媒体受众庞大、公信力强、传播效果显著,因而很有影响力。当然,大众传播媒介也存在弊端,如时空限制以及媒体组织自身的需求,可能会过滤掉风险沟通者想要突出的重点信息和深度信息。五是技术辅助沟通。技术辅助沟通主要基于计算机技术进行信息传播,或允许某些受众成员查询和接收各种有关风险的信息。技术辅助沟通能够传播海量信息,受众也可根据自己的个性化需求定制相关信息。技术辅助沟通对"技术控"类的受众极具吸引力。这种方式能制作更加精美和便捷的信息内容,而且还可以及时更新和修改。假如风险沟通旨在让受众更全面了解数据并实现低成本快速传播信息,技术辅助沟通显然是个非常不错的选择。

## 五、结语

风险治理的过程包括风险识别、风险分析、风险处置以及贯穿全过程的风险沟通,风险沟通在风险治理中举足轻重。大量突发公共危机的发生,并不是因为事前的征兆过于隐蔽,而是人们的疏忽大意和应对措施不力造成的,即风险沟通失灵。对于有些风险,人们完全有能力在可预见的范围内采取措施,阻断风险的致灾环境,增强风险所处系统环境的韧性,从而降低风险的致灾概率,减轻风险的致灾后果。这些措施的实施,显然需要在风险治理过程中持续性地进行风险沟通,向所有利益相关者传递信息,以便其能够做出科学理性的风险决策。但是,在风险情境中,并不是每个人都具备发现信息、获取信息、理解信息的能力,这就需要风险信息管理者和最早获得风险信息的人能够第一时间公布信息,以便利益相关者赢得时间,及早介入风险治理。所以,风险治理在某种程度上可以说是发现、收集、分析和处理风险信息,形成风险决策以防范风险的过程,也即风险沟通的过程。公共安全治理模式向预防转型,意味着把风险治理的重要性提升到了一个新的高度。在公共安全风险治理过程中,能否向所有的风险利益相关者及时传递和告知准确的风险信息,进行有效的风险沟通,是风险治理能否取得成功的关键。只有进行有效的风险沟通,才能帮助风险利益相关者了解风险、认知风险并做出风险决策,才能让人们更好地参与风险治理过程,从而真正实现防患于未然。正如乔治·D. 哈岛所言:"如果公众没有被及时告知即将会发生什么样的灾难,以及他们能够采取什么样的措施去降低危险,那么那些有关风险的知识是不会起任何作用的。"(哈岛等,2012)

## 参考文献

贝克,2018.风险社会[M].张文杰,何博闻,译.南京:译林出版社:24.

陈世瑞,2011.公共危机管理中的沟通研究[M].上海:上海人民出版社:137.

哈岛,布洛克,科波拉,2012.应急管理概论[M].龚晶,等译.北京:知识产权出版社:187,189,181,187.

吉登斯,2001.失控的世界[M].周红云,译.南昌:江西人民出版社:22.

朗格林,麦克马金,2016.风险沟通:环境、安全和健康风险沟通指南[M].黄河,蒲信竹,刘琳琳,译.北京:中国传媒大学出版社:331,331,331,9.

林德尔,普拉特,佩里,2011.应急管理概论[M].王宏伟,译.北京:中国人民大学出版社:16.

美国医学研究所,等,2018.环境风险:面向不确定性的环境决策[M].许振成,等译.北京:电子工业出版社:178.

桑斯坦,2010.谣言[M].张楠迪扬,译.北京:中信出版社:93.

王彩平,2021.危机沟通[M]. 北京:中国人民大学出版社:71.

渥克,2017.灰犀牛:如何应对大概率危机[M].王丽云,译.北京:中信出版社:12-13.

希斯,2004.危机管理[M].王成,宋炳辉,金瑛,译.北京:中信出版社:24,9,103,43.

张海波,童星,2017.从社会风险到公共危机——公共危机管理研究的新路径[C]//21 世纪的公共管理:机遇与挑战——第二届国际学术研讨会文集.

张小明,2018.突发事件风险管理[M].北京:中国人民大学出版社:1.

郑杭生,2004.转型期的中国与社会安全[J].中国人民大学学报,(2):1.

邹积亮,2013.政府突发事件风险评估研究与实践[M].北京:国家行政学院出版社:59.

# 从谣言到虚假信息:重大风险事件中的信息传播机理探析*

黄贺铂**

**摘要**:谣言的内涵经历了从前互联网时代到网络时代的演变,在不同时代背景下有其相应的理论阐释力,并反映着彼时公众的社会心态。随着风险社会和媒介化社会的到来,重大风险事件框架中的虚假信息,其内涵、结构、测量手段与一般意义上的谣言研究均有所不同。此外,不同的事件类型、不同的发展阶段以及不同的人群在虚假信息传播中呈现出较大的差异性。首先,媒介化社会给虚假信息的泛滥提供了宏观社会语境;其次,虚假信息的媒介化传播深刻影响个体认知心理的不确定性;最后,虚假信息的媒介化传播是引发群体情感结构变迁的重要力量。在重大风险事件中,虚假信息表现出社会情感属性、主观性与企图性、组织性等特征,针对虚假信息的治理也要区别于传统的谣言治理路径,需强化媒介在风险中的主体责任,并通过事实核查手段来预防规模化、产业化和跨国化的信息造假。学界亟须关注重大风险事件语境下的虚假信息传播机制,审思虚假信息的新概念、新特征和新趋势。

**关键词**:重大风险事件;谣言;虚假信息;媒介化社会;信息治理

## 一、研究背景

在风险社会中,各种风险错综复杂地交织在一起,变幻莫测,重大风险事

---

* 基金项目:国家社会科学基金一般项目“重大风险事件中的社会情绪传播及舆论引导策略研究”(编号:22BXW015)。

** 黄贺铂,重庆大学新闻学院副教授、硕士生导师。

件面临的信息治理难度也不断提升。同时,自然灾害和人为灾害因素相互关联,传统安全和非传统安全因素相互作用,既有的社会矛盾和新兴的社会矛盾相互交织。这些特点导致信息治理与舆情引导面临一系列困境,包括信息传播迅速而难以掌握、意见分歧难以平衡、圈层传播难以渗透、情绪共鸣难以疏导以及社会共识难以获得。然而,重大风险事件不同于一般意义上的风险事件或突发事件,它具有危害的潜伏性、爆发的突然性、后果的不确定性、信息的全球流动性、诱因的复杂性、时间的持续性等特点,考验政府的治理能力与公众忍耐力。重大风险事件中往往伴随着社会情绪的激烈波动,这些情绪波动往往来自信息泛滥、虚假信息丛生、谣言四起的混乱境况。特别是在重大风险事件爆发后,社会心态会出现剧烈波动,这种波动往往会导致一种被称为"情绪焦虑合并征"的现象。它使得群体之间的分歧加剧,社会心态失去平衡,从而引发舆情风波,并可能激发线上和线下集体行动,对社会秩序构成巨大挑战。在这种情况下,社会的情绪波动往往呈现出极端化的趋势。部分公众可能因恐惧、不安和不信任而表现出极度的情绪反应,而另一部分公众则可能对风险事件轻描淡写,甚至忽视其存在。这种心态上的分歧导致了社会的极化,使得社会对于风险事件的认知和处理产生严重不平衡。

重大风险事件中谣言、虚假信息带来的社会情绪爆发通常伴随大规模的信息传播和意见交流,包括线上社交媒体平台和线下集体行动。这种集体行动在一定程度上可以促进社会对于风险事件的关注和讨论,但同时也容易引发更多的争议和冲突,甚至可能对社会秩序造成冲击。从前互联网时代到媒介化时代,重大风险事件中的谣言和虚假信息各有其自身的社会、政治、经济、文化发展维度,也有其不同的适用场景,因此,有必要探索其适用的传播机制,从更广阔的视野发现行动主体的意义建构。媒介化社会语境下,谣言从事实真相出发,关注个体心理、组织、社会等。相比谣言的应用,虚假信息的视野更加广阔,更加适配媒介化时代的复杂信息语境,通过了解谣言与虚假信息的概念与源流,考察其信息特征,能够从媒介化社会不同视野考察重大风险事件中的信息传播机制及其治理策略。本文在重大风险语境下重新审视传统意义上的谣言,以及虚假信息所呈现出的新类型、新特征、新规律。

## 二、谣言概念的溯源、变迁与发展

关于谣言的定义,社会学、心理学、政治学、传播学、法学界等都有不同定义与自身偏向。就传播学视角而言,郭庆光(1999)较早对谣言与流言进行区分,认为流言多存在确切事实来源,而谣言是无端捏造的信息。谣言多由未经证实、有意无意的臆造的消息组成,具备一定的主观性且不怀好意,以达到混淆视听的目的(周晓虹,2008)。从社会心理学视角而言,谣言是未经证实的信息,与寻常的信息不同,其话语的传播对公共事件可能产生一定的影响,在重大风险事件中,信息偶遇可能会对网民行为决策造成干扰与偏向,甚至传染整个社会情绪,并对整体社会风气造成影响(丁晓蔚、汪琪,2021)。当然,也需要注意谣言传播者是否具备主观性,且有足够条件证明其为虚假信息传播。重大风险事件下,公众情绪成为界定谣言传播的重要因素之一,关注公众的社会情绪成为必然(匡文波、武晓立,2020)。重大风险事件下,网络谣言的视角聚焦在地化、社交性、场景化,通过谣言传递自身情绪、抒发情感,引起诸多不稳定因素(何勇、杨映瑜,2020)。与各类信源不明的信息相比,谣言强调价值判断,更倾向于误导类的信息,在后真相环境与信息迷雾弥漫的时代,谣言所带来的社会影响不言而喻。

作为最古老的传媒(卡普费雷,1991),谣言与口语传播相生相伴,既能够传递消息,也能损坏名声。在文字出现之前,谣言便在社会中具有重要影响力。我国不少鼎革从“谣言”开始发酵,如秦末、三国、隋末、宋代、明末等时期,民众均通过谣言释放出某种声音,通过神秘化、戏剧化对未知的事情营造某种舆情,达到集结与动员的目的,造成社会恐慌。譬如宋代“帽妖”在谣言传播中变成某种灾难式怪物,引发诸多灾异谣言,加剧恐慌和民众无助感,迫使官方对谣言进行规制(刘大明,2023)。谣言的威力在《叫魂》中表现得淋漓尽致,各类谣言刺激着彼时的民众,民众的不安、恐惧、猜忌都通过谣言展现出来,谣言与社会群体的心理、官僚系统以及国家机器形成协同联动效应(孔飞力,1999)。《叫魂》里提及的谣言似乎不仅关注谣言的社会传播路径,还反映出彼时的社会心态,并为当前社交媒体时代的谣言传播机制及其治理研究提供了有益的启发。

现代谣言研究肇始于二战时期的美国。卡普费雷(1991)立足二战时期的美国，考察战时谣言如何弥散，又如何控制，深入探析谣言背后社会文化因素。谣言甚至可以是“反权力”的，其威力足以对整个军队的士气产生巨大负面影响。奥尔波特(2001)通过实验法考察谣言的产生、传播与心理，关注谣言个体传播者的心理过程，并提出著名的谣言公式。重要性和含糊性这两个重要条件与谣言的传播有关，即谣言的流通量(rumor)=问题的重要性(importance)×问题的含糊性(ambiguity)，揭示谣言传播的社会因素。涩谷保(Tamotsu Shibutani)(1966)认为谣言是社会群体解决问题的工具，反映了谣言在社会群体中的认知过程与社会心态，是社会群体行动的一部分。在中国语境下，谣言的社会功能则体现为其动员作用，谣言被认为是一种“弱者反抗的权力”，用以进行舆论动员，并在一定程度上催化、阐释并且重构了群体性事件(周裕琼，2012)。还有学者视谣言为社会挤压下社会舆论的非体制化产物(陈新汉，2004)，其发生和发展与官方的回应方式息息相关，受到集体记忆、公众情感等多方面因素的影响(郭小安，2015b)。无论是口语时代、印刷时代、电子时代，还是大众媒体时代，谣言存在于任何一类媒介社会中，并融入社会结构。大众媒体与公众的交流总是自上而下的，公众获知的是他人想对其灌输的信息，而谣言更类似小道的“非官方信息”，是个人情绪感受的表达，它是弱势群体进行抗议的特殊渠道，能够满足公众的社会需求，纵然有时被证伪，但人们很难及时将其消除(胡泳，2009)。

在互联网发展初期，谣言已超越口语传播、大众传播时代，传播主体认知结构、社会敏感度、动员过程与结构、传播控制等都发生巨大转变，谣言也从口语传播裂变成网络传播模式。整个自然、社会和技术环境均有利于谣言的产生和传播，自然环境的恶化、风险社会的扩大、互联网技术的革新等为互联网谣言发展提供无限可能，谣言的传播空间扩大，造谣传谣成为日趋常态化的舆论活动，谣言叠加效应倍增，某种程度上，谣言演变成民众与强势政企博弈的方式(周裕琼，2012)。在公共事件与争议性话题中，为了获取舆论的关注，参与看与被看的博弈，行动者越发频密地借助网络谣言为自身赋权。互联网媒体被广泛用于重大风险事件的信息分析与传播，网民通过社交媒体的互动行为（点赞、分享和评论功能）参与部分重大风险事件的进程。喻国明（2018）从文本结构和表达特征的角度审视了作为舆论工具的谣言，认为其与诉诸社会动员的“鼓动式文本”如出一辙，是一种更加容易引发群体行动的传播范式，它的工具性在于如果运用得法、目标正确，可以动员群众造福于社会，反之则会误导公众贻害社会。网络谣言有足够的条件成为新闻议题，成为公众日常生活的一部分，在信源、传播过程、传播内容、社会效益、集体记忆建构上均产生巨大变化。谣言是市民社会的内在组成部分，适度的谣言意味着社会参与和公众在集体秩序和社会信任上的投入，谣言有利于建构集体记忆，并形成有判断力和可共享的价值观。郭小安（2015a）从个体认知心理、群体情感结构和政治心理三个维度阐释中国式网络谣言，视谣言为特殊的集体求知、社会抗议、情感动员、社会泄愤的方式，网络谣言极易造成社会情绪感染。因此，谣言治理应深入到社会心理与公众舆论中去窥探民情，拓宽公众的制度化参与渠道，以缓解公众底层情绪，提升政府公信力。谣言的治理应该跳出谣言本身，与社会环境土壤、公众权利休戚相关。

## 三、媒介化社会中谣言与虚假信息的适用语境探讨

风险社会与媒介化社会重塑了社会生活环境，媒介深度卷入公众生活方式，媒介的话语论述成为重大风险事件的表征，媒体扮演了风险的预警者、建构者、批评者和沟通者的角色，重塑了断裂社会的信任。媒介化时代，人们对信息的需求不断增长，当信息供给明显不足时，社会不可避免地会产生恐慌，而谣言所设置的“议程”足以反映社会焦虑，如果只试图压制这些要求，极易造成反作用（胡亦名、胡范铸，2020）。在重大风险事件中，民众对重大风险事件的关注、媒介化环境的构建和实用信息的缺少等因素会对谣言传播起到一定刺激作用，而相关谣言传播与治理更加聚焦主客观因素与偶遇行为本身，从信源、渠道、供给等方面入手，关注个体的信息使用行为惯性（张玉亮、赵玉莹，2023）。随着媒介渗透生活的各个角落，媒介化社会的出现也拓宽了谣言治理的研究视野，治理媒介走向媒介化治理，“注意力至上”的媒介逻辑将超越“以事实为本”的事实逻辑，从虚假信息视角切入可能覆盖更多理论和实践中存在

的诸多认知与实践误区,从媒介逻辑与过程化视角出发讨论重大风险事件的虚假信息已成重大现实之需,也能够在学理上发现更多视野。

谣言本身是某种不确定性的社会表达,在重大风险事件中,其蕴含的内在意义存在部分含糊性。从学理上来说,谣言的概念兼有走向真实信息或虚假信息的可能性;从法理上来说,谣言本身内在的构成要件不足、相关行为认定可能会存在含糊性与利益失衡,导致相应的法律实施存在漏洞(何勇、杨映瑜,2020)。"谣言"这一偏向本土化的中文概念抵御了西方概念影响,折射出更多文化内涵,体现官方与民间的话语碰撞。"谣言""传言""虚假信息"等概念也有其独特的适用性,尤其是在不同社会语境下,不宜将各类词语混用且标签化(刘海龙、于瀛,2021)。因此,重大风险事件中,虚假信息的内涵、结构、测量手段与一般意义上(前互联网时代)的谣言有所不同,且根据不同的事件类型、不同的发展阶段、不同的人群,虚假信息研究也呈现出较大的差异性。

首先,媒介化社会给虚假信息的泛滥提供宏观社会语境。媒介化社会成为虚假信息的助推器,涵盖整体信息社会的意义结构,媒介化社会的风险治理强调传媒对社会的广泛渗透、影响,社会呈现出对传媒发展的适应性。媒介对风险传播过程的作用也较为复杂,既成为风险事件议题的"传声筒",达到传递事实、风险构建的目的,又极易再次引发风险,成为风险的"放大器"。旧的社会信息传播和风险分配机制被弱化,而新的信息流通、控制和风险分配机制尚未形成,对虚假信息的治理成为媒介化社会风险治理的重中之重。尤其是对虚假信息的主动治理与社会风险把控,成为宏观信息治理的重中之重。就谣言传播而言,大多数关于谣言的处置集中于谣言治理与应对,较少从主体视角来整体提升信息把控能力,与信息主体的政治、经济、文化、社会因素挂钩,虚假信息与媒介化治理的结合也为相关舆情治理与信息传播延展出较大的空间。媒介不仅是信息的中转站,还通过选题、报道方式、编辑和展示方式呈现一定的风险逻辑。在媒体传播的过程中,风险逻辑与媒体逻辑之间存在某种程度的共识或相互影响。社交媒体时代,面临重大风险事件,虚假信息的适用情境更加突出,毕竟媒介化社会倡导"万物皆媒",信息成为社会建构的必要元素,理解信息、传递信息、生产信息是行为主体互动的重要方式,媒介已经渗透人类生活各个角落,任何的意义解读与社会生活都离不开信息。虚假信息作为信息的意义消解面,极大地影响行为主体对媒介化社会的解读,其传播泛滥可能造成媒介化社会的扭曲,呈现出某种失实的拟态世界。

其次,虚假信息的媒介化传播深刻影响个体认知心理的不确定性。虚假信息在某种程度上是一种公共舆论风险与媒介化风险,在不同阶段,公众的生命、健康、财产均可能受到不同程度的冲击,极易引发社会信任断裂。Kim(2021)以核电站事故的健康风险为调查背景,关注社交媒体参与度指标对风险沟通的影响。他认为,福岛核事故再次引发了人们对核能安全的担忧,通过重点关注人们对在线新闻的反应,以及如何受到与该新闻相关的社交媒体参与度指标的影响,考察在重大风险事件中,社交媒体参与指标如何影响人们对议题重要性、新闻评估、谣言以及组织信任感知的看法。同时,在风险沟通中,人们更倾向于寻求公众对该问题的意见,也倾向于遵从其所在的社会群体,这样就不会有悖于他人的规范期望。人们对虚假信息和错误信息的担忧与日俱增,今天的人们生活在社交媒体的信息洪流中,问题是人们也可能依赖虚假信息做决定。围绕重大风险事件,相关虚假信息与恐惧、焦虑不断被媒介放大,引发人们社会心态、心理健康的剧烈波动,尤其是社区媒介中漫布的虚假信息更容易反映公众心态的不确定性(Zamanian et al.,2020)。公众面对的虚假信息从人际传播、传统媒体转向算法主导的平台媒介中,此类媒介化网络使虚假信息极易形成圈层化传播,塑造公众认知框架与社会舆论。

最后,虚假信息的媒介化传播是引发群体情感结构变迁的重要力量。杨国斌(2009)认为网络事件的发生是一个情感动员的过程,网民情感共鸣是引发重大风险事件情感积聚的根本原因。袁光锋(2016)从不同视角解读了情感动员逻辑与潜藏功能,将情感表达视为一种公共话语实践方式:如“痛苦”情绪是弱势群体进入公共空间的“媒介”以及政治参与的重要渠道,“同情”会推动相关议题的公共讨论,“愤怒”等情绪则是“公共情感的失范”的表征。对于重大风险事件谣言传播的研究,主要集中在谣言与情感动员的关系上。例如,卡普费雷(1991)认为谣言能折射出所处社会的政治生态,是对病态社会的某种反映,他将谣言看成是一种“反权力”,是对官方舆论的挑战,既是集体寻求认同的过程,也是集体规避风险的一种社会抗议手段。就情感结构而言,还需要从谣言与情感动员的视角扩散到整体媒介化传播的复杂结构中。在重大风险事件中,媒介化的社会建构呈现出多元主体的复杂互动关系,互联网社会化媒体、传统媒体、权威专家、政府机构、公众均会围绕相关风险议题进行话语博弈与争论并引发舆情,在此过程中极易产生虚假信息。重大风险事件自身的高度不确定性决定了虚假信息传播的复杂性,公众个体认知心理、群体情感结构和政治心理的切入点均发生较大变化。虚假信息常常成为情感动员的诱因,极易引发一系列非制度化的集结行为,影响公众话语传播与身份构建,造成社会情绪传染(郭小安,2013)。

## 四、重大风险事件中虚假信息:概念、特征与治理机制

### (一)虚假信息的概念与源流

虚假信息(disinformation)有别于错误信息(misinformation),也有别于流言与谣言(rumor),更加强调主观性与事实偏向性,具备一定的迷惑性与误导性。严格意义而言,虚假信息与错误信息有一定的概念分野。虚假信息强调欺骗性、误导性,具备主观引导意图,常常与政治、社会、文化因素挂钩。错误信息可能不具备主观性与欺骗性,更多强调信息本身的缺失性,与事实真相不符合、不相关或者模棱两可,更加关注内容是否具备模糊性与重要性。虚假信息指未经确认是否具有误导意图的非事实性信息,包括捏造的新闻、篡改或编造的视频/图片、未经核实的突发信息以及片面的事实信息等(Zhou & Zafarani,2020)。

英文单词"disinformation"源自拉丁语前缀"dis-"应用于信息,意思是"扭转或删除信息",《牛津英语词典》指出虚假信息" disinformation "来源于1949年创造的俄语单词"dezinformacija"(胡宏超、谢新洲,2022)。从冷战时期的宣传、对抗到社交媒体时代的舆论博弈,虚假信息的概念与应用都备受瞩目。美国曾经在冷战时期实施"知更鸟计划"收买媒体操纵舆论,凸显意识形态偏见。"后真相时代",虚假信息伴随"信息茧房"、"回音室效应"、平台基础设施治理逐渐走入公众视野,并逐渐弥散于社交媒体平台,经过新冠疫情等重大风险事件,虚假信息传播的复杂机制与重要性更加凸显。《人民日报》(2023)曾在

2023年1月17日发布《美国实施“隐秘影响行动”炮制虚假信息》,指出美国政府利用社交媒体平台散布虚假信息、操纵国际舆论,使用的账号经常冒充新闻媒体或者使用虚假身份发布相关消息。

虚假信息通常是经过人为操控、加工处理而成的,带有明显的企图性,这些信息的真实企图难以分辨,也难以用统一的标准来界定,但本质上,虚假信息是没有事实根据的,其目的是误导社会大众(汤景泰等,2021)。与虚假信息相关的活动(disinformation campaigns)被视为结社性质的组织传播,甚至会在不同组织、大型活动乃至战争中存在虚假宣传的现象。不少虚假信息相关研究关注大众传播的效果范式,从心理学、政治学角度出发,但忽视其作为一种信息本身所具备的传播主体性与社会过程(Bennett & Livingston,2020)。如今,虚假信息活动广泛参与舆论战、信息战、经济战的现代化博弈,与国际关系、地缘政治相勾连,呈现出复杂化、网络化、计算化的发展态势。虚假信息从军事、情报领域逐渐蔓延到社会网络,虚假信息与误导性信息、假新闻、谣言等在概念内涵层面有所交叉,尤其是虚假信息与误导性信息在意图方面有极大区别,不少国内外学者对上述概念进行区分(刘海龙、于瀛,2021;Guess & Lyons,2020;Wardle & Derakhshan,2018),将信息是否属实、是否为有意操纵等作为概念界定的标准。虚假信息特指缺乏科学支撑、权威认证的错误信息(Bodel, 2015),既包括实际维度的事实错误,也包括认知维度的欺骗性、操纵性信息。

Kucharsk(2016)提及的“虚假信息”借由社交网络的分享与传染病的传播及演进存在诸多相似之处:二者皆由社会交往塑造。虚假信息似乎伴随疫情等重大风险事件侵袭而来,营造出许多具有误导意图的非事实空间与媒介化社会。网络时代,宣传、战争从物理实体蔓延到社会认知网络领域,虚假信息构建的算法信息迷雾在网络战争扮演重要角色,并在现实世界营造极大的“意见气候”,也更易在重大风险事件中引导舆论,影响公众的认知(张梦晗、陈泽,2023)。诸如Facebook、Twitter(现为X)、微信、抖音各类社交媒体平台对国内外虚假信息扩散发挥较大作用,尤其是部分重大风险事件尚未出现权威官方定论时,更易导致扩散,引发公众分享(Wang et al.,2019)。虚假信息的生成既有其技术性指向,也有其用户性指向。一方面,人工智能技术、算法、社交机器人等在信息生产环节产生失实偏向型信息;另一方面,通过网络用户自身进行阐释性的话语转换达到扭曲事实真相的目的(陈昌凤、陈凯宁,2018)。联合国曾发出倡议,“打击虚假信息,需要在建设社会抵御能力以及媒体和信息素养方面进行持久投资”(联合国,2022),联合国大会对虚假信息的泛滥表示担忧,并认为虚假信息倘若为有权力和影响力的人所利用,会破坏社会对公共机构的信任,加剧社会分裂,从而为民粹主义和威权主义的滋生提供土壤。与选举进程、公共卫生、武装冲突、少数群体权利和气候变化有关的各种议题都会引发公众对虚假信息的关切。虚假信息以各种方式带来多重挑战。新冠大流行有力证明了与健康有关的虚假信息可能对全社会造成巨大后果,包括“可能造成许多人丧生”,世界卫生组织(WHO)强调了这一问题的严重性,指出虚假信息比病毒本身传播得更快、更容易(Xie et al.,2020)。

### (二)媒介化社会语境下的虚假信息特征

在重大风险事件框架下,虚假信息接触对主体行为和认知产生巨大影响。社交媒体在重大风险事件中扮演重要角色,成为公众主要信息来源之一。由于缺乏相应的技术过滤机制,虚假信息得以在社交媒体用户中快速扩散,并形成社交情绪感染,对人们的认知、态度产生较大影响。从认知层面来看,过度的虚假信息接触极易产生社会消极情绪,尤其是公众对相关风险事件的预期、信念、态度等产生巨大波动,并对此类事件产生愤怒、恐惧、失望、丧失信心等情绪(Featherstone & Zhang, 2020)。频繁接触虚假信息与错误信息会导致个体的信息过载,加上个人注意力有限,可能会阻碍个体对社交媒体信息的充分评估,导致个人对虚假信息的信任,并导致错误观点的产生(Tandoc & Kim, 2022)。行为方面,虚假信息接触会进一步导致虚假信息分享,在社交媒体平台上,频繁的虚假信息接触会导致虚假信息过度分析,尤其是在社交媒体上积极参与政治讨论的人更有可能意外地分享错误信息,因为他们已经倾向于更频繁地分享新闻(Rossini et al., 2021)。

现有研究聚焦虚假信息的内容、传播主体、传播过程、互联网技术勾画,识别互联网谣言文本,考察虚假信息的传播机制与效果,尤其是在风险事件大规模扩散之前进行专业识别,尽可能在源头上遏制谣言的传播(吴晔等,2019)。

社交媒体的虚假信息传播有其自身的规律与传播模式,有学者经过长期追踪社交媒体的信息,分析虚假信息的内容、原始来源的生产者和演变模式,发现真实信息与虚假信息传播模式存在显著差异,真实信息的传播范围更大,而虚假信息在传播过程中容易遭到更多的内容篡改,传播速度较快(Jang et al., 2018)。重大风险事件中,虚假信息泛滥会给公众和整体社会情绪稳定带来巨大风险与危害,尤其是短视频等社交媒体平台已经成为虚假信息的第二大来源,通过结合来源、主体维度、信息分段演进,针对不同传播阶段设置不同的应对方案,利用图像识别等技术能够有效遏制虚假信息在重大风险事件中的泛滥(张帅等,2021)。

在重大风险事件的视角下,虚假信息具备以下特征:(1)虚假信息扩张具备一定的社会情感属性,极易在互联网媒介化世界造成社会文化的话语传播与情绪感染,成为某类重大风险事件的传播载体。(2)虚假信息具备某类主观性与企图性,与某种主体的动机相吻合,虚假信息中可能存在部分事实,但是经过某类传播机制会达到误导他人的目的。(3)媒介化社会中,虚假信息的生产具备组织性,常与政治、经济、文化属性挂钩,可能会对某个群体、事件、国家产生影响。另外,社交媒体时代的社会情绪传播更加隐蔽,从更加显化的行为表达或者文字评论转变为更加内化、更复杂的数据行为,虚假信息的治理也应该探究更深层次机理,从个人认知拓展到渠道与制度化治理。虚假信息的传播主体逐渐拓展到不同层级中,有学者将行动者网络引入虚假信息研究,强调不同主体带来的信息生产与交互,并从用户,人、技术与信息的联结,环境要素,组织化与产业化四个递进的层次考察虚假信息如何发酵并形成产业链,虚假信息已经逐渐从社会文化扩展到整个社会秩序(胡宏超,2023)。社会情绪在重大风险事件发生的各个阶段都扮演重要角色,当虚假信息充斥着媒介化社会时,极易对社会、个人产生不良影响,造成极强的社会情绪感染,继而引发公众态度、行为的变化,甚至引发集群效应。

### (三)重大风险事件中的虚假信息治理途径

在重大风险事件中,虚假信息会传递诸多“非理性”因素,引发“信息疫情”以及相关的舆论引导、社会治理问题,导致社会秩序动荡,对重大风险事件进行舆论引导治理与事实核查势在必行。具体而言,强烈的情绪传播和情感表达成为主导,舆论引导与治理理念也必须进行相应的调整,重点是由简单的“事实传播”转向更加复杂的“情绪传播”。这种转变要求人们更加关注情感的引导和沟通,以便更好地应对不断变化的舆论环境;认识到情绪传播的影响力,并采取适当的策略引导公众的情感表达,以维护社会稳定和公共安全(钟瑛、朱雪,2021)。

Kumar 等人(2022)提出了社交媒体中“易感—感染—恢复—反传播”谣言模型,并将其应用于谣言传播和谣言控制的建模,公众对谣言的反应涉及“发布谣言、删除谣言、宣布谣言是假的”三类,并对不同类型的消息提出相应的措施。谣言治理成为重大风险事件中亟须解决的问题,若公众无法对不确定性进行求知求证,极易出现网络谣言随意传播的境况,引发社会情绪传染,因此,必须关注公众核心诉求,通过有针对性的议题设置,释放真实信息的生存空间,做到及时更新重大风险事件的发展进程与应对措施,实现公众社会情绪的疏解(周茂君、杜永欣,2020)。网络谣言研究可能会比较关注事实本身,还有公众个体的生存空间,但是虚假信息研究会从更广阔的角度关注公众与事实存在的媒介生态,关注公众生存的媒介化场景,其治理模式与关注焦点发生重大转变。

在重大风险事件中,不少虚假信息的生成与组织、个人的利益诉求相关,其相关的虚假信息治理需要强化媒介在风险中的主体责任,构建清朗的互联网信息环境。在媒介化治理的框架下,更应该注意社会化媒介对舆论的分化或共识。虚假信息的治理模式也要尊重事件本身风险治理模式,在科学、政治、社会、经济中找到价值,在不同主体中找到平衡点,相关治理理念也需要从“自上而下”的模式转向国家、社会等多元主体共治模式,尤其是需要提供达成共识的土壤。欧盟对其风险治理模式进行改革,旨在打破权威学者、技术官僚对重大风险事件的话语垄断,在科学话语与社会公共话语中找到平衡,尽量避免政治、经济因素造成的信息不透明,也尽可能避免谣言在社会群体中滋生(张海柱,2019)。就国内而言,2020 年 2 月,国家卫健委针对编造、故意传播虚假疫情信息行为,阐释《突发事件应对法》第 65 条规定,即“违反本法规定,编造并传播有关突发事件事态发展或者应急处置工作的虚假信息,或者明知是有关突发事件事态发展或者应急处置工作的虚假信息而进行传播的,责令改正,给予警告(中华人民共和国国家卫生健康委员会,2020)。2021 年 1 月 24 日,国家网信办出台《互联网用户公众账号信息服务管理规定》,重点关注并处理公众号相关的虚假信息、虚假流量行为(中国政府网,2021)。

此外,事实核查能够对重大风险事件的虚假信息进行真相调查,尤其是针对规模化、产业化的信息造假能够做到有的放矢,及时扭转舆论风向。事实核查能够消除虚假信息构建的消极、恐慌社会情绪,营造真实透明的社会文化氛围,无论是对政府信誉、公众信任度的构建,还是对事实真相的扩散,都有重要意义。事实核查在国内外均有其自身的特点与运作机制。国内事实核查平台通过聚焦数据内容服务,全面介入信息生产与流通各个环节,逐渐演化成为基础设施,事实核查平台既能够掌握虚假信息的动向,也能及时传播真相,做到有效引导和重大风险事件的谣言治理,能够增强公众对真相的信任感,维护新闻业的合法性与权威性(吴涛、张志安,2022)。事实核查能够满足公众对真相的需求,及时应对并遏制虚假信息的传播,营造真实的信息舆论生态,更加符合社交媒体时代的信息传播特性。以澳大利亚为例,事实核查结果由公立大学与公共服务机构联合发布,增强事实核查的公共属性,将信息发布扩展至多个平台,有效地遏制了虚假信息泛滥,从“实用主义”的角度提升了事实真相的曝光度,能够提升事实核查平台在社会公共事务中的地位,促进民主监督与舆论动员(刘沫潇、姜飞,2022)。同时,虚假信息的传播被广泛应用到战时宣传中,尤其是相关的理念、话语、组织、战略等均容易引发舆论战。任孟山和李呈野(2022)认为当前俄乌冲突中虚假信息传播从“影像新闻”叙事转向了“事实核查”舆论叙事,对相关虚假信息的发布做到及时切断,通过对虚假信息的事实核查展示不同主体的软实力并指控对手,增强各自的舆论影响力,更通过解构对方的虚假信息来解构对方的道义感。

## 五、结语

媒介化时代,风险变幻莫测,防控难度升级,呈现出“风险突发”“风险共存”“风险联动”的态势,重大风险事件的关联性、衍生性、复合性和非常规性不断增强,跨区域和国际化趋势日益明显。媒介化作为一种治理“基因”弥散到社会生活的方方面面,媒介化治理不再将媒介单纯视为一种手段和工具,更非将媒介视为管理对象,而是在国家治理的各个环节中融入媒介的“基因”,打造一种新的操作系统或“座架”,实现对社会治理体系的“结构性改造”,从而更好地应对媒介化社会和风险社会带来的各种挑战。

从谣言到虚假信息,网络信息环境的清朗之风亟须推进。网络谣言治理更多聚焦网络谣言以及事实真相本身,而虚假信息更多关注整个信息生态链条,既需要在专业层面建立事实核查平台、推动多元主体的协同治理,也需要从国家政治、经济、文化层面来治理虚假信息带来的“意见气候”,防止“信息战”“舆论战”“不当集会”等带来的权力博弈与复杂社会关系勾连,避免引发信息生态与社会实体危机,对全球地缘政治和经济关系产生冲击。虚假信息的概念与视角更加适用于对媒介化语境下重大风险事件的研判,贴合媒介化社会中关于战争、政治、信息传播、文化等重要议题,具备前瞻性与适用性。尤其是社交媒体信息泛滥的当下,人为操作的虚假信息似乎频繁伤害整个社交信息生态系统,带来更多的信息杂质与“信息茧房”,其大规模传播引发诸多国家政府的关注,对社会与公众应对重大风险事件造成巨大的危害。

习近平总书记指出:“面对波谲云诡的国际形势、复杂敏感的周边环境、艰巨繁重的改革发展稳定任务,必须始终保持高度警惕,既要高度警惕‘黑天鹅’事件,也要防范‘灰犀牛’事件;既要有防范风险的先手,也要有应对和化解风险挑战的高招;既要打好防范和抵御风险的有准备之战,也要打好化险为夷、转危为机的战略主动战。”(《中国共产党简史》编写组,2021)社会层面,需要寻求平衡和理性的舆论引导,以减少情绪波动的极化效应,促进不同群体的对话和理解。同时,也需要加强对风险事件的科学解读和采取有效的风险管理措施,以维护社会稳定和秩序。政府层面,由于政府决策在公共卫生领域往往起到决定性的作用,政府信任对于公众在相关问题上的态度和行为都有重要影响。政府信任作为一种制度信任,成为提升疫情正确认知、坚定民众对疫苗的信心、有效冲抵疫情虚假信息带来的疫苗负面态度的关键因素(金兼斌等,2023)。就国际而言,百年未有之大变局背景下,海外虚假信息的应对与治理已成为中国特色国际传播能力建设的重要组成部分。

拨开信息操纵的迷雾,社交媒体、短视频等网络空间已成为信息战略博弈的重要阵地,从网络谣言到虚假信息,凸显了舆论阐释力的发展转变,以及相关概念的内涵、范围和适用情境等的延伸。虚假信息并非孤立存在,而是结合特定事件的发展进程与社会背景,通过特定传播主体形成误导或欺骗性信息,不同类型的媒体报道引发网络舆情,并在网络舆论场扩散过程中诱发次生风险事件。就国内而言,审思虚假信息的新概念、新特征和新趋势,有助于为重大风险治理提供科学、全面、客观的应对方案,对于提高国家治理能力现代化水平具有重要理论和现实意义。学界亟须深入探究重大风险事件语境下的虚假信息传播机制,预防虚假信息泛滥及其造成的危害。

## 参考文献

奥尔波特,2001.谣言心理学[M].刘水平,梁元元,黄鹂,译.沈阳:辽宁教育出版社.

陈昌凤,陈凯宁,2018.网络视频中的虚假信息偏向及其治理[J].新闻与写作,(12):59-63.

陈新汉,2004.哲学审视中的社会谣言[J].湖南师范大学社会科学学报,(1):14-18.

丁晓蔚,汪琪,2021.谣言:概念、成因、作用机理及新问题探讨[J].当代传播,(1):61-64.

郭庆光,1999.传播学教程[M].北京:中国人民大学出版社.

郭小安,2013.网络抗争中谣言的情感动员:策略与剧目[J].国际新闻界,35(12):56-69.

郭小安,2015a.当代中国网络谣言的社会心理研究[M].北京:中国社会科学出版社.

郭小安,2015b.网络舆情联想叠加的基本模式及反思:基于相关案例的综合分析[J].现代传播(中国传媒大学学报),37(3):123-130.

何勇,杨映瑜,2020.突发公共卫生事件网络谣言的特征及治理[J].现代传播(中国传媒大学学报),42(6):130-135.

胡宏超,谢新洲,2022."虚假信息"的概念分析与对比辨析[J].新闻爱好者,(10):8-12.

胡宏超,2023.社交媒体虚假信息的动态成因与治理启示:基于行动者网络理论视角的分析[J].出版科学,31(2):61-69.

胡亦名,胡范铸,2020.从上古到后真相时代:"谣言"概念史的再分析[J].探索与争鸣(12):74-79,199.

胡泳,2009.谣言作为一种社会抗议[J].传播与社会学刊,(9):67-94.

金兼斌,魏然,郭靖,2023.疫情虚假信息如何影响公众的疫苗接种态度:基于北京市的实证研究[J].传播与社会学刊,(63):239-267.

卡普费雷,1991.谣言:世界最古老的传媒[M],郑若麟,边芹,译.上海:上海人民出版社.

孔飞力,1999.叫魂:1768年的中国妖术大恐慌[M].上海:上海三联书店.

匡文波,武晓立,2020.突发公共卫生事件中网络谣言传播模型及特征研究[J].新闻与写作,(4):83-87.

联合国,2022.打击虚假信息[EB/OL].https://www.un.org/zh/node/202274.

刘大明,2023.角逐:宋代灾异谣言的信息传播与官方应对[J].传媒观察,(6):51-57.

刘海龙,于瀛,2021.概念的政治与概念的连接:谣言、传言、误导信息、虚假信息与假新闻的概念的重构[J].新闻界,(12):23-40.

刘沫潇,姜飞,2022.新实用主义真理观视阈下西方事实核查实践探究:以 RMIT ABC Fact Check 为例[J].新闻界,(2):87-96.

任孟山,李呈野,2022.俄乌冲突与战时宣传范式迭代:从"影像新闻"到"事实核查舆论战"[J]. 对外传播,(6):38-42.

人民日报,2023.美媒披露:美国实施"隐秘影响行动"炮制虚假信息[EB/OL].https://baijiahao.baidu.com/s? id=1755271861129111484&wfr=spider&for=pc.

汤景泰,陈秋怡,徐铭亮,2021.情感共同体与协同行动:香港"修例风波"中虚假信息的动员机制[J]. 新闻与传播研究,(8):58-76,127.

吴涛,张志安,2022.新新闻生态系统中的事实核查及对新闻真实观的影响[J].新闻与写作,(7):37-45.

吴晔,李永宁,张伦,2019.计算视角下的虚假信息传播:内容、主体与模式[J].河南师范大学学报(自然科学版),47(2):29-35,2.

杨国斌,2009.悲情与戏谑:网络事件中的情感动员[J].传播与社会学刊,38(9):39-66.

喻国明,2018.社交网络中谣言易感人群的新特点及效应机制[J].教育传媒研究,(2):94-96.

袁光锋,2016."情"为何物?——反思公共领域研究的理性主义范式[J].国际新闻界,38(9):104-118.

张海柱,2019.专业知识的民主化:欧盟风险治理的经验与启示[J].科学学研究,37(1):11-17.

张梦晗,陈泽,2023.信息迷雾视域下社交机器人对战时宣传的控制及影响[J].新闻与传播研究,(6):86-105,128.

张帅,刘运梅,司湘云,2021.信息疫情下网络虚假信息的传播特征及演化规律[J].情报理论与实践,47(8):112-118.

张玉亮,赵玉莹,2023.机理与策略:突发疫情中网民谣言信息偶遇行为的扎根分析[J].情报杂志,42(9):84-90,108.

《中国共产党简史》编写组,2021. 中国共产党简史[M].北京:人民出版社,中共党史出版社:497.

中国政府网,2021.国家网信办出台公众账号管理新规 剑指虚假信息、流量造假[EB/OL]. https://www.gov.cn/xinwen/2021-01/24/content_5582211.htm.

中华人民共和国国家卫生健康委员会,2020.编造、故意传播虚假疫情信息的人,要承担什么法律责任?[EB/OL]. http://www. nhc. gov. cn/xcs/pfzs/202002/af94be0d409e42ec9db566a004357904.shtml.

钟瑛,朱雪,2020.风险社会中主流媒体调适社会情绪的机制构建[J].内蒙古社会科学,41(4):185-191.

周茂君,杜永欣,2020.重大突发公共事件中的谣言传播及协同治理机制:基于新冠肺炎疫情期间谣言信息的研究[J].传媒观察,(9):15-23.

周晓虹,2008.社会心理学[M].北京:高等教育出版社.

周裕琼,2012.当代中国社会的网络谣言研究[M]. 北京:商务印书馆.

BENNETT W L, LIVINGSTON S, 2020. A brief history of the disinformation age: information wars and the decline of institutional authority[M]//LIVINGSTON S, BENNETT W L. The disinformation age: politics, technology, and disruptive communication in the United States. Cambridge: Cambridge University Press, 3-40.

BODE L, VRAGA E K, 2015. In related news, that was wrong: the correction of misinformation through related stories functionality in social media[J]. Journal of communication, 65(4): 619-638.

FEATHERSTONE J D, ZHANG J, 2020. Feeling angry: the effects of vaccine misinformation and refutational messages on negative emotions and vaccination attitude[J]. Journal of health communication, 25(9):692-702.

GUESS A M, LYONS B A, 2020. Misinformation, disinformation, and online propaganda[M]//TUCKER J A, PERSILY N.Social media and democracy: the state of the fieldprospects for reform.Cambridge University Press,10-33.

JANG S M, GENG T, LI J-Y Q, et al., 2018. A computational approach for examining the roots and spreading patterns of fake news: evolution tree analysis[J]. Computers in human behavior, 84:103-113.

KIM J, 2021. The meaning of numbers: effect of social media engagement metrics in risk communication[J]. Communication studies, 72(2):195-213.

KUCHARSKI A, 2016. Study epidemiology of fake news[J]. Nature, 540(7634):525.

KUMAR A, AGGARWAL N, KUMAR S, 2023. SIRA: a model for propagation and rumor control with epidemic spreading and immunization for healthcare 5.0[J]. Soft computing, 27(7):4307-4320.

RAPP D N, 2016. The consequences of reading inaccurate information[J]. Current directions in psychological science, 25(4):281-285.

ROSSINI P, STROMER-GALLEY J, BAPTISTA E A, et al., 2021.Dysfunctional information sharing on WhatsApp and Facebook: the role of political talk, cross-cutting exposure and social corrections[J]. New media & society, 23(8):2430-2451.

SHIBUTANI T, 1966. Improvised news: a sociological study of rumor[M]. Indianapolis: Bobbs-Merrill.

TANDOC E C, KIM H K, 2022. Avoiding real news, believing in fake news? Investigating pathways from information overload to misbelief[J].Journalism,(24):1174-1192.

WANG Y, MCKEE M, TORBICA A, et al., 2019.Systematic literature review on the spread of health-related misinformation on social media [J]. Social science & medicine, 240112552.

WARDLE C, DERAKHSHAN H, 2018. Thinking about "information disorder": formats of misinformation, disinformation, and mal-information[Z]. Journalism,"fake news"& disinformation, UNESCO,43-54.

XIE B, HE D, MERCER T, et al., 2020, Global health crises arealso information crises: a call to action[J]. Journal of the association for information science and technology, 71(12): 1419-1423.

ZAMANIAN M, AHMADI D, SINDARREH S, et al., 2020. Fear and rumor associated with COVID-19 among Iranian adults[J]. Journal of education and health promotion, 9.

ZHOU X, ZAFARANI R, 2020. A survey of fake news: fundamental theories, detection methods, and opportunities[J]. ACM computing surveys (CSUR), 53(5): 1-40.

# 景观呈现与视觉治理:重大风险事件中的短视频传播*

杨绍婷**

**摘要**:近年来,以短视频为代表的视像化信息使得视觉逻辑深度嵌入诸多重大风险事件的表意系统,为进一步检视短视频传播塑造了何种风险社会景观,重大风险事件中的标志性影像呈现出怎样的视觉逻辑与情感偏向,如何影响了公众的风险感知,何以造成风险的社会放大等问题,本文收集了2019~2023年我国重大风险事件形成案例库,并在短视频平台检索事件中的标志性短视频形成语料库,分析风险景观的短视频呈现。研究发现,短视频通过记录在场的多维见证性影像强化风险感知,以救灾(救援)现场的艰辛叙事激活共情传播,助推视觉信息武器化,框塑情感公众,并进一步成为线上舆论的放大器。同时,短视频所塑造的风险景观也带来了信息噪音、舆论失焦,甚至文明冲突等问题,需要进一步考量将视觉工具纳入风险治理。

**关键词**:风险景观;短视频;重大风险事件;视觉治理

## 一、引言

2023年6月,法国警察射杀17岁少年引发社会骚乱;7月,韩国社交网

* 基金项目:国家社会科学基金一般项目“重大风险事件中的社会情绪传播及舆论引导策略研究”(编号:22BXW015);重庆市社会科学规划项目—博士项目“突发公共事件中的视觉引导机制研究”(编号:2021BS031);西南大学中央基本科研业务费项目“图像赋权在网络空间中的作用机制研究”(编号:SWU2109535)。

** 杨绍婷,西南大学新闻传媒学院讲师。

络上出现大量“杀人预告帖”致使恐慌情绪在线上线下蔓延;8 月,日本政府启动福岛核事故污染水排海引发国际社会尤其是邻国担忧……越发频密的风险事件与波谲云诡的国际局势,提示着“风险社会”(贝克,2004)的加速到来。

在我国,一方面,用改革开放 40 余年的时间走过了西方社会两三百年走过的现代化之路,身处韩国学者张庆燮(Chang,1999)所提出的“压缩的现代性”(compressed modernity)之中,社会所面临的风险更为多重与复杂,这也大大增加了风险的治理与应对难度。另一方面,随着移动互联网的演进与媒介近用权的下移,视觉逻辑深度嵌入诸多社会事件的爆发与传播之中。中国互联网络信息中心(2023)发布的研究报告显示,截至 2023 年 6 月,我国网民达 10.79 亿,网络视频、短视频用户规模分别达 10.44 亿和 10.26 亿。另一组统计数据显示,2022 年用户平均每天在图像社交软件 Instagram 上分享的照片为 30 亿张(Aslam,2023)。作为社会生活全方位“图像转向”的表征之一,重大风险事件在其发展过程中,往往携带着大量的视觉化语言,包括图片、短视频、表情包等,在社会化媒体、短视频平台上引发“病毒式”传播,尤其是影像所提供的“可见性”越发成为近年来驱动风险传播与风险感知的关键力量。诸如新冠肺炎疫情、郑州“7·20”特大暴雨、彭州“8·13”河道山洪、重庆“8·21”山火、房企“爆雷”等,大多以图像或者短视频的形式,介入公众对重大风险事件的信息获取与情感动员,也回应着受众“无视频,不新闻”的潜在信息偏好与诉求。对此,若应对不慎,或缺乏有针对性的视像化引导,将有引发社会信息恐慌,甚至“信息疫情”之虞。

## 二、文献回顾与研究问题的提出

对于风险的感知,既可以借助听觉传播,如地震与新冠疫情防控期间乡村地区借助高音喇叭广播进行风险应对与社会治理,也可以借助视觉传播,创造一个低介入门槛、易于体认的观念世界,这背后契合了视觉时代的观看逻辑与情感激发心理。视觉材料作为原始意义上的“教化”手段(伯克,2008)与人类的认知偏好密不可分,认知神经研究领域的发现也佐证了视觉观看的优先性——与文字内容相比,人类大脑更善于自动处理视觉材料(Gazzaniga,1998)。近年来,重大风险事件中的"视觉牵引"特性愈加凸显,已有的研究成果主要集中在以下几个方面。

## (一)视觉信息的公共性、舆论建构及其治理

信息通信技术的演进不断形塑着新的传播与权力关系,视觉信息以惊人的程度渗透人类社会生产和日常生活,指数级的传播速度、海量级的传播对象使得视觉语言能够在顷刻间集聚并放大事件的传播量级。视觉信息在公共事件中的作用受到越来越多学者的关注,研究焦点涵盖了事件中的图像(Qiu,2015)、网络迷因(Olesen,2018;Shifman,2013)、视频(Hahn,2016;刘涛,2019)以及短视频(武楠、梁君健,2020;薛可、鲁晓天,2020),图像的近用性为弱者赋权(杨绍婷、郭小安,2020),短视频的勃兴让"无名者"得以"出场"(潘祥辉,2020)。

视觉文化包裹着公共性(闵学勤、郑丽勇,2015)并携带着"复杂的意识形态建构"(杨向荣、李萌,2018),短视频平台成为"公共性传播的重要平台之一"(彭兰,2019),在社会景观中形成了舆论的影像化表达(汤天甜、周经伦,2023)。如何形成以观看为治理模型的"视觉治理"体系(刘涛,2019),从短视频信息生产、传播、技术与渠道层面加强对突发事件的舆论引导与治理(余秀才、王映荷,2020;谢新洲、朱垚颖,2019),在公共性导向下培育视觉沟通理念,为重大风险事件的治理提供了一个有待深化的研究方向。

## (二)视觉信息在风险的社会放大、情绪唤起、风险认知中的作用

重大风险事件,是指突然发生,造成或者可能造成严重社会危害,需要采取应急处置措施予以应对的"低概率、高损失"的极端事件,包括公共卫生事件、自然灾害、事故灾难和金融风险事件等。卡斯帕森等学者敏锐地捕捉到事实信息在传播与接受过程中带来的"风险的社会放大"效应(Kasperson et al.,1988),风险放大实则指向了风险信号的放大(卜玉梅、周志家,2023)。视觉内容作为风险信号的重要组成部分,表现为当下发达的图像系统既能表征风险,也会强化与激发风险(于德山,2019)。

图像本身携带着强大的情感动员能力(Bradley et al.,2001),风险情境往往带来群体恐慌情绪的唤起(赵云泽、薛婷予,2023),互联网尤其是社交媒体的使用影响着公众的风险感知,实证研究表明,在埃博拉病毒(Seltzer et al.,2015)、寨卡病毒(Seltzer et al.,2017)暴发期间,公众在社交媒体平台上的图片分享大多携带着恐惧、焦虑等负面情绪,人们对洪水灾害的风险认知也依赖视频、图片等视觉材料(Wills et al.,2011)。也有研究分析了风险传播中的视觉化表征,包括儿童影像(周敏等,2016),新冠肺炎疫情信息传播中短视频的作用(黄楚新、朱常华,2020),风险事件中短视频的共情传播效果(郭小安等,2023),以及政务短视频主题与用户行为的关联演化(张敏、郑嘉裕,2023)。

但稍显遗憾的是,过往在社会科学层面对于视觉传播的研究大多集中在公共事件、环境保护事件等议题范畴,与本文所致力于讨论的重大风险事件虽有一定交叉,但并非完全重叠。对于重大风险事件中的视觉研究大多是个案分析,尤其是以新冠肺炎疫情为代表的突发公共卫生事件,而对于重大风险事件的研究,并未对视觉信息予以足够的关注,已有研究成果或是聚焦文字报道,或是剥离了视觉材料而讨论其标题与主题,或是从宏观层面讨论风险事件中视觉信息的作用与类型,前述研究不足也为本文提供了推进空间。

本文希望深入探析当风险浓缩为一个短视频时,视觉传播塑造了何种风险社会景观,重大风险事件中的标志性影像呈现出怎样的视觉逻辑与情感偏向,如何影响公众的风险感知,怎样造成风险的社会放大。基于此,本文收集了2019年1月至2023年8月我国重大风险事件形成案例库,包括公共卫生、自然灾害、公共安全和金融风险事件共计33件(表1),并在抖音平台进行事件名检索,查询点赞量、转发量排名靠前的视觉文本,形成标志性短视频语料库,分析每一条短视频下前十条留言的情感态度以及舆论对事件中标志性短视频的回应。标志性短视频借鉴并发展了“标志性图像”(iconic photo)的概念,后者意指“在纸媒与数字化媒体上被广泛复制与传播、具有象征意义、用以吸引公众注意并引发公众讨论的图像”(Hariman & Lucaites,2003)。同样,在短视频时代,只有那些在超饱和的短视频海洋中经历了激烈的竞争与筛选,能够抵御注意力稀缺时代弊病的影像才能够成功保留并传播。

**表1 2019—2023年重大风险事件及标志性短视频列表**

| 类型 | 事件 | 标题 | 时长(秒) | 发布媒体 | 点赞量(万次) |
|---|---|---|---|---|---|
| 公共卫生事件-3 | 2020年多地出现诺如病毒感染事件 | 广东卫健委公布2020年1月份公共卫生事件,其中梅州发生一起诺如病毒感染疫情 | 7 | 羊城晚报·羊城派 | 81.8 |
| | 新冠肺炎疫情 | 我是中国人,我自豪!战胜疫情dou行动原声@一个人的莎士比亚 | 72 | 台山融媒体中心 | 1323.5 |
| | 2019年兰州布鲁氏菌病感染事件 | 兰州布病事件8人被处理#突发#抖音邯郸#热门 | 8 | 观邯郸 | 9.2 |
| 自然灾害事件-8 | 2023年北京"7·31"暴雨 | 8月1日,北京市房山区救灾现场,人民子弟兵在休息期间冒着大雨就餐,拍摄者:我破防了#八一建军#中国军人#人民子弟兵 | 12 | 广州ing | 84.4 |
| | 2023年重庆万州暴雨 | 紧急响应!特大暴雨袭击重庆万州致严重内涝,消防、武警等驰援一线,安全转移数千人。注意安全,愿平安!@重庆日报 | 22 | 人民日报 | 245.4 |
| | 2022年彭州"8·13"河道山洪 | 彭州山洪父亲紧抱儿子被冲走,救援队队长:父亲获救了,小孩没有了 | 5 | 微观安徽 | 55.8 |
| | 2022年重庆"8·21"山火 | 这一幕感动!重庆小伙支援山火扑救太过疲劳,浇水让自己清醒后再继续。好样的!@九派新闻@红星新闻 | 18 | 人民日报 | 608 |
| | 2022年四川泸定6.8级地震 | 这就是飞夺泸定桥的精神!#四川甘孜地震#直击四川泸定6.8级地震(编辑:景怡 钰凯)#直击四川泸定6 | 18 | 中国军号 | 299.3 |
| | 2021年河南郑州"7·20"特大暴雨 | 愿大家都平平安安!#郑州市民协力拉出暴雨被困者 郑州加油!#抖音小助手 #暴雨中的河南力量 #郑州暴雨 | 14 | 郑州广电全媒 | 635.9 |
| | 2021年山西"10·5"暴雨洪水 | 他们还是一群大孩子,却担起了抗洪的重任泡在水中冷得打颤,心疼!#致敬 #消防员 #抗洪救灾 | 7 | 长江云新闻 | 902.5 |
| | 2020年四川西昌"3·30"森林火灾 | 泪奔!#凉山西昌山火19名扑火队员遗体被送往殡仪馆 市民们走上街头,送英雄们最后一程! | 13 | 四川观察 | 645.8 |

续表

| 类型 | 事件 | 标题 | 时长（秒） | 发布媒体 | 点赞量（万次） |
|---|---|---|---|---|---|
| 公共安全事件-15 | 2023 年宁夏银川“6·21”烧烤店爆炸事故 | 习近平对宁夏银川市兴庆区富洋烧烤店燃气爆炸事故作出重要指示，要求全力做好伤员救治，加强重点行业重点领域安全监管 | 76 | 人民日报 | 196.5 |
| | 2022 年重庆武隆区一食堂爆炸事故 | 1 月 7 日中午 12 点左右，重庆市武隆区凤山街道办食堂发生爆炸 | 7 | 长江云新闻 | 38.3 |
| | 2021 年山东栖霞市笏山金矿“1·10”重大爆炸事故 | 好消息！山东栖霞笏山金矿井下最多收到 9 声回击，初步认为有生命迹象 | 19 | 红星新闻 | 428.3 |
| | 2021 年湖北十堰艳湖社区集贸市场“6·13”重大燃气爆炸事故 | 湖北十堰爆炸事故致 37 人重伤 11 人死亡！ | 9 | 合肥晚报 | 37.2 |
| | 2021 年河南商丘震兴武馆“6·25”重大火灾事故 | 河南柘城震兴武馆 18 死火灾原因查明：使用蚊香不当引燃可燃物导致 | 6 | 微观安徽 | 14.0 |
| | 2021 年江苏苏州四季开源酒店“7·12”重大坍塌事故 | 严肃查处！“7·12”苏州四季开源酒店坍塌事故，7 人被移送起诉，25 名公职人员被追责问责！ | 10 | 潇湘晨报 | 13.1 |
| | 2021 年广东珠海石景山隧道“7·15”重大透水事故 | 哀悼！珠海石景山隧道透水事故，#14 名被困人员已确认全部遇难 #广东 dou 知道 | 7 | DV 现场 | 69.5 |
| | 2021 年吉林长春李氏婚纱梦想城“7·24”重大火灾事故 | 李氏婚纱着火后续，我的亲人是不幸中万幸，还有等待的机会，我们当地的机构来帮忙，希望我的亲人一定平安 | 15 | 是淇淇妈妈呀 | 6.3 |
| | 2021 年青兰高速甘肃平凉段“7·26”重大道路交通事故 | 甘肃青兰高速载 63 人大巴雨天侧翻致 13 死 44 伤，调查结果公布：40 人被追责，含河南、甘肃两地公职人员 21 人 | 5 | 政事儿 | 8.9 |
| | 2021 年青海柴达尔煤矿“8·14”顶板抽冒导致溃砂溃泥重大事故 | 青海柴达尔煤矿“8·14”冒顶事故 19 名被困人员全部遇难！ | 5 | 合肥晚报 | 5.8 |
| | 2020 年福建省泉州市欣佳酒店“3·7”坍塌事故 | 11 日凌晨救援人员找到他们时，妈妈护着女儿，爸爸护着妈妈，均已失去生命体征，原本他们第二天就将解除隔离，太心疼 | 7 | 瞳广快看（铜川广播电视台） | 626.6 |
| | 2020 年山西省临汾市襄汾县“8·29”重大坍塌事故 | #山西临汾一饭店坍塌追踪，过寿老人泣不成声：死的都是我的亲人 @抖音小助手 | 28 | 海报新闻 | 230.8 |

续表

| 类型 | 事件 | 标题 | 时长（秒） | 发布媒体 | 点赞量（万次） |
|---|---|---|---|---|---|
| 公共安全事件-15 | 2020年浙江温岭“6·13”槽罐车爆炸事故 | 浙江温岭槽罐车爆炸目前已致4人死亡,50余人受伤。持续关注 | 18 | 央视新闻 | 377.3 |
| | 2019年江苏响水“3·21”化工企业爆炸事故 | 江苏盐城响水一化工企业爆炸,造成大量人员伤亡。事故发生后,当地市民连夜排长队献血。谢谢好心人们 | 23 | 央视新闻 | 40.0 |
| | 2019年长深高速江苏无锡“9·28”特别重大道路交通事故 | 36死36伤!45名公职人员被追责,涉及浙江、安徽、河南三地! | 8 | 逐浪新闻 | 23.6 |
| 金融风险事件-7 | 2023年中植系爆雷 | 中植系不坑穷人,专坑富人? | 260 | 我的野蛮老婆 | 15.1 |
| | 2023年碧桂园爆雷 | 碧桂园的雷到底有多大? | 228 | 我的野蛮老婆 | 17.1 |
| | 2022年河南村镇银行爆雷事件 | 警惕权力任性!河南村镇银行爆雷,储户讨说法健康码竟变红 #河南省卫健委回应储户被赋红码 #郑州储户红码部分已复绿 #律师分析河南红码疑云 | 236 | 小强快评 | 23.7 |
| | 2022年融创爆雷 | 12集:你们告诉我融创要爆雷,房子要烂尾,我能怎么办?只能说融创加油#融创 #创中国 #郑州融创城 #郑州融创城6期融泽元 #孙宏斌 | 85 | 亮亮丽君夫妇 | 1.2 |
| | 2021年恒大爆雷 | 司马南:许家印没参加两会啊!#许家印 #恒大爆雷#司马南 #马南频道 | 151 | 司马南 | 16.5 |
| | 2020年四川信托TOT事件 | 从信托看类固收风险 #信托 #到期 #金融 | 165 | 木缘(可乐木木) | 0.3 |
| | 2019年包商银行事件 | #包商银行将#破产清算!#央行披露细节#银行 #破产 | 4 | 抚观天下 | 11 |

## 三、感知、共情与塑造：风险景观的短视频呈现

作为诉诸视觉的媒介手段,视像化表达自有其跨文化惯性与普遍性,但在不同的社会语境、媒介环境与政治机会结构下,也呈现出各自的独特之

处。影像对表达形式的拓展,既依循全球范围内的“世界图像时代”而行,其具体的话语内容又内生于本土文化以及与之相应的风险感知、应对经验,这些错综复杂的因素使得重大风险事件中的短视频表达呈现出独特的样貌。通过分析前述33个重大风险事件在抖音平台上的传播可以发现,风险影像在短视频平台上的传播实践主要呈现出以下几个特征。

### (一)记录在场的多维见证性影像,强化风险感知

乌尔里希·贝克(2004)曾预言“风险的不可见性的魔力也可能被个体的经验所打破”,在图像丰裕的视觉传播时代,视像化文本在提升个体风险感知与引发社会心理震颤方面有着强有力的例证。摄影师尤金·史密斯(Eugene Smith)通过纪实摄影的方式揭露20世纪50年代开始发生在日本的水俣病事件,真实呈现了日本熊本县水俣湾沿岸居民罹患水俣病——因食用受工厂排放汞(一种剧毒重金属)至海湾而受污染的海产品——所导致的严重神经受损,与其所遭受的旷日持久的痛苦日常。其中影响最为广泛的一张照片是《智子入浴》,摄影师抓拍了满怀爱意的母亲为汞中毒导致失明、耳聋、身残的女儿智子沐浴的“决定性瞬间”。史密斯的《水俣》系列向全世界揭露了水俣病,以及汞排放带来的社会风险,推动公众的风险感知转化为环境保护实践,水俣病患者及家属开始了维权行动,最终形成一场浩大的反公害病诉讼(水俣病及第二水俣病被列入日本“四大公害病”),诉讼要求追究污染企业责任,以及国家与地方政府多年的“反应迟缓”与“不作为”责任。民众大量利用《水俣》系列照片作为视觉争夺工具,在日本全国范围内掀起了与政府、企业之间长达50多年的环境抗争。

随着媒介化社会进程的加深,“人人都有麦克风”时代转向现今“人人都有摄像机”时代,普通公民成为突发事件中的新生力量,图像社交与日常生活的深度勾连,使得见证性影像的力量进一步击破“风险的不可见性”。斯图尔特·艾伦(Stuart Allan,2023)将公民新闻(citizen journalism)与目击者视频(eyewitness video)凝练为“公民见证”(citizen witnessing)概念。目击证据(eyewitnessing)在诸多新闻实践中证明了自身的重要性(泽利泽,2022),重大风险事件发生之时,身处灾害或事故现场的亲历者通过拍摄所见所闻

传递实时境况,这一类见证性视觉实践虽然在专业性上有所欠缺,例如镜头摇晃、画质模糊、背景音嘈杂、镜头未聚焦、衔接欠连贯,但诸多专业性上的“缺陷”却激发了遥远观者的兴趣,并带来了珍贵的真实感(Ahva & Hellman,2015),弥补了传统媒体无法在第一时间抵达新闻现场的弊端,并能够从多维视角提供风险事件的现场细节。对目击者而言,用手机记录不断演变的危机已经成为一种“本能”(Mortensen,2015)。

2020年浙江温岭“6·13”槽罐车爆炸事故中,“央视新闻”在抖音平台发布了一条时长18秒、由四段目击者视频剪辑而成的影像。该条视频拍摄角度不一:第一段内容是高速路上排队的小轿车车主在车内以平行视角拍摄的爆炸现场,伴随着强烈的冲击波,镜头画面产生了剧烈摇晃,现场的尖叫声此起彼伏;第二段视频为附近居民在居民楼以俯瞰视角拍摄的槽罐车爆炸后浓烟滚滚景象,居民楼内的物品被冲击波震碎,洒落到阳台;第三、四段视频为目击者在救援现场拍摄的房屋因爆炸而满目疮痍,以及医护人员给满脸鲜血的儿童紧急治疗的场景。这一短视频获赞377万次,评论量超过53万条。2022年重庆武隆区一食堂疑因燃气泄漏发生爆炸事故,获得最高关注度的一条抖音短视频是由“长江云新闻”发布的三段目击者视频合集:第一段为目击者在事故现场旁的高层住宅以俯拍的视角,通过视频进行事故现场展示,同时辅以目击者本人的旁白叙述“好吓人啊,我们那个窗子都被炸烂了”;第二段视频为距离事故较远处使用横屏拍摄的正在冒着浓烟的爆炸现场;第三段为居民搀扶受伤者下楼梯的画面。前述见证性影像记录,使得发生在远处的风险事件变得清晰可感。在造成36人死亡36人受伤的2019年江苏无锡“9·28”特别重大道路交通事故中,传播最广的是一条仅8秒的目击者视频,视频内容为事故中被撞得变形的大客车,视频画面正上方用三行醒目的红色大字注明:“36死36伤!45名公职人员被追责!”视频画面下方则用字号稍小的醒目黄色字体陈述事故发生的时间、地点,以及经济损失等情况。除了目击者拍摄的画面外,突发风险事件中传播较广的短视频还涵盖了监控摄像头、行车记录仪等设备在风险发生时拍摄的画面。

社会的飞速发展导致不断演进的生存境况与相对滞后的整体风险认知之间存在一定的错位。见证性的影像记录萦绕着风险的高发率与迫近感,通过提升风险可见性的方式带来社会意识转变,尤其是增强公众对风险的感知,观者不断被提示自身时刻面临风险,即使尚未身处风险之中,也有遭受风险的可能。在 2021 年河南郑州“7·20”特大暴雨发生之前,人们大多认为暴雨、洪涝是沿江、沿海城市才会发生的灾害,而这场在中原地区发生的特大暴雨及其带来的城市内涝、河流洪水等次生灾害,通过事件中大量传播的短视频,例如郑州地铁 5 号线隧道内积水、乘客被困的画面,扭转了人们对内陆城市不受极端天气影响的固有认知,民众开始自发了解学习暴雨灾害常识。同样,在 2022 年彭州“8·13”河道山洪事件中,尽管事发地龙槽沟河道沿途有铁丝网阻隔游客,“严禁下河游玩”的警示牌标识也很清晰,但小红书等社交媒体博主将其推荐为“避暑”“露营”网红打卡地,分享多篇图文并茂的旅行攻略,引来无数拥趸“种草”“打卡”。随着彭州河道山洪的短视频在网络上大量传播,人们开始反思对自然缺乏敬畏,质疑此类“野景点”与平台的审核把关责任,以及推出应急科普视频讲述山洪暴发时的应对方法和自救技巧。

### (二)以救灾(救援)现场的艰辛叙事,激活共情传播

过往对于事故灾难的呈现,多以数字展现受灾群体的数量,以英雄话语塑造救灾、救援群体的形象。而短视频所构筑的多模态风险景观充分利用视觉语言进行艰辛叙事,调动观者情感,塑造情感公众,激发共情传播。重大风险事件往往会给社会整体与公众个人带来不可估量的损失。自然灾害与公共安全事件在本研究中占比最高(23 件,70%),这两类事件中又以救灾(救援)现场类短视频为主,占比超过七成(17 件,73.9%)。这一类视觉画面的挑选与传统媒体时代对自然灾害的报道叙事有一定相似之处,沉淀为一种类型化的艰辛话语叙事与观看偏好,以救援者尤其是青年救援者为主,展示其不畏高温、严寒、艰险,坚持不懈、团结奋进。对于观者的情感触动,离不开风险社会中公众的共同经验,远方的观者通过救灾(救援)现场短视频的观看实践产生共情,而非对于突发风险的怨怼与不满。

在自然灾害类风险事件中,获得更多点赞量的往往是消防员、志愿者参与救援的短视频。短视频的封面图片中,大多使用近景或特写呈现救援现

场，聚焦救援者尤其是青年救援者。例如，2021 年山西“10 · 5”暴雨洪水短视频点赞量超过 900 万次，2022 年重庆“8 · 21”山火短视频点赞量超过 600 万次，这类视频着重展现当代青年人的担当。青少年和儿童形象历来是国家和社会的希望，两者之间具有固定的联想结构而彼此借代，往往以近景的手法展现青年志愿者、消防员在救火、抗洪现场奋斗的画面，镜头拉近了遥远的观者，激活共情传播。

2022 年重庆“8 · 21”山火事件，“人民日报”抖音平台发布的短视频报道获赞最多，其封面图片直接采用了山火救援现场年轻的摩托车骑手拿着矿泉水瓶往自己头上浇水以保持清醒的画面，配置的标题也极具情感动员势能——《这一幕感动！重庆小伙支援山火扑救太过疲劳，浇水让自己清醒后再继续。好样的！》。短视频中，救援摩托车骑手因高温和多次骑行往返运输物资而满脸通红，这一则时长 18 秒的短视频，获得了超过 22.3 万条留言，从排名前十条的留言中可以看到大众对青年力量的激赏：“川军还在，我中华就还在！川渝还在，我神州大地不惧任何风暴！”“什么网红不网红，关键时刻，普通人那才叫红。”

2021 年山西“10 · 5”暴雨洪水中，“长江云新闻”的短视频封面是参与救援的年轻消防员，并配置标题《他们还是一群大孩子，却担起了抗洪的重任泡在水里冷得打颤，心疼！》。这一则 7 秒的短视频汇集了四段内容，分别是六位消防员大半个身体浸泡在洪水里，以及三段特写镜头画面——三位消防员冷得打颤的人物群像，视频中配上了说明文字：“山西消防员浸泡在洪水中筑坝，被冻得止不住发抖，连吃热鸡蛋的时候都在发颤”，获得了超过 902 万次点赞、65 万条留言。其中，排名第一的留言为“他们都是有妈的孩子！心疼啊！我们关爱一下战士们！”其余留言也大多聚焦对“孩子”“子弟兵”的怜爱与致敬。2022 年四川泸定 6.8 级地震，“中国军号”在抖音平台上发布的现场视频聚焦消防员，短视频中三位消防员肩扛受伤群众、脚踩树干做的简易木桥，桥下是湍急江水，标题用“飞夺泸定桥的精神”召唤出国人集体记忆中的视觉原型——红军长征飞夺泸定桥，通过兼具象征与策略双重意涵的互文，强化情感传播的效果。

救援现场的艰辛叙事还表现为普通人在风险来临时刻的守望相助。

2021 年河南郑州“7・20”特大暴雨事件中,抖音平台点赞量最高的一则短视频是郑州市民协力营救商场负一楼的被困者。视频中,数十位市民在齐腰的积水里站成竖排、喊着口号,营救被困者。2022 年彭州“8・13”河道山洪事件中,本文所收集到的标志性图像是一对父子被困在河道中心的大石上,父亲背对着洪水袭来的方向,用自己的身体为儿子减轻洪水的巨大冲击力,现场画面令人动容。在其他短视频中,这位父亲还尝试将孩子抛上岸,但未能如愿,最终孩子罹难、父亲获救。

### (三)视觉信息的武器化,框塑情感公众

在视觉叙事系统中,观看他人的痛苦既能够引发社会共情,也有可能带来桑塔格(2006)所讲的愤怒。然而长久以来,以理性为主导的诸多研究路径对于情感研究特别是愤怒情绪持贬抑态度,原因之一是愤怒的表达内嵌着“以眼还眼,以牙还牙”的原始报复欲望。牛津大学社会及政治理论教授埃米娅・斯里瓦尼桑(Srinivasan,2018)撰文反驳上述观点,强调“愤怒的恰当性”(the aptness of anger)。作者自陈,恰当的愤怒既是认知能力的表现,也是一种公共表达,借以标记不正义,呼唤更多的关注,在此境况下,若社会要求已受到不公平待遇的受害者压抑愤怒、冷静克制,实则走向了“情感不正义”(affective injustice)。医学人类学家凯博文(Arthur Kleinman)倡导从社会的维度把握与理解苦痛和疾病,认为痛苦是一种社会经历,具有社会性原因,也会产生社会性后果(凯博文,2008)。基于前述社会痛苦视角,在风险事件尤其是风险事件中的权利受损者的痛苦图像,具有凯博文所言的社会性原因及后果,是一种勾连着“远处的他者”、法律与社会的特殊媒介。

风险社会中“他人的痛苦”可以通过图像并置的方式最大限度释放视觉材料的自我诠释潜能,即借助显而易见的对立画面,观者快速浏览即可领悟事件的悖谬与矛盾之处。在金融风险事件中,例如 2022 年融创爆雷事件,购房者“亮亮丽君夫妇”在抖音平台发布的一系列视频引发舆论关注。这对平凡的夫妻每月都会前往所购房产的建筑工地拍摄,以 Vlog 的形式记录房子盖到了第几层。随着房企爆雷事件的发酵,“#眼里有光又消失的郑州小夫妻”在微博平台上形成热搜,话题阅读量接近 4000 万次,热搜词条中被大量

转发的是网友从夫妻的 Vlog 影像中所提炼出的一组并置图像,房企爆雷前小夫妻神采奕奕在建筑前盼着房子“长得更高”,与楼盘烂尾停工后两人眼神黯淡、情绪低落以及肢体语言略显颓废的画面截图,这种对比鲜明的视觉组合构成强大的二元对立象征,成为此次风险事件中最有力的视觉证据,造成这种反差的归因不言自明——高位买房却遇房企爆雷、楼房烂尾。这组并置图像没有过多的文字信息进行说明补充,却因强烈的对比带来观者不假思索的情感卷入,引发跨平台的二次传播,让遥远的观者试图理解房企危机中普通人的苦难。

不同于前述并置图像展示利益受损,风险事件中受害者家属悲痛的画面直指肉身的脆弱,而借助短视频的指数级传播编织出一张近距离观看的证据之网,观者意识到这种肉身的脆弱不仅属于短视频中的人,也有可能属于风险社会中的自己。见证他人的脆弱不安(precariousness),感受事件中的悲伤,这种悲伤能够让人们“意识到自己同他人之间的关系纽带,这一纽带有助于我们理解人与人之间最根本的相互依存状态与伦理责任”(巴特勒,2013)。2020 年山西省临汾市襄汾县“8 · 29”重大坍塌事故中,原本举办 80 岁寿宴的老人却遇到饭店坍塌,29 人遇难、7 人重伤,死伤者大多是老人的亲人。“海报新闻”以“#山西临汾一饭店坍塌追踪,过寿老人泣不成声:死的都是我的亲人 @抖音小助手”为标题发布短视频,视频内容中,幸免于难的老人位于画面的中心,不断拍打自己双腿,声音颤抖地讲述坍塌事故造成自己两个女婿、儿子、孙子以及 78 岁的妻子死亡,在镜头前哭诉自己不知如何面对这些死去的孩子的家长。老人下跪道歉的行为随之冲上微博热搜,激发公众的情感共鸣,在抖音平台以及微博话题下,大多是心疼老人的留言,抖音用户评论“老人往后日子根本没法过!悲剧!”“最辛酸的是白发人送黑发人”。

## 四、规制与引导:重大风险事件中的视觉治理

线下风险事件能够借助短视频强化风险感知,激活共情传播,框塑情感公众,并进一步成为线上舆论的放大器。人们在认知、理解重大风险事件,

并采取相应行动的过程中,视觉依赖性不断增强。那些获得高转发、评论、点赞量的视觉材料,对于建构风险、提升公众对于特定社会风险的感知卓有成效,但在提高公众的风险应对能力方面却较为乏力。Sandman(1988)指出了一个被大众所忽视的现实——杀死人的风险不一定是那些让人感到愤怒与恐惧的风险,即感知的风险与现实的风险这两者之间不能简单地画等号,在他看来,风险是由事件中客观存在的危害(hazard)和公众的愤怒(outrage)情绪共同构成的。而内容质量参差不齐的短视频所形成的影像洪水带来了信息噪音、放大负面情绪,甚至在国际传播层面造成“文明的冲突”等问题,这些潜在危险提示着围绕风险事件进行视觉治理的重要性。

### (一)核实视觉材料的真实性,降低信息噪音

近年来,由风险事件造成的“信息疫情”频发,其产生在很大程度上源于信息噪音堵塞了社会信息需求的缺口,短视频在第一时间呈现社会风险的同时,也面临着真实性的考验。重大风险事件发生后,社会心态难免恐慌不安,在此情形下,虚假短视频唤起的恐慌情绪极易导致个体认知障碍,使个体成为“非理性的认知者”(赵云泽、薛婷予,2021)。新闻图像的虚假性历来遭受诟病,如 1579 年巴黎街道被塞纳河水淹没的新闻插图与 1480 年威尼斯城景色的图片相同(Stephens,1988)。2016 年武汉暴雨事件中,许多并非发生在当地的暴雨视频一时间被盖上了武汉的印记,在互联网上引发病毒式传播。2021 年郑州“7・20”特大暴雨事件中,社交媒体、微信群充斥着大量虚假影像,一则“郑州海洋馆鲨鱼外逃”的短视频在互联网上流传甚广,事后这则视频被证实是由 2020 年国外的一段影像剪辑合成的。据此,在风险事件发生后,需要快速分析并核查“信息噪音”的真伪,识别虚假短视频的易感人群,进行次生风险的精准防控。

### (二)警惕过度图像化造成的视觉依赖,避免舆论失焦

视觉传播时代,人们对风险的认识、理解与记忆往往依托一张照片或者一段视频,但事实上,视觉呈现或多或少造成了对复杂且多维的真实事件的遮蔽,因为“事件往往比任何一幅图像拥有更多的细节”(泽利泽,2022)。无

法抵达风险事件发生现场的受众难免迷失在二手镜头的迷雾之中。为了获取更多流量与点击率,平台与内容制造方往往倾向于在10秒左右的短视频中更多呈现受灾(难)者及其家属的苦情怨恨,但这一选择也导致舆论关注点的失焦,忽视了对更为重要的风险事件成因与责任的追问。例如,2020年山西省临汾市襄汾县"8·29"重大坍塌事故中,舆论因过寿老人的哭诉与下跪道歉而大多关注白发人送黑发人的悲情,以及老人是否应该下跪道歉这个"决定性瞬间",却不是坍塌饭店的建筑质量问题。传受双方过度的视觉依赖并不利于舒缓重大风险事件中的社会心态,视觉依赖的加深甚至在一定程度上挤兑了社会正常的风险沟通秩序。据此,既要求在源头上对风险事件进行科学治理,也需要从舒缓社会心态的角度出发,以社会善治、问题导向引导舆论。

### (三)挖掘风险事件中的中国影像故事,超越文明的冲突

全球化进程的加快也推动了风险的全球蔓延,诸如新冠疫情、全球变暖、核技术的越界使用等,都提示着风险在规模与范围上的世界性。针对这一世界性难题,2017年1月,习近平主席在联合国总部的演讲中提出了中国方案——"构建人类命运共同体,实现共赢共享"(习近平,2017)。影像作为意义交往的媒介,凭借自身的叙事性、直观性和论证能力,可以生动地将人类命运共同体理念传播给海内外受众,帮助受众提高对其的认知。在实践层面,云南大象迁徙事件、重庆山火骑士等以短视频的形式,参与风险事件的世界性图像话语竞争,并取得了一定的国际传播效果。视觉符码携带着诉诸情感、建构关系、整合认知等功能,在此意义上,挖掘人类命运共同体的图像话语资源、当代价值与影像化表达能够赋予人类命运共同体话语体系建设的新维度,在影像化的风险社会中,探索既能够体现中国价值、具有中国特色,又易于为国际社会所理解和接受的人类命运共同体图像话语体系,有助于掌握中国式现代化道路的图像话语权、主动权与解释权,避免落入大国竞争的陷阱,超越文明的冲突。

## 参考文献


艾伦，2023.危机时代重思新闻业［M］.胡特，译.北京：中国传媒大学出版社.

巴特勒，2013.脆弱不安的生命：哀悼与暴力的力量［M］.何磊，赵英男，译.郑州：河南大学出版社.

贝克，2004.风险社会［M］.何博闻，译.南京：译林出版社.

伯克，2008.图像证史［M］.杨豫，译.北京：北京大学出版社.

卜玉梅，周志家，2023.风险的社会放大：考辨、批评与重构［J］.新闻与传播研究，30（4）：17-33，126.

郭小安，周子琪，李泽源，2023.重大风险事件中短视频的共情传播效应及反思：基于“重庆山火事件”1063 条抖音短视频的内容分析［J］.传媒观察，（8）：73-81.

黄楚新，朱常华，2020.短视频在突发公共事件中的功能与作用：以新冠肺炎疫情信息传播为例［J］.视听界，（2）：55-59.

凯博文，2008.苦痛和疾病的社会根源：现代中国的抑郁、神经衰弱和病痛［M］.郭金华，译.上海：上海三联书店.

刘涛，2019.图像社交的兴起及其“视频转向”［J］.教育传媒研究，（2）：8-11.

闵学勤，郑丽勇，2015.当代视觉文化的公共性及其治理［J］.文艺理论研究，35（2）：103-109.

潘祥辉，2020.“无名者”的出场：短视频媒介的历史社会学考察［J］.国际新闻界，（6）：40-54.

彭兰，2019.短视频：视频生产力的“转基因”与再培育［J］.新闻界，（1）：34-43.

桑塔格，2006.关于他人的痛苦［M］.黄灿然，译.上海：上海译文出版社.

汤天甜，周经伦，2023.作为舆论的短视频：影像表达、功能属性与风险争议［J］.福建师范大学学报（哲学社会科学版），（1）：111-120.

武楠，梁君健，2020.短视频时代主流媒体的新闻生产变革与视听形态特征：以新冠肺炎疫情期间“央视新闻”快手短视频为例［J］.当代传播，（3）：58-62.

习近平，2017.共同构建人类命运共同体［N］.人民日报，2017-01-20（2）.

谢新洲，朱垚颖，2019.短视频火爆背后的问题分析［J］.出版科学，27（1）：86-91.

薛可，鲁晓天，2020.“后疫情时代”短视频对公众心理的调适作用［J］.中国电视，（8）：19-23.

杨绍婷，郭小安，2020.视觉传播时代的图像赋权：研究理路、展演策略及实现路径［J］.郑州大学学报（哲学社会科学版），（4）：120-125.

杨向荣,李萌,2018.视觉建构的中国当代景观:读《当代中国的视觉文化研究》[J].艺术理论与艺术史学刊,(2):367-374.

于德山,2019.关注图像舆情场域研究在现代性转型中的重要价值[N].中国社会科学报,2019-12-10(1).

余秀才,王映荷,2020.突发事件舆论传播中的短视频转向与治理[J].中国出版,(22):31-35.

泽利泽,2022.想象未来的新闻业[M].赵如涵,译.北京:中国人民大学出版社.

张敏,沈嘉裕,2023.突发公共卫生事件中政务短视频主题与用户行为的关联演化研究[J].情报杂志,42(3):181-189.

赵云泽,薛婷予,2021.危机事件中恐慌情绪传播及群体认知研究[J].当代传播,(2):31-35,40.

赵云泽,薛婷予,2023.多重突发事件下的群体恐慌情绪传播与风险治理[J].苏州大学学报(哲学社会科学版),44(3):162-169.

中国互联网络信息中心,2023.第 52 次《中国互联网络发展状况统计报告》[R/OL].https://www.cnnic.net.cn/n4/2023/0828/c88-10829.html.

周敏,王阳,何谦,2016.风险传播图景中的童年:儿童影像的建构、再现政治与传播伦理[J].国际新闻界,38(12):54-75.

AHVA L,HELLMAN M,2015.Citizen eyewitness images and audience engagement in crisis coverage [J].International communication gazette,77(7):668-681.

ASLAM S,2023.Instagram by the numbers: stats, demographics & fun facts [EB/OL].https://www.omnicoreagency.com/instagram-statistics/.

BRADLEY M M, CODISPOTY M, CUTHBERT B N, et al., 2001. Emotion and motivation: defensive and appetitive in picture processing[J].Emotion,(1):276-298.

CHANG K,1999.Compressed modernity and its discontents: South Korean society in transtion [J].Economy and society,28(1):30-55.

GAZZANIGA S,1998.The mind's past[M].Berkeley: University of California Press.

HAHN A H,2016.Live from the pastures: Maasai YouTube protest videos[J].Media culture & society,38(8):1236-1246.

HARIMAN R,LUCAITES J L,2003.Public identity and collective memory in U. S. iconic photography: the image of "accidental napalm" [J]. Critical studies in media communication,20(1):35-66.

KASPERSON R E, RENN O, SLOVIC P, et al., 1988. The social amplification of risk: a conceptual framework[J]. Risk analysis, 8(2): 178.

MORTENSEN M, 2015. Journalism and eyewitness image: digital media, participation, and conflict[M]. New York: Routledge.

Olesen T, 2018. Memetic protest and the dramatic diffusion of Alan Kurdi [J]. Media culture & society, 40(5): 656-672.

QIU J, 2015. Go Baobao! Image-driven nationalism, generation post-1980s, and mainland students in Hong Kong [J]. Positions: East Asia cultures critique, (1): 145-165.

SANDMAN P M, 1988. Risk communication: facing public outrage [J]. Management communication quarterly, 2(2): 235-238.

SELTZER E K, HORST-MARTZ E, LU M, et al., 2017. Public sentiment and discourse about Zika Virus on Instagram[J]. Public health, 150: 170-175.

SELTZER E K, JEAN N S, KRAMER-GOLINKOFF E, et al., 2015. The content of social media's shared images about Ebola: a retrospective study [J]. Public health, 129(9): 1273-1277.

SHIFMAN L, 2013. Memes in digital culture[M]. Massachusetts: The MIT Press.

SRINIVASAN A, 2018. The aptness of anger [J]. Journal of political philosophy, 26(2): 123-144.

STEPHENS M, 1998. The rise of the image, the fall of the word[M]. New York: Oxford University Press.

WILLIS K F, NATALIER K, REVIE M, 2011. Understanding risk, choice and amenity in an Urban area at risk of flooding [J]. Housing studies, 26(2): 225-239.

# 研究论文

# 主流媒体对外传播效果研究：网络议程设置和情感议程设置的视角*

◇ 纪晓玉　钟智锦　游宇霞**

**摘要**：议程设置理论阐释了议程显著性从媒体向公众转移的过程，并逐渐关注受众心理情绪层面。本研究以央媒 CGTN 在 YouTube 的传播内容和受众评论为数据，采用社会网络分析方法，从网络议程设置和情感议程设置视角讨论主流媒体 CGTN 围绕中国形象对外传播的效果。研究发现，尽管 CGTN 对海外受众存在网络议程设置效果，即 CGTN 报道过程中对议题关系的阐释能够帮助海外受众建立相似的议题关系联想，但进一步的分析显示，海外受众与 CGTN 在特定议题框架下的具体讨论内容存在差异。情绪层面的分析结果表明，CGTN 对海外受众的情感议程设置效果受媒体报道议题不同而有所差异，在国民素质、国民形象、国民生活这类微观议题下，CGTN 对海外受众情绪具有显著的影响，而在具有明显正面导向的宏观议题下，影响可能并不显著。

**关键词**：主流媒体；对外传播；网络议程设置；情感议程设置；情绪

---

* 基金项目：教育部人文社会科学重点研究基地重大项目“粤港澳大湾区深度融合中的跨境传播与国家认同提升研究”（编号：22JJD860020）。

** 纪晓玉，中山大学新闻传播学院博士研究生；钟智锦（通讯作者），中山大学新闻传播学院教授、博士生导师，中国外文局—中山大学粤港澳国际传播研究中心主任，广东省社科重点研究基地互联网与治理研究中心主任，广东省对外传播研究基地主任；游宇霞，中山大学新闻传播学院 2020 届硕士。

## 一、引言

对外传播指的是"以国家为主体,以外国人和海外华侨华人为受众,通过电视、互联网等传播媒体形式,传播国家政府信息和国际新闻信息,以让世界了解中国、建立良好国际环境为目标的涉外传播活动"(王帆, 2012)。广义的对外传播应包含国与国之间的文化交流、组织互访等活动,狭义的对外传播指的是通过各类媒体渠道面向国外进行的信息传播活动。本文从狭义范畴研究对外传播,将媒体放在对外传播的主体地位加以考察。

在我国,对外传播的主力军和塑造国家形象的中坚力量是主流媒体(王润珏、胡正荣, 2019)。由于媒体的对外报道可能会影响一个国家对另一个国家的形象感知(Kassed & Mustaffa, 2014),在国际社会中,中国主流媒体开展对外传播的一个重要任务就是"向世界展示真实的中国,向世界传递中国的声音",承担着"讲好中国故事",让更多国外受众"听得懂、听得进、听得明白"的重要责任。

议程设置理论认为媒体对不同议程的强调程度会影响受众对不同议程重要性的判断(McCombs & Shaw, 1972)。媒体的议程设置功能在过去数十年中受到极大关注,进入网络时代,议程设置仍然具有显著影响(蒋忠波、邓若伊, 2010; Feezell, 2017)。从发展脉络来看,议程设置理论主要经历了客体议程设置、属性议程设置、网络议程设置三次巨大的发展,产生了一系列有影响力的成果。从目前的研究趋势来看,议程设置理论还在继续发展,并在梅斯特罗维奇(Mestrovic)所指的"后情感社会"出现了情感转向。例如有研究提出,公众对议程事件的情绪反应为议程设置效果提供了新的解释性线索(González-Bailón et al., 2012),过往研究也肯定了媒体的对外报道具有影响公众对某一国家的情感的能力(李斌, 2017)。

最近的一些学者将情感议程设置视作议程设置理论发展的某种进路,突出了媒体的报道情绪对公众情绪的牵引作用。尽管部分学者仍然在新闻客观性原则和新闻专业主义精神下强调和期许新闻中立,但不得不承认的是,一些新闻报道中确实存在某种情感转向,即便主流媒体也是如此(蔡雯、周思宇，2022；范以锦、陈欣妤，2023），媒体对受众的情感议程设置效果被部分研究者证明可能存在（Coleman & Wu，2010；高萍、吴郁薇，2019）。这些研究和过去经典的议程设置理论研究一样，大多基于本国媒体和本国受众展开，受众的意识形态、文化理念、环境背景与本国媒体可能高度一致，由此解释了情感议程设置的存在，但在对外传播语境下，传者和受众在不同文化环境中浸润，传者表达的情绪能否引发受众的共鸣、情感议程设置效果是否存在仍需要检验。

本研究在对外传播语境下，试图检验议程设置理论的适用性，聚焦网络议程设置和情感议程设置，在异国媒体和异国受众之间，探索中国主流媒体CGTN的对外传播效果。本研究认为，跨文化语境使议程设置理论研究摆脱了"安逸样本"，有利于拓宽议程设置理论的适用边界，对情感议程设置的实证分析也能够进一步丰富议程设置理论的讨论维度。

## 二、文献回顾与问题的提出

### （一）议程设置理论的发展脉络

议程设置理论是媒体效果研究的经典理论。议程设置理论的核心内容是将"显著性"从媒体议程转移到公众议程（McCombs，2005）。它将媒体置于施加影响的地位，在此基础上观察媒介议程对公众议程的影响程度，隐含着公众议程向媒介议程靠拢的期待。从议程设置理论的发展历程来看，学界普遍认为该理论主要有三个层级，分别是客体议程设置（McCombs & Shaw，1972）、属性议程设置（McCombs et al.，1997）和网络议程设置（Guo & McCombs，2011），形成了层层深入的研究脉络。

由McCombs和Shaw（1972）提出的经典议程设置理论，也被称为客体议程设置（object agenda setting），被认为是议程设置理论的第一个层级（McCombs，2005）。这里，"客体"（object）指能够引发人们某种观点或态度的事物或议题，而"议程"（agenda）被抽象地定义为一系列客体（McCombs et al.，2007）。1972年，McCombs和Shaw（1972）考察了大众媒体在反映候选人言论时是否有可能决定重要问题、设定竞选的“议程”。他们的核心观点是“媒介议程显著性会影响公众议程显著性”。

在对客体议程设置研究的过程中,McCombs 等人进一步发现,媒体对候选人特质的描述与公众对候选人形象的认识密切相关。于是,McCombs 等人(1997)在西班牙市政选举期间测试了大众媒体对人们如何看待新闻中的人物和话题的影响,并基于此提出了议程设置的第二个层级——属性议程设置(attribute agenda setting)。其中,“属性”(attribute)用来描述客体的特征或特性(如报道频率、报道对象特征等)。他们使用电话调查获取了选民对潘普洛纳市(Pamplona)五个政党的市长和议会领袖候选人的形象的看法,并通过内容分析方法获取了当地大众媒体报道中的市长和领袖形象。他们将形象分为实质性维度(候选人的意识形态和立场,资格和经验,个人特征和个性)和情感维度(使用积极、消极或中立的语言或方式描述候选人)。研究发现,媒体对议题属性的报道能够影响公众对议题属性的认识(McCombs et al., 1997),即大众媒体能够将议题主体的显要性特征传递给公众。

Guo 和 McCombs(2011)将客体议程设置和属性议程设置统称为“传统议程设置”。他们认为传统议程设置建立在“人的认知结构是单向线性结构”的基础上,传递给公众有关客体或属性的重要性排序(郗艺鹏, 2018),并且这种传递是分别进行的(Guo & McCombs, 2011)。这与人的真实认知结构接近于网状结构的事实不符。基于认知网络模型,Guo 和 McCombs(2011)提出了议程设置的第三个层级——网络议程设置(network agenda setting)。这里,“网络”(network)指客体与属性之间的关系,类似于由不同节点相互连接形成的网络结构(Guo, 2015)。

Guo 和 McCombs 的研究基于 Kim 和 McCombs(2007)收集的关于美国参议员选举中的两个数据集,这些数据提供了新闻和公众对政治候选人的广泛看法。他们对媒体和公共议程进行了社交网络分析,目的是绘制这些候选人属性在新闻媒体和人们头脑中的关系网络。结果发现,大众媒体对“议题和议题属性的关系”的强调会形成公众对“议题和议题属性关系”的认知(Guo & McCombs, 2011)。这一发现证明了大众媒体能够同时将客体和属性之间的关系转移给公众。

具体来说,网络议程设置探讨的是“媒体将一系列具有显著性客体或属性之间的关系传递给公众的程度”(Vargo et al., 2014),因而有时也被称为“关联议程设置”。其经典假设是,新闻媒体越是同时提到某两种要素,公众就越可能认为这两者是相互关联的。这将传统议程设置理论的研究视野从传递“重要性”转向传递“关系”。

Guo(2012)认为,社会网络分析为网络议程设置理论提供了合适的检验方法。该方法将议题、属性及其相互关系视作记忆网络中相互连接的不同节点,通过对议题—属性共现关系,以及对媒体和公众之间基于共现关系的相关分析和因果分析,判断媒体传递的关系是否对公众产生效果。国内外学者在研究网络议程设置效果时大都采用了这种方法(Guo, 2012; 万旋傲、谢耘耕, 2015; 王晗啸等, 2020)。

作为一种适度效果论,议程设置的三个层级仍然建立在对效果形成的最初阶段——认知层面——的讨论上。无论是客体议程设置强调的媒体传递给公众关于“想什么”的解释(Cohen, 1963),属性议程设置强调的媒体传递给公众关于“怎么想”的解释(蒋俏蕾、程杨, 2018),还是网络议程设置强调的媒体传递给公众关于“如何关联”的解释,本质上都在考察受众的认知状况是否受到媒体影响。事实上,从目前的研究趋势来看,议程设置理论还在继续发展,并逐渐向态度层面发力,情感因素将会越来越受到重视。议程设置理论的提出者 McCombs 曾经将情感作为议题的属性之一来描述候选人(McCombs et al., 1997),发现了媒体情绪与公众情绪之间的潜在联动关系,后来又和 Reynolds 一起考察了大众媒体对摇摆选民情绪反应的影响效果(McCombs & Reynolds, 2002),再次印证了媒体与公众在情绪方面存在影响关系。2019 年,在接受赵蕾(2019)访谈时,McCombs 建议,未来的议程设置研究要将受众心理因素纳入考察。

### (二)情绪传染理论

情感因素之所以如此重要,是因为在“后情感社会”(postemotional society)中,情感是可能被自我、他者和作为整体的文化工业操控的(Mestrovic, 1996),并非完全由个体本身决定。此时,作为文化信息传播活动的新闻实践活动也面临着情感转向,在新闻报道中越发重视情感叙事、情感表达策略在提升信息传播效果、强化价值认同等方面的影响力。一些学者认为,情感叙事是促进受众理解新闻的一种手段,与呈现客观事实一样,都是揭示社会现实的重要部分(Pantti, 2010)。另有一些学者认为谈论新闻情感是对新闻客观性的"背叛"(Rinallo & Basuroy, 2009)。尽管争论依然存在,但一个不争的事实是,情感表达在新闻媒体实践活动中无处不在。与此同时,数字技术和社交媒体提供了公众情感表达和意见表达的重要渠道,加速了情绪反馈循环和情绪传染(Hill et al., 2010; Kramer et al., 2014),深刻地影响社会互动和集体行为。

情绪是一种心理状态,具有内在驱动力,能够唤醒个体的某种行动或状态(Perttula, 2003)。情绪具有传染性(Li et al., 2017)。一般而言,情绪传染(emotional contagion)指人们的情绪受到他人情绪的影响而变得与他人情绪相似的现象(Hoffman, 2002; Steinert, 2021)。情绪传染理论(Emotional Contagion Theory)则指出,影响者的情绪会产生情绪传染效应,从而吸引更多的浏览量和关注者(Barsade, 2002),唤起观众相关的情绪感受,从而构成一种强烈的情绪传染效果。在线环境中,情绪传染是通过媒体介导的,表现为信息接收者的情绪变得更像信息发布者的情绪(Himelboim et al., 2016; Goldenberg & Gross, 2020)。

情绪传染理论为媒体情绪影响受众情绪的观点提供了理论支撑。大量研究表明,网络信息中携带的"情绪暗示性因素"能够引起受众群体的情绪变化(Kramer, 2012),情绪变化方向通常与网络舆论中的大多数人保持一致。无论信息来源是熟人还是非熟人(张少群等, 2016),是意见领袖(Bae & Lee, 2012; 钟智锦等, 2019)还是自媒体(徐翔, 2019),都有可能调动个体情绪,形成情绪传染。有学者通过研究近70万名Facebook用户的新闻源,过滤掉具有特定情绪内容的信息,测试这种变化是否会影响用户发帖的情绪表达。结果发现,当带有积极情绪的信息被删除时,用户随后发布的积极信息更少、消极信息更多;当带有消极情绪的信息数量减少时,情况正好相反(Kramer et al., 2014)。另一项研究基于1151篇在线报纸文章和28948条相关读者评论,通过词汇的情感分析和多元线性回归模型,支持了在线报纸文章中表达的情绪和读者评论中表达的情绪之间存在情绪传染效应(Bösch et al., 2018)。一项研究测试了在线新闻表达的情绪与 Twitter 上随后的情绪内容之间的关联,发现在线新闻中的情绪变化与 Twitter 用户后续的推文情绪变化之间存在时间滞后关联,并且情绪变化方向同步相关(Mayor et al., 2022)。这意味着,用户的推文情绪受到媒体报道情绪的密切影响。

综合而言,情绪传染理论支持了议程设置理论关于媒体议程设置效果的讨论。进一步地,公众对媒体议程事件的情绪反应也为议程设置效果研究提供了新的解释性线索(González-Bailón et al., 2012),推动着"情感议程设置"的出现,令议程设置理论研究发生情感转向。

(三)情感议程设置

情绪(emotion)和情感(affect)是两个相似概念,其中情感是一个比较宽泛的概念范畴,主要包括特质评价(客观的情感评价,如正直、能力、领导力等)和情绪(主观的个体感觉,如喜悦、悲伤、愤怒等)两个维度。过去的议程设置研究混淆了情绪和特质评价(Coleman & Banning, 2006; Coleman & Wu, 2010),对情感的考察局限在特质评价范畴,忽略了传播效果中的情感更多强调的是一种情绪。实际上,情绪和特质评价的结构不同(Bucy, 2000),具体表现在:情绪反映了被访者的内部状态,是直接的、快速的、无意识的;而特质评价针对外部特征,是深思熟虑或仔细的、理性的、合乎逻辑的,实质上更倾向于"认知"概念。从效果差异来看,情绪在转移媒体议程方面的效果远远超过特质评价,要将"情绪"作为主要维度来考察情感议程设置(Coleman & Wu, 2010)。因此,本研究更强调从"情绪"本位的情感概念意涵来理解情感议程设置。

情感议程设置作为一个理论概念,最早由 Coleman 和 Wu(2010)提出。他们强调,将情绪和特质评价分离对于完全理解情感议程设置具有重要意义,并将"情感议程设置"定义为"新闻媒体对候选人性格特征的描述及其积极、消极或中性的语气向公众的转移"。他们指出,"当一个候选人被反复描绘成不值得信任,另一个被描绘成一个好的领导者,引导观众以同样的方式评估他们,那么情感议程设置就发生了”(Coleman & Wu, 2022)。尽管Coleman和Wu(2022)关于情感议程设置的定义仍旧局限在竞选框架内,但他们对情感议程设置的讨论为议程设置理论在情感层面的研究提供了重要思路。徐翔(2018)认为,在情感议程设置中,媒体试图影响公众以何种情感去思考、理解和表达事物。这种影响效果被部分研究者证明是存在的(Li, 2008; Coleman & Wu, 2010; 高萍、吴郁薇, 2019)。例如徐翔(2019)发现“带情绪的帖子和评论在绝对比重和相对比重上,都显现出相同情绪之间的对应和对称”,凸显了媒体情感议程与公众情感议程之间的紧密联系。

过去的情感议程设置多使用内容分析和民意调查方法进行,目前一些情感议程设置的研究开始基于网络议程设置模型展开。如孙强(2020)以《人民日报》微博内容代表媒体议程,以微博下的公众评论代表公众议程,使用社会网络分析方法和因果检验考察媒体情绪网络与受众情绪网络的关系,发现媒体报道的情绪关联网络对公众评论的情绪关联网络起到显著正向影响。Chen等人(2020)的研究在把情绪因素纳入网络议程设置模型后,也发现了媒体情感议程与公众情感议程之间存在明显关联。

虽然上述方法显示出“较好的情感议程设置效果”,本研究对基于网络议程设置模型得到的结论能否真正代表情感议程设置效果仍抱有怀疑态度。原因在于,情感议程设置讨论的重点是“媒体的报道情感是否会导致公众产生同样的情感”,发力点针对的是个体真实情感。但是,将情感因素纳入网络议程设置模型后的讨论重点则超越了个体情感,重点考察媒体报道所强调的“某两种情感之间的关系”能否传递给受众,强调的是情感之间的关系而非情感本身,情感议程设置更关注媒体报道与该报道具体引发的受众整体情感之间的因果关系,因此本研究尝试使用一种基于“情感分布概率”的方法(具体见方法部分)重新观察媒体的情感议程设置效果。

尽管学界尚未形成“情感议程设置”概念的广泛共识,但是过去的大量研究提供了较为坚实的理论基础,证实了情感议程设置存在的可能性。不同于过去三个层级的议程设置聚焦在认知层面的发力,情感议程设置更加注重在态度层面发力,将情绪视作情感议程设置的一种重要机制(Miller, 2007),强调情绪超越认知(Kiousis & McCombs, 2004)、超越内容本身(郭小安，2019）的影响力和更强大的情感议程设置效应。因而，情感议程设置与过去的议程设置理论具有明显区别，是在过去三个层级的议程设置理论基础上，对议程设置理论的推进探讨。

总的来看，现有的议程设置理论研究多基于对内视域展开，关注本国的媒体议程设置对本国公众的影响效果，一定程度上忽视了对外视域的独特性。在对外传播环境中，受众的社会文化背景、价值观和语言表达习惯制约着他们对信息的理解（Becht & Vingerhoets，2002；Neal et al.，2004；谢稚、孙茜，2013），受众情绪可能因文化而异，受文化约束（Kobayashi et al.，2003；Ye，2004）。也就是说，那些与传播者同处一类文化环境的受众对传播内容的认知和接受程度更高，反之则会受到阻碍，因此，有必要在对外传播语境下对议程设置效果进行再检验。

此外，过去的议程设置理论研究多聚焦具体议题，其中，政治议题（例如政治竞选、国家政策等）在议程设置研究中占据较大比重（McCombs & Shaw，1972；史安斌、王沛楠，2017），缺少对国家形象等宏观议题的研究。国家形象一般被定义为人们对一个国家的总体知觉、印象、评价以及情感观念的总和（Scott，1965；Buhmann & Ingenhoff，2015），它通过公众舆论和对国家或公民的一般描述得以投影，是情感与意志在公众头脑中的综合反映（Martin & Eroglu，1993；刘小燕，2002）。对国家形象的表达，恰好包含了情感议程设置所提倡的情绪和认知两大维度。

主流媒体肩负着对外传播好中国声音，展示真实、立体、全面的中国，加强国际传播能力建设的重要任务，被要求在对外传播效果上向“态度”层面发力（张瑞静，2019）。但是主流媒体对外传播效果始终面对争议，例如常江和肖寒（2016）的研究发现，尽管海外受众评论相比国内主流媒体报道更加情绪化，但在话语的情感倾向上仍与中国主流媒体基本一致。而陈明霞（2018）的研究指出，海外受众表现出来的态度与中国媒体传递的态度可能截然相反。所以，有必要对中国主流媒体影响海外受众的情感议程设置效果再度检验。

基于文献梳理和上述讨论，本研究试图结合网络议程设置和情感议程设置，重新检验议程设置理论在跨文化语境中的适用性。本研究提出假设，媒体网络议程设置显著影响公众网络议程，媒体情感议程设置显著影响公众情感议程。由于网络议程设置模型是基于议题之间的关联共现情况展开的,关注议题在整个网络结构中的显要性(是否占据中心位置),并通过媒体与公众之间的相关关系和因果关系判定影响效果,本研究还期望在分析过程中回答下述三个研究问题:

研究问题一:主流媒体和海外受众对各类议题之间关系的认知具有何种表现特征?

研究问题二:主流媒体和海外受众对各类议题的显要性认知具有何种表现特征?

研究问题三:主流媒体对海外受众的网络议程设置效果和情感议程设置效果如何?

## 三、研究对象与方法

### (一)研究对象与数据

由于报道形式差异对传播效果具有较大影响,视频报道的优势明显大于图文组合形式(朱智宾、蒋玉鼐, 2017),本研究以海外代表性视频社交媒体 YouTube 作为研究平台,以国内主流媒体“中国国际电视台”(CGTN)作为研究媒体,选取 2017 年 1 月 1 日至 2021 年 9 月 30 日 CGTN 在 YouTube 发布的视频和评论数据作为研究对象,使用构造周抽样法在 2017—2020 年各得到 4 个构造周样本,2021 年得到 3 个构造周样本,总计 19 个周样本①。

研究使用主题归纳法,构建了包含宏观、微观两大维度共 7 个类目 63 个条目的议题编码框,以及包含积极、消极、中性情绪 3 个类目 9 个条目的情绪

① 由于一年共 52 个周,将上半年与下半年平分后各得 26 个周,但 26 无法被 7 整除,为提高抽样便捷性,本研究将上半年前两个周分给周日,后 24 个周均分给周一至周六;然后在第 1 周和第 2 周里随机抽取代表周日的日期,又从之后的每 4 个周中随机依次抽取周一至周六的样本,从而在上半年获取到两个完整的构造周。对于下半年构造周的抽样亦采用相同方法。由于 2021 年 1 月 1 日至 9 月 30 日刚好满 39 个周,上半年 26 个周,下半年 13 个周,上半年采用前述同类方法,下半年将第 1 周分给周日,后 12 个周均分给周一至周六,从后 12 个周每 2 个周中随机依次抽取周一至周六的样本。

编码框(表1)。编码采用二元编码,若提及指定内容,则编码为“1”,否则为“0”。若单条信息同时存在2个及以上同等重要的内容,都记为“1”。将同时出现的议题(或情绪)两两相连,视为共现(如一条评论同时提及议题a、b、c,就出现了a-b、a-c、b-c三种共现)。共现意味着存在关联,代表某两类要素常被联系在一起或同时出现。两位编码者先对样本的10%进行编码,然后平均分配剩余样本进行正式编码,使用Cohen信度测量法检验①。对编码后的数据进行清洗,逐步剔除无关数据后,最终得到252段视频数据及其对应的8291条评论。

**表1 内容分析编码框**

| | 维度 | 类目 | 主要条目 |
|---|---|---|---|
| 议题编码框 | 宏观议题 | 现实问题 | 政治问题、经济问题、民生问题等17类问题 |
| | | 现实成就 | 政治成就、经济成就、民生成就等18类成就 |
| | | 现实优势 | 文化优势、自然资源优势、美食优势等5类优势 |
| | | 现实苦难 | 主权受到挑战、海外公民权益受损、遭受西方不公正评价等7类苦难 |
| | 微观议题 | 国民素质 | 勤奋努力、热心助人、愚昧无知等6类素质 |
| | | 国民形象 | 官员形象、国内普通民众形象、专家形象等8类形象 |
| | | 国民生活 | 娱乐生活、日常生活 |
| 情绪编码框 | 情绪层面 | 积极情绪 | 肯定、喜悦、自豪、乐观 |
| | | 消极情绪 | 愤怒、悲伤、担忧、否定 |
| | | 中性情绪 | 中性 |

### (二)社会网络分析

研究使用社会网络分析方法分析网络议程设置效果。社会网络分析是检查不同节点间关系的方法(Guo, 2012),包含多种度量,如共现矩阵、点度

① 为方便样本分配,本研究按照时间顺序匹配编码员,对视频和评论进行分别编码,其中2017—2021年视频编码员间信度分别为0.801、0.818、0.811、0.950、0.860,评论编码员间信度分别为0.809、0.814、0.823、0.978、0.987。

中心度等,使用二次指派程序(QAP)验证网络之间的关系。

首先,建构媒体议题矩阵和受众议题矩阵。共现矩阵代表不同属性之间两两共现的分布情况,矩阵中的行或列都代表一个属性,每个单元格里的数值代表着对应两个属性之间的共现次数(即关联程度)。共现次数越高,两个元素之间关联程度越高。

其次,计算点度中心度。点度中心度是利用网络中与某一节点直接相连的其他节点的个数(某一节点拥有的连接或联系的总量)计算节点在网络中地位的指标,用来反映节点在网络中的中心位置(朱庆华、李亮, 2008; 马蒙等, 2021),节点的点度中心度越高,该节点在网络中就越重要,越有可能占据议程网络的中心,表现出较高的显要性。

最后,使用二次指派程序比较两个矩阵中各个元素的相似性,以便深入了解新闻媒体在多大程度上建构了受众脑海中关于议题之间关系的网络。二次指派程序以置换矩阵数据为基础,通过比较矩阵中各个元素的关系强度和规格,计算两个矩阵之间的相关程度(Krackardt, 1987; 刘军, 2014)。相关程度表现为相关系数和回归系数,从而实现对自变量矩阵是否可以预测因变量矩阵的判断。

### (三)情绪分析

不同于过去将情绪因素纳入网络议程设置模型的做法,本研究考虑到一个视频或评论中可能同时存在多种细颗粒度的情绪类型,尝试使用"情绪分布概率"来计算视频或评论的整体情绪(图1)。由于情绪编码部分包含4个积极情绪单元(肯定、喜悦、自豪、乐观)、4个消极情绪单元(愤怒、悲伤、担忧、否定)和中性情绪。本研究将中性情绪视为包含1个积极情绪单元和1个消极情绪单元,这就将情绪编码划分为10个情绪单元(积极情绪和消极情绪各占5个单元)。

对单个视频$A$而言,首先计算视频$A$的情绪编码结果中,积极情绪单元数量占总体情绪单元数量的比重,得到视频$A$的积极情绪值,同理,得到视频$A$的消极情绪值。随后,视积极情绪值和消极情绪值中数值较大的一方为视频$A$的整体情绪倾向和整体情绪值(当数值相等时,记整体情绪倾向值为 0,代表视频中蕴含的积极和消极情绪相当)。

对视频 $A$ 对应的 $n$ 条评论而言,首先参考计算视频 $A$ 整体情绪值的方法,得到每条评论的情绪倾向。然后,计算情绪倾向积极的评论数量在 $n$ 条评论中的占比,以及情绪倾向消极的评论数量在 $n$ 条评论中的占比,分别代表受众评论的整体积极情绪值和整体消极情绪值。接着,视整体积极情绪值和整体消极情绪值中,数值较大的一方为视频 $A$ 对应的 $n$ 条受众评论的整体情绪倾向和整体情绪值(当数值相等时,记整体情绪倾向值为 0,代表评论中的积极和消极情绪相当)。

本研究将消极情绪赋值为负数,从而将视频或评论的整体情绪值置于区间[-1,1]中。值的正负指示了何种情绪占据上风,绝对值代表了情绪倾向的程度,数值为 0 则代表褒贬相当或内部情绪争议大。

最后,本研究根据视频 ID,将媒体视频的整体情绪值和受众评论的整体情绪值绘成列表。按照不同媒体议题分组后,比较视频和评论两组之间的相关系数和回归系数,判断媒体情绪与受众情绪的情感议程设置效果,其中媒体情绪为自变量,受众情绪为因变量。

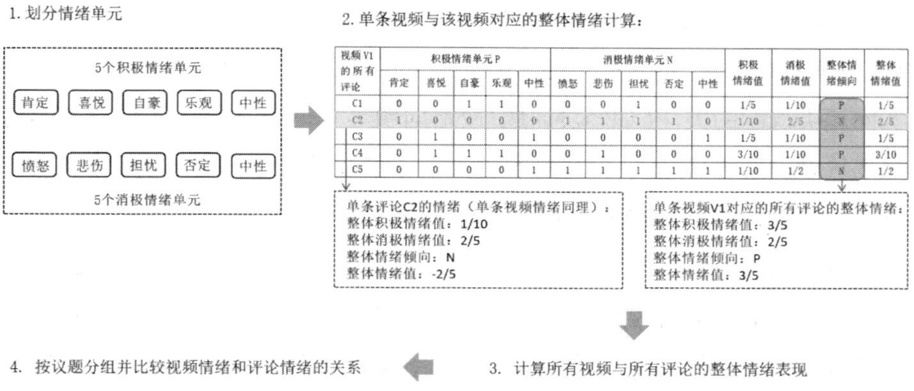


**图 1 视频与评论整体情绪值的计算步骤示意**

## 四、研究发现与讨论

### (一)描述性分析

#### 1.议题显要性特征

网络议程设置将不同议题视作网络节点,并根据“点度中心度”判断哪个议题更具“显要性”,即谁在交流网络中更重要,与其他议题有着广泛关联。点度中心度算法不单纯以频率测量,因而在网络分布中,低频议题也可能具有高点度中心度,占据网络中心,反之亦然。本研究使用 UNINET 中的 degree()函数计算议题的点度中心度。

议题显要性结果(表 2)显示,在大多数年份中,CGTN 媒体议题显要性程度最高的是国民形象议题,以国内普通民众和专家两种形象为主,这一议题与其他议题广泛结合。在显要性排名前十的媒体议题中,现实成就类(如经济成就、外交成就等)、正面国民素质类(如勤奋努力、热心助人等)、现实优势类(如文化优势、自然资源优势等)占据了更大比重,这显示出 CGTN 坚持“正面宣传为主”的对外传播思路。海外受众的高显要性议题显示了对现实问题类议题的关注(如经济问题、政治问题等),尽管与媒体占比较大的高显要议题类型有所出入,但从所有进入前十的显要性议题来看,海外受众和 CGTN 在显要性议题类别上有相当部分的重合,只是二者对不同显要性议题的强调程度存在些许差异。斯皮尔曼秩相关①分析结果显示(表 3),各年份的议题秩相关系数均为显著正值,且秩相关系数均为 0.3–0.6,显示出媒体议题显要性和受众议题显要性的中度相关,这与前述议题显要性结果的描述性分析结论大致相同,意味着 CGTN 对某类议题的显要性强调程度能够在一般程度上正向影响海外受众对此类议题显要程度的感知。

---

① 斯皮尔曼秩相关系数是衡量两个变量依赖性的非参数指标。本研究按照 63 类议题的显要性从低到高排列位次后,以媒体议题显要性与公众议题显要性的位次代替实际数据计算媒体对公众的议题影响。

**表 2　媒体与受众的议题显要性 TOP10**

| 年份 | 类别 | TOP1 | TOP2 | TOP3 | TOP4 | TOP5 | TOP6 | TOP7 | TOP8 | TOP9 | TOP10 |
|---|---|---|---|---|---|---|---|---|---|---|---|
| 2017 | 媒体议题 | 国内普通民众形象 | 文化优势 | 自然资源优势 | 经济成就 | 国民素质-勤奋努力 | 日常生活 | 经济问题 | 外交成就 | 娱乐生活 | 基础设施建设成就 |
| | 公众议题 | 经济成就 | 文化优势 | 专家形象 | 外交成就 | 人权问题 | 遭受西方不公正评价 | 国内普通民众形象 | 军事问题 | 民生问题 | 国民素质-愚昧无知 |
| 2018 | 媒体议题 | 专家形象 | 经济问题 | 经济成就 | 企业家形象 | 外交问题 | 科技成就 | 外交成就 | 国内普通民众形象 | 国民素质-关心国民 | 海外公民权益受损 |
| | 公众议题 | 弱势群体形象 | 经济问题 | 国内普通民众形象 | 海外公民权益受损 | 遭受不公正法律待遇 | 人权问题 | 外交问题 | 政治问题 | 经济成就 | 遭受西方不公正评价 |
| 2019 | 媒体议题 | 经济问题 | 民生问题 | 社会稳定问题 | 暴力示威者形象 | 政治问题 | 国民素质-暴力 | 外交问题 | 官员形象 | 经济成就 | 专家形象 |
| | 公众议题 | 人权问题 | 政治问题 | 经济成就 | 主权受到挑战 | 遭受西方不公正评价 | 科技成就 | 文化问题 | 经济问题 | 主权问题 | 遭受技术封锁 |
| 2020 | 媒体议题 | 专家形象 | 官员形象 | 国内普通民众形象 | 外交问题 | 政治问题 | 医疗卫生成就 | 遭受西方不公正评价 | 国民素质-关心国民 | 医疗卫生问题 | 社会稳定问题 |
| | 公众议题 | 政治问题 | 医疗卫生问题 | 监管问题 | 外交问题 | 人权问题 | 主权问题 | 官员形象 | 遭受西方不公正评价 | 国民素质-愚昧无知 | 军事问题 |
| 2021 | 媒体议题 | 国内普通民众形象 | 专家形象 | 国民素质-热心助人 | 官员形象 | 遭受西方不公正评价 | 国民素质-勤奋努力 | 国民素质-关心国民 | 遭受不公正法律待遇 | 外交成就 | 医疗卫生成就 |
| | 公众议题 | 政治问题 | 外交问题 | 人权问题 | 监管问题 | 主权问题 | 医疗卫生问题 | 企业家形象 | 遭受不公正法律待遇 | 海外公民权益受损 | 官员形象 |

**表 3　媒体与受众的议题显要性程度的秩相关检验**

| 年份 | 斯皮尔曼秩相关系数 $r_s$ | Sig(双尾) |
|---|---|---|
| 2017 | 0.313 * | 0.013 |
| 2018 | 0.523 *** | 0.000 |
| 2019 | 0.481 *** | 0.000 |
| 2020 | 0.596 *** | 0.000 |
| 2021 | 0.334 ** | 0.007 |

注:* $p<.05$, ** $p<.01$, *** $p<.001$。

2.议题共现特征

本研究对 CGTN 媒体视频中的共现议题和海外受众评论中的共现议题进行梳理,列出每年共现频次最高的两组议题及该时期发生的主要事件(表4)。整体来看,CGTN 在建构中国国家形象时,常结合宏观议题与微观议题共同讨论。其中,宏观议题以经济问题、外交问题等现实问题为主,微观议题以国民形象为主,专家、官员、普通民众是 CGTN 视频中最常出现的国民形象。这种共现说明,主流媒体 CGTN 在对外传播的过程中,倾向于通过专家对现实问题类议题事件的分析或见解、普通民众在议题事件中的表现,向世界表达态度,将媒体试图向国际社会传播的宏大主题和观点理念通过社会精英之口传达,或者通过普通民众的日常生活反映,特定群体的信息透露、观点表达、行为表现在一定程度上弱化了海外受众对具有官方背景的中国主流媒体报道内容的排斥心理,同时也展现出中国主流媒体试图将宏观叙事“下沉”至微观个体视角的对外传播策略,以及“柔和接触、潜移默化”的传播倾向。如 2018 年,CGTN 通过记者与专家的对话,分析中美贸易摩擦现状及可能造成的问题,引导海外受众了解中美贸易摩擦的背景及对其切身利益的影响。

海外受众在解读 CGTN 报道内容时,讨论视野常落在宏观议题上。政治问题、人权问题等现实问题是受众在评论中最常提及的内容,在解读媒体报道时,海外受众常从微观事件引申至宏观现实问题,甚至将非政治议题政治化。这种共现表明部分海外受众仍然存在根深蒂固的意识形态偏见或明显的“反华”意识，企图将中国出现的一切问题归咎于政治因素，仍然存在针对中国政府和政党的顽固的“刻板印象”，同时也意味着西方媒体对中国长期抹黑、攻击的行为对部分海外受众产生了影响，加强中国对外传播能力建设意义重大且困难重重。如新冠疫情防控时期，海外受众将医疗卫生问题和政治问题相联系，又将政治问题与监管问题、人权问题相联系，大肆歪曲指责中国“封城”“限行”等疫情防控措施。

**表 4　媒体与受众的共现议题 TOP2**

| 年份 | 媒体视频共现议题 | 共现频次 | 主要事件 | 受众评论共现议题 | 共现频次 | 主要事件 |
|---|---|---|---|---|---|---|
| 2017 | 国内普通民众形象-文化优势 | 3 | 文化遗产传人 | 文化优势-专家形象 | 16 | 太极大师 |
| | 日常生活-勤奋努力 | 3 | 百姓生活 | 经济成就-外交成就 | 11 | “一带一路”建设 |
| 2018 | 专家形象-经济问题 | 12 | 中美贸易摩擦 | 海外公民权益受损-遭受不公正法律待遇 | 11 | 孟晚舟事件 |
| | 外交问题-经济问题 | 9 | 中美贸易摩擦 | 海外公民权益受损-弱势群体形象 | 7 | 孟晚舟事件 |
| 2019 | 外交问题-经济问题 | 17 | 中美贸易磋商、中印战略经济对话 | 政治问题-人权问题 | 27 | 涉疆与涉藏问题、香港修例风波 |
| | 暴力-民生问题 | 14 | 香港修例风波 | 人权问题-文化问题 | 15 | 指责计划生育 |
| 2020 | 专家形象-官员形象 | 20 | 中国抗击新冠疫情、香港修例风波 | 政治问题-医疗卫生问题 | 259 | 新冠疫情防控限制措施 |
| | 专家形象-外交问题 | 13 | 中印边境冲突、中美贸易协定 | 政治问题-人权问题 | 259 | 新冠疫情中的人权 |
| 2021 | 国内普通民众形象-热心助人 | 8 | 深圳市民迎接孟晚舟归国 | 政治问题-人权问题 | 177 | 孟晚舟归国、中式民主 |
| | 外交成就-遭受不公正法律待遇 | 6 | 孟晚舟归国 | 政治问题-监管问题 | 171 | 华为事件 |

## (二)网络议程设置效果

为避免共线性问题,本研究使用二次指派程序衡量不同议题之间的相关关系和因果关系,以便了解主流媒体 CGTN 在多大程度上构建了海外受众对于议题关系的想象。研究构建了媒体议题共现矩阵、受众议题共现矩阵,其中,与媒体相关的矩阵均为自变量矩阵,与受众相关的矩阵均为因变量矩阵。

结果显示,两矩阵的相关系数和回归系数在 7 种议题类别下均为显著(表 5),也就是说,本研究提出的“媒体网络议程设置显著影响公众网络议程”的假设得到了验证。这意味着,中国主流媒体 CGTN 在报道过程中对议题网络关系的呈现能够帮助海外受众建立相似的议题关系网络。换句话说,CGTN 视频中体现的议题网络在一定程度上影响着海外受众对于中国议题的认知网络,在接触有关中国形象的特定议题时,受众讨论的议题网络在潜移默化中与 CGTN 视频报道中的议题网络保持一致,这有利于 CGTN 等中国主流媒体引导海外受众关注特定议题、构建同步的议题联想。例如,CGTN 视频报道中美贸易摩擦,通过专家和记者的访谈回应了中美贸易摩擦中面临的现实问题及其对国民生活造成的负面影响,海外受众在评论中美贸易摩擦时,也会自然联想到这些专家强调的现实问题及其对国民生活的影响。这样,CGTN 视频就将“现实问题-国民生活”这组议题网络传递给海外受众。

**表 5 网络议程设置效果**

| 议题 | 相关系数 $r$ | 标准化回归系数 $\beta$ | $R^2$ | 调整后 $R^2$ |
|---|---|---|---|---|
| 现实问题 | 0.35 *** | 0.48 *** | 0.1211 | 0.1209 |
| 现实成就 | 0.22 *** | 0.31 *** | 0.0498 | 0.0495 |
| 现实苦难 | 0.29 *** | 0.46 *** | 0.0867 | 0.0864 |
| 现实优势 | 0.23 *** | 0.31 *** | 0.0529 | 0.0527 |
| 国民素质 | 0.28 *** | 0.41 *** | 0.0770 | 0.0767 |
| 国民形象 | 0.30 *** | 0.39 *** | 0.0922 | 0.0920 |
| 国民生活 | 0.24 *** | 0.27 *** | 0.0569 | 0.0566 |

注:* $p<.05$, ** $p<.01$, *** $p<.001$。

## (三)情绪显要性及情绪议程设置效果

本研究参考议题显要性的分析方法计算媒体和公众各类情绪的显要性程度。从情绪显要性表现结果(表6)看,CGTN报道中积极情绪的显要性较为明显,这意味着积极情绪在CGTN传播的网络结构中占据中心地位,CGTN更多地使用积极口吻报道中国各类议题,试图引导海外受众以积极的态度看待中国。然而,海外受众评论中的情绪则显示出摇摆,但整体来看负面情绪略占优势。

**表6 媒体与受众的情绪显要性排名**

| 年份 | 类别 | TOP1 | TOP2 | TOP3 | TOP4 | TOP5 | TOP6 | TOP7 | TOP8 | TOP9 |
|---|---|---|---|---|---|---|---|---|---|---|
| 2017 | 媒体情绪 | 肯定 | 自豪 | 乐观 | 喜悦 | 担忧 | 愤怒 | 悲伤 | 否定 | 中性 |
| | 公众情绪 | 肯定 | 愤怒 | 否定 | 喜悦 | 乐观 | 担忧 | 悲伤 | 中性 | 自豪 |
| 2018 | 媒体情绪 | 肯定 | 愤怒 | 担忧 | 否定 | 自豪 | 乐观 | 中性 | 喜悦 | 悲伤 |
| | 公众情绪 | 否定 | 愤怒 | 肯定 | 乐观 | 喜悦 | 自豪 | 担忧 | 悲伤 | 中性 |
| 2019 | 媒体情绪 | 肯定 | 否定 | 担忧 | 愤怒 | 乐观 | 喜悦 | 自豪 | 悲伤 | 中性 |
| | 公众情绪 | 愤怒 | 否定 | 担忧 | 肯定 | 悲伤 | 乐观 | 喜悦 | 自豪 | 中性 |
| 2020 | 媒体情绪 | 肯定 | 自豪 | 乐观 | 愤怒 | 喜悦 | 否定 | 悲伤 | 担忧 | 中性 |
| | 公众情绪 | 愤怒 | 肯定 | 否定 | 喜悦 | 乐观 | 自豪 | 担忧 | 悲伤 | 中性 |
| 2021 | 媒体情绪 | 肯定 | 乐观 | 自豪 | 喜悦 | 否定 | 愤怒 | 担忧 | 悲伤 | 中性 |
| | 公众情绪 | 肯定 | 愤怒 | 喜悦 | 否定 | 乐观 | 自豪 | 担忧 | 悲伤 | 中性 |

情绪显要性程度的斯皮尔曼秩相关①分析结果(表7)显示,只有个别年份的秩相关系数显著,整体表现并不稳定。也就是说,中国主流媒体CGTN对情绪显要性的强调与海外受众的情绪显要性结果可能是相互独立的,这意味着CGTN对某类情绪的显要性强调程度不一定能使公众以同样的情绪看待报道,CGTN在传递"何种情绪在情绪网络中是重要的"时,似乎难以引起海外受众的广泛情绪共鸣。

① 按照9类情绪的显要性高低排列位次后,以媒体情绪显要性与公众情绪显要性的位次代替实际数据计算媒体对公众的情绪影响。

**表 7 CGTN 视频与受众评论的情绪显要性程度的秩相关检验**

| 年份 | 斯皮尔曼秩相关系数 $r_s$ | Sig(双尾) |
|---|---|---|
| 2017 | 0.087 | 0.824 |
| 2018 | 0.644 | 0.061 |
| 2019 | 0.700* | 0.036 |
| 2020 | 0.658 | 0.054 |
| 2021 | 0.700* | 0.036 |

注:* $p<.05$,** $p<.01$,*** $p<.001$。

为了进一步探究 CGTN 视频中的情绪表达能否影响受众评论的情绪,本研究尝试使用基于"情绪分布概率"的情绪计算方法,根据视频 ID,比较视频和评论两组之间整体情绪值的相关系数和回归系数,其中 CGTN 视频中呈现的情绪为自变量,受众评论中流露的情绪为因变量。根据情感议程设置的分析结果(表 8),尽管在多数议题上(现实问题、现实成就、现实苦难、国民素质、国民形象、国民生活)海外受众情绪能够受到 CGTN 视频情绪的引导,但在面对明显具有正面导向的宏观议题时,这种引导的作用并不显著。例如,CGTN 报道中国经济学家李稻葵对中国改革速度和广度的见解,报道情绪以肯定为主,强调中国改革开放创造了经济奇迹。海外受众在评论中却表达了对中国发展的否定情绪,有人评论"仅仅快速前进不能解决问题,因为中国可能掩盖了一些可怕的发展代价"。

从不同议题的情感议程设置效果来看,海外受众更容易在微观议题中表现出与 CGTN 报道一致的情绪表现。例如,对太极大师的媒体报道使用了积极口吻介绍中华传统文化,部分海外受众观看报道后表达了对太极的兴趣和称赞,这又强化了社交网络中对太极的积极情绪的流动和传染,引发更多海外受众以积极情绪评论太极。在宏观议题中,CGTN 对海外受众的情感议程设置效果仅在现实问题、现实成就、现实苦难议题中显著,但在现实优势类议题下,没有明显证据表现出 CGTN 对海外受众在情绪层面的显著影响。例如,在中国抗击新冠疫情的过程中,CGTN 视频对新冠疫情中医疗卫生问题、冠状病毒疫苗问世和疫情治理举措取得成效、疫情中伤亡损失的报道分别传达了一定的担忧、肯定和悲伤情绪,海外受众对上述视频内容也同样表达了对新冠疫情蔓延的担忧、对疫情得到初步控制的喜悦,以及对疫情中去世的医护和普通民众的悼念和悲伤。但是,当 CGTN 报道中央派遣军医与民众共同抗疫,显示出中国制度优势时,部分海外受众并不买账,一些评论持否定情绪。

海外受众在现实优势类议题中很难与 CGTN 产生情感共鸣,其原因可能是西方世界对中国的长期歪曲、抹黑以及意识形态差异,导致部分海外受众始终对中国媒体对于中国的正面报道习惯性地保持警惕。而在同样具有正面导向的现实成就类议题下,海外受众表现出与现实优势类议题大相径庭的结果。一种可能的解释是,现实成就类报道通常基于中国各项发展成就的客观事实而"难以争辩",而现实优势类议题通常基于评价,具有更强的主观性。

**表 8 情感议程设置效果**

| 类别 | 议题 | 相关系数 $r$ | 标准化回归系数 $\beta$ | $R^2$ | 调整后 $R^2$ | 标准误 |
|---|---|---|---|---|---|---|
| 宏观议题 | 现实问题 | 0.300 ** | 0.300 ** | 0.090 | 0.083 | 0.445 |
| | 现实成就 | 0.210 * | 0.210 * | 0.044 | 0.035 | 0.606 |
| | 现实苦难 | 0.275 * | 0.275 * | 0.076 | 0.063 | 0.430 |
| | 现实优势 | 0.435 | 0.435 | 0.189 | 0.144 | 1.869 |
| 微观议题 | 国民素质 | 0.464 ** | 0.464 ** | 0.215 | 0.199 | 0.484 |
| | 国民形象 | 0.384 *** | 0.384 *** | 0.147 | 0.143 | 0.295 |
| | 国民生活 | 0.461 ** | 0.461 ** | 0.212 | 0.186 | 0.922 |

注: * $p < .05$, ** $p < .01$, *** $p < .001$。

## 五、研究结论与讨论

国际上对"中国崛起"的警惕促成了所谓"中国威胁论"的传播,这根源于意识形态偏见和对自身利益的追求(Yee & Storey, 2013),歪曲指责"中国将利用自己不断增长的实力破坏他国安全及稳定"。国际上部分学者试图通过文献说服大众"应将中国视为一种威胁"(Roy, 1996; Ross, 2005),也有不少学者认为中国带来的"威胁"被严重夸大了,是对许多现实因素和积极外部因素的无知(Broomfield, 2003; Scott, 2013)。在这种背景下,以主流媒体为主的媒体阵营不断加强对外传播,试图改变中国形象“他塑”的局面。首先,主流媒体开设海外账号扩大报道触达范围。国内 30 多家主要央媒和省级以上广电机构在海外三大社交平台开设了超过 770 个账号报道中国新闻,累计粉丝量 11.6 亿。其次,主流媒体进一步整合资源,深化内容生产供给侧结构性改革,开展“媒体外交”和“好感传播”。最后,主流媒体越来越重视“情感”在争夺话语权、提升舆论影响力中的作用(侯毅, 2020)。如部分主流媒体在短视频报道中擅用特写镜头和音乐激发受众产生情感共鸣,实现情绪引导,建立受众共情、价值认同和情感归属(田维钢、温莫寒, 2020)。

本研究在对外传播视域下分析了以 CGTN 为代表的主流媒体在 YouTube 上的网络议程设置和情感议程设置能力,从认知和情绪两个维度考察了 CGTN 对外传播的效果。网络议程设置分析结果显示,CGTN 对外传播过程中对海外受众具有网络议程设置效果。这说明,主流媒体在引导海外受众如何看待不同议题之间的关系、哪些有关中国的议题是重要议题方面很可能起到明显作用。需要注意的是,尽管 CGTN 和海外受众都表现出对中国现实问题的关注,但二者关注的具体内容可能存在一定的错位,比如媒体倾向于讨论经济问题、外交问题,海外受众倾向于讨论政治问题、人权问题等;关注事件的具体对象也有一定差异,比如新冠疫情防控期间,媒体更关注传播涉及疫情的官方行动和抗疫前线工作,部分海外受众却影射中国应对疫情中存在的“政治问题、医疗卫生问题和人权问题”等。此外,CGTN 在对外传播过程中强调现实成就类、现实优势类、正面国民素质类议题,而受众评论对负面议题的关注度高于正面议题。

情感议程设置分析结果显示,在国民形象、国民素质、国民生活等体现中国人个体特色的微观议题上,中国主流媒体 CGTN 的报道情绪对海外受众情绪有着稳定而显著的影响。本研究认为原因主要是海外受众对微观议题可能在情感上更加宽容,更容易关注报道中体现出的共同追求或个人价值,而非国家因素,比如海外受众对“中国女飞行员独自环飞地球”表现出与 CGTN 一致的对勇敢的赞赏的积极情绪,而非因为女飞行员国籍是中国就刻意贬低。但是,情感议程设置效果也显示出海外受众情绪与 CGTN 报道情绪在个别议题下的不稳定关系，可能原因在前面的分析中已经阐释，这里不再赘述。

总的来说，在认知维度，尽管 CGTN 对海外受众的网络议程设置效果显著，但从议题的描述性分析结果来看，两者讨论的具体内容仍然可能存在差异。在情绪维度，CGTN 对海外受众情感议程设置效果因报道议题分类而有所差异，呈现出不稳定性。因此，中国主流媒体 CGTN 对外传播虽然具有一定成效，但仍然面临挑战。这可能是传受双方在跨文化环境下长期形成的内在差异导致的。跨文化环境区别于对内传播环境，面对的是具有复杂国际背景、多元文化观念和意识形态差异的海外受众，这些受传者对异国传播者的角色、工作风格的不适应，以及传播者对异国受传者缺乏精准了解和定位，都会影响对外传播的最终效果。一方面，中国主流媒体作为党和政府的喉舌，在对外传播中的责任没有改变，而一些海外受众的固有偏见增加了中国主流媒体触动和引导海外受众认知和情绪的难度。另一方面，YouTube 等超级互联网平台汇聚了来自全球各国、各地区的网络用户，这些用户具有多元文化背景，对中国传播者来说，他们是匿名的、广泛的、面目模糊的、差异巨大的，传播者很难对跨文化背景下的海外受众进行精准定位，导致中国主流媒体对海外受众情绪的影响效果与对内传播效果存在一定差异。

值得说明的是，CGTN 在 YouTube 频道的内容不仅包含新闻报道，也包括新闻评论、vlog 短视频和现场原声视频等，本研究在讨论不同议题对网络议程设置和情感议程设置效果的影响之余，还进一步探索了不同报道类型对网络议程设置和情感议程设置效果的影响。结果发现，新闻报道、新闻评论、vlog 短视频、现场原声视频均具有显著的网络议程设置效果（$\beta_{新闻报道} = 0.227$，$p < 0.001$；$\beta_{新闻评论} = 0.170$，$p < 0.001$；$\beta_{vlog短视频} = 0.092$，$p < 0.001$；$\beta_{现场原声视频} = 0.177$，$p < 0.001$）和情感议程设置效果（$\beta_{新闻报道} = 0.391$，$p < 0.001$；$\beta_{新闻评论} = 0.310$，$p < 0.01$；$\beta_{vlog短视频} = 0.389$，$p < 0.01$；$\beta_{现场原声视频} = 0.280$，$p < 0.05$）。这可能意味着，在对外传播中（至少这四种）不同的报道类型对议程设置效果的影响没有明显差异，效果差异在很大程度上是由报道议题解释的。

在 YouTube 平台多元视频类型和视频渲染策略的配合下，中国主流媒体 CGTN 的部分报道视频衍生出意象化的情感符号,使部分视频流露一定情感色彩。这一趋势意味着,在互联网成为全球信息传播主要渠道的今天,主流媒体在强调专业化新闻生产逻辑的同时,也在探索更符合网络传播环境和海外传播环境的内容生产路径,情感传播策略在某种程度上配合新闻生产,在还原新闻现场、增强新闻触达受众影响力方面发挥重要作用。但情感传播效果同样受到跨文化传播环境的影响,如何引导海外受众在情感上消除偏见,是未来中国主流媒体对外传播仍需要考虑的重点之一。

本研究不同于以往研究以某一热门事件为例进行议程设置效果讨论,而是注意到了不同议题的议程设置效果存在的差异,把事件议题细分为宏观、微观两大类维度七小类议题,详细阐释了中国主流媒体 CGTN 在不同议题下对海外受众的差异性影响。同时,区别于以往热衷对内传播语境下的传播效果研究,本研究拓宽了议程设置理论的适用语境,聚焦在对外传播语境下考察中国主流媒体 CGTN 对外传播的网络议程设置效果和情感议程设置效果,进一步丰富了议程设置理论的讨论维度。此外,本研究对情感议程设置的考察区别于过去的一般方法——将情绪因素纳入网络议程设置模型,而是尝试使用一种基于概率分布的情绪计算方法,为探索情感议程设置研究做出了有益尝试。

以往研究中,议程设置效果显著一般会直接下结论认为媒体对公众认知议题关系具有影响,本研究结合议题的描述性分析和事件案例,对"具有显著影响"议题下的媒体和受众讨论的具体内容进行了深入分析,注意到即使 CGTN 影响海外受众的议题关系联想,但二者可能仍有讨论偏向性的差异。这项发现提示了议程设置研究者在关注统计数据结果之外,还要更多地关注数据内容本身和具体内容指向。同时,本研究为中国主流媒体对外传播实践提供了一定启示,例如要更加强调对报道议题的筛选和设置不同报道议题的比重,在负面报道消息(现实问题类议题等)中尽可能多地设置与微观议题相关的议题联想,细化议题联想对象,从海外受众情感上易于接受的议题出发,避免直接宣传具有正面导向的议题,逐步引导海外受众消除对中国的意识形态偏见和刻板印象。例如,可以考虑通过强调现实问题类议题和微观议题的共现,逐步改变部分海外受众将负面议题泛化为政治问题或抹黑中国的做法,引导其从国内普通民众视角和日常生活出发解读中国当前面临的所有问题,尝试在潜移默化中弱化海外受众的固有偏见。

本研究仍然存在一定不足。首先,由于 CGTN 在 YouTube 上传播的内容均为视频样本,且目前对视频样本并没有很好的内容解析方式,本研究依赖人工编码得到的议题和情绪分类也可能出现偏差。其次,尽管 YouTube 拥有数量极大的海外受众,但很难判断每个用户的实际国籍或身份,因此无法完全确定 CGTN 的网络议程设置效果和情感议程设置效果究竟影响的是外国人、海外华人还是中国公民。此外,由于难以在研究中穷尽所有中国主流媒体账号的报道数据,本研究仅选用中国对外传播最具影响力的官方媒体账号 CGTN 作为数据来源,所得结论能否适用于所有中国主流媒体仍然需要更多研究相互佐证,但本研究的发现与结论提供了一种可能的趋势,帮助深化理解中国主流媒体对外传播的现状和效果。最后,主流媒体和海外受众对某类议题下具体内容的讨论差异仍有可继续深入的空间。

## 参考文献


蔡雯,周思宇,2022.主流媒体新闻传播的情感转向与风险防范[J].中国编辑,(10):4-8.

常江,肖寒,2016.超越二元对立:外宣视频《“十三五”之歌》的传播效果与中国对外传播的后结构转向[J].新闻大学,(1):121-128,151-152.

陈明霞,2018.中国媒体政治报道网络议程设置效果分析:以 CGTN 在 YouTube 平台上的“十九大”报道为例[D].北京:北京外国语大学.

范以锦,陈欣妤,2023.“情感转向”与“异化迷思”下主流媒体助力社会情感平衡策略[J].青年记者,(12):22-24.

高萍,吴郁薇,2019.从议程设置到情绪设置:中美贸易摩擦期间《人民日报》的情绪引导[J].现代传播(中国传媒大学学报),41(10):67-71.

郭小安,2019.公共舆论中的情绪、偏见及“聚合的奇迹”:从“后真相”概念说起[J].国际新闻界,41(1):115-132.

侯毅,2020.情感的呼唤:突发公共事件报道中的共情策略——以人民日报新冠肺炎疫情报道为例[J].传媒,(11):28-31.

蒋俏蕾,程杨,2018.第三层次议程设置:萨德事件中媒体与公众的议程网络[J]. 国际新闻界,(9):85-100.

蒋忠波,邓若伊,2010.国外新媒体环境下的议程设置研究[J].国际新闻界,32(6):39-45.

李斌,2017.新华社海外社交媒体的国家形象传播策略[J].青年记者,(26):73-74.

刘军,2014.整体网分析:UCINET 软件实用指南[M].上海:格致出版社,上海人民出版社.

刘小燕,2002.关于传媒塑造国家形象的思考[J].国际新闻界,(2):61-66.

马蒙,李秀霞,逄顺欣,2021.基于点度中心度及其均衡性的期刊主题分布特征分析[J].情报理论与实践,44(2):77-82.

麦考姆斯,郭镇之,邓理峰,2007.议程设置理论概览:过去,现在与未来[J].新闻大学,(3):55-67.

史安斌,王沛楠,2017.议程设置理论与研究 50 年:溯源 · 演进 · 前景[J].新闻与传播研究,(10):13-28,127.

孙强,2020.情感网络议程设置:新冠疫情事件媒体与公众的议程网络[J].东南传播,(7):7-12.

田维钢,温莫寒,2020.价值认同与情感归属:主流媒体疫情报道的短视频生产[J].现代传播(中国传媒大学学报),42(12):9-14.

万旋傲,谢耘耕,2015.网络社群对新闻媒体的议程设置力研究:基于 2010-2013 年 1232 起重大公共事件的实证分析[J].新闻记者,(3):67-71.

王帆,2012."对外传播"概念的探讨和辨析[J].新闻传播,(6):188.

王晗啸,李成名,于德山,等,2020.基于上下文语义的网络议程设置研究:以红黄蓝事件为例[J]. 国际新闻界,(4):77-97.

王润珏,胡正荣,2019.真实、立体、全面:我国主流媒体的国际传播与国家形象塑造[J].出版发行研究,(8):81-84.

郗艺鹏,2018.输出逻辑:第三级议程设置理论的新启示[J].青年记者,(2):4-5.

谢稚,孙茜,2013.跨文化传播中文化差异、受众接受度与传播效果:以中英合作纪录片 BBC Wild China 和 CCTV《美丽中国》为例[J].现代传播(中国传媒大学学报),35(10):91-94.

徐翔,2018.从"议程设置"到"情绪设置":媒介传播"情绪设置"效果与机理[J].暨南学报(哲学社会科学版),40(3):82-89.

徐翔,2019.网络传播中"情绪对应"现象与效应分析:基于《今日头条》样本数据的实证挖掘[J].重庆邮电大学学报(社会科学版),31(4):54-66.

张瑞静,2019.网络议程设置理论视域下新型主流媒体传播效果评价指标分析[J].中国出版,(6):57-60.

张少群,魏晶晶,廖祥文,等,2016. Twitter 中的情绪传染现象[J]. 山东大学学报(理学版),(1):71-76,122.

赵蕾,2019.议程设置 50 年:新媒体环境下议程设置理论的发展与转向——议程设置奠基人马克斯韦尔·麦库姆斯、唐纳德·肖与大卫·韦弗教授访谈[J].国际新闻界,41(1):66-80.

钟智锦,廖小欧,游宇霞,2019.网络社区中的情绪感染现象:基于环境类议题与爱国主义类议题的实证研究[J].新闻记者,(9):61-71.

朱庆华,李亮,2008.社会网络分析法及其在情报学中的应用[J].情报理论与实践,(2):179-183,174.

朱智宾,蒋玉鼐,2017.国家领导人海外社交媒体报道效果评估与优化思考:新华社、人民日报、央视 2017 年上半年习近平总书记 Twitter 报道观察[J].中国记者,(11):72-75.

BAE Y, LEE H, 2012. Sentiment analysis of twitter audiences: measuring the positive or negative influence of popular twitterers [J]. Journal of the American society for information science and technology, 63(12): 2521-2535.

BARSADE S G, 2002. The ripple effect: emotional contagion and its influence on group behavior [J]. Administrative science quarterly, 47(4): 644-675.

BECHT M C, VINGERHOETS A J J M, 2002. Crying and mood change: a cross-cultural study [J]. Cognition & emotion, 16(1): 87-101.

BÖSCH K, MÜLLER O, SCHNEIDER J, 2018. Emotional contagion through online newspapers[C]//ECIS, 171.

BROOMFIELD E V, 2003. Perceptions of danger: the China threat theory [J]. Journal of contemporary China, 12(35): 265-284.

BUCY E P, 2000. Emotional and evaluative consequences of inappropriate leader displays [J]. Communication research, 27(2): 194-226.

BUHMANN A, INGENHOFF D, 2015. The 4D Model of the country image: an integrative approach from the perspective of communication management [J]. International communication gazette, 77(1): 102-124.

CHEN H T, GUO L, SU C, 2020. Network agenda setting, partisan selective exposure, and opinion repertoire: the effects of pro-and counter-attitudinal media in Hong Kong[J]. Journal of communication, 70(1): 35-59.

COHEN B C, 1963. The press and foreign policy [M]. Princeton: Princeton University Press.

COLEMAN R, BANNING S, 2006. Network TV news' affective framing of the presidential candidates: evidence for a second-level agenda-setting effect through visual framing [J]. Journalism & mass communication quarterly, 83(2): 313-328.

COLEMAN R, WU H, 2010. Proposing emotion as a dimension of affective agenda setting: separating affect into two components and comparing their second-level effects [J].Journalism & mass communication quarterly,87(2):315-327.

COLEMAN R, WU H, 2022. Individual differences in affective agenda setting: a cross-sectional analysis of three US presidential elections [J]. Journalism, 23(5): 992-1009.

FEEZELL J T, 2017. Agenda setting through social media: the importance of incidental news exposure and social filtering in the digital era [J].Political research quarterly,71(2): 482-494.

GOLDENBERG A, GROSS J J, 2020. Digital emotion contagion [J]. Trends in cognitive sciences, 24(4): 316-328.

GONZÁLEZ-BAILÓN S, BANCHS R E, KALTENBRUNNER A, 2012. Emotions, public opinion, and US presidential approval rates: a 5-year analysis of online political discussions [J].Human communication research,38(2):121-143.

GUO L, MCCOMBS M, 2011. Network agenda setting: a third level of media effects [C]// Annual conference of the International Communication Association,Boston,MA.

GUO L, 2012. The application of social network analysis in agenda setting research: a methodological exploration [J].Journal of broadcasting & electronic media,56(4):616-631.

GUO L,2015. A theoretical explication of the network agenda setting model: current status and future directions[M]//GUO L, MCCOMBS M. The power of information networks. Routledge,21-36.

HILL A L, RAND D G, NOWAK M A, et al., 2010. Emotions as infectious diseases in a large social network: the SISA model [J]. Proceedings of the royal society: biological sciences, 277(1701): 3827-3835.

HIMELBOIM I, SWEETSER K D, TINKHAM S F, et al., 2016. Valence-based homophily on Twitter: network analysis of emotions and political talk in the 2012 presidential election [J]. New media & society, 18(7): 1382-1400.

HOFFMAN M L, 2002. How automatic and representational is empathy, and why [J]. Behavioral and brain sciences, 25(1): 38-39.

KASSED H K, MUSTAFFA C S, 2014. Agenda setting of Iraq image in Malaysian English newspaper [J].Asian social science,11(2):225-237.

KIM K, MCCOMBS M, 2007. News story descriptions and the public's opinions of political candidates [J]. Journalism & mass communication quarterly, 84(2): 299-314.

KIOUSIS S, MCCOMBS M, 2004. Agenda-setting effects and attitude strength: political figures during the 1996 presidential election [J]. Communication research, 31(1): 36-57.

KOBAYASHI F, SCHALLERT D L, OGREN H A, 2003. Japanese and American folk vocabularies for emotions [J]. The journal of social psychology, 143(4): 451-478.

KRACKARDT D, 1987. QAP partialling as a test of spuriousness [M].Social networks,9(2): 171-186.

KRAMER A D I, 2012. The spread of emotion via Facebook [C] //ACM conference on human factors in computing systems,Austin,Texas.

KRAMER A D I, GUILLORY J E, HANCOCK J T, 2014. Experimental evidence of massive-scale emotional contagion through social networks [J].Psychological and cognitive sciencess, 111(24): 8788-8790.

LI J, CHEN X, KOTHA S, et al., 2017. Catching fire and spreading it: a glimpse into displayed entrepreneurial passion in crowdfunding campaigns [J]. Journal of applied psychology, 102(7): 1075.

LI L, 2008. Media salience and the process of framing: coverage of the professor prostitution [J].Asian social science,35.

MARTIN I M, EROGLU S, 1993. Measuring a multi-dimensional construct: country image [J].Journal of business research,28(3):191-210.

MAYOR E, MICHÉ M, LIEB R, 2022. Associations between emotions expressed in internet news and subsequent emotional content on twitter [J]. Heliyon, 8(12).

MCCOMBS M E, SHAW D L, 1972. The agenda-setting function of mass media[J].Public opinion quarterly,36(2):176-187.

MCCOMBS M, LLAMAS J P, LOPEZ-ESCOBAR E, et al., 1997. Candidate images in Spanish elections: second-level agenda-setting effects [J].Journalism & mass communication quarterly,74(4):703-717.

MCCOMBS M, REYNOLDS A, 2002. News influence on our pictures of the world[M]//BRY-

ANT J,ZILLMAN D. Media effects:advances in theory and research. London: Routledge, 1-18.

MCCOMBS M, 2005. A look at agenda-setting: past, present and future [J].Journalism studies,6(4):543-557.

MESTROVIC S, 1996. Postemotional society [M]. London:SAGE.

MILLER J M, 2007. Examining the mediators of agenda setting: a new experimental paradigm reveals the role of emotions [J] . Political psychology, 28(6): 689-717.

NEAL C, QUESTER P, HAWKINS D, 2004. Consumer behavior: implications for marketing stratogy[M]. New South Wales:McGraw-Hill.

PANTTI M, 2010. The value of emotion: an examination of television journalists' notions on emotionality [J]. European journal of communication, 25(2): 168-181.

PERTTULA K M, 2003. The POW factor: understanding passion for one's work[C]//Annual meeting of the Academy of Management.

RINALLO D, BASUROY S, 2009. Does advertising spending influence media coverage of the advertiser? [J]. Journal of marketing, 73(6): 33-46.

ROSS R S, 2005. Assessing the China threat [J].The national interest,(81):81-87.

ROY D, 1996. The "China threat" issue: major arguments [J]. Asian survey, 36 (8): 758-771.

SCOTT W A, 1965. Psychological and social correlates of international images [J]. International behavior: a social-psychological analysis,71-103.

SCOTT J, 2013. China threat? Evidence from the WTO [J].Journal of world trade,47(4): 761-782.

STEINERT S, 2021. Corona and value change: the role of social media and emotional contagion [J]. Ethics and information technology, 23(Suppl 1): 59-68.

VARGO C J, GUO L, MCCOMBS M, et al., 2014. Network issue agendas on Twitter during the 2012 US presidential election[J].Journal of communication,64(2):296-316.

YE Z, 2004.When empty words are not empty: examples from the semantic analyses of some emotional adverbs in Mandarin Chinese [J]. Australian journal of linguistics, 24(2): 139-161.

YEE H, STOREY I, 2013. The China threat: perceptions, myths and reality [M].London: Routledge.

# 中国公众的事实核查观及其影响因素*

## ——基于两项在线问卷调查

◈ 闫文捷 宋 爽**

**摘要**:事实核查是一种新型的新闻形态和实践方式,在全球范围内发展迅速,近年来在中国崭露头角。本文基于两项在线问卷调查数据($N_1$ =508,$N_2$ = 917),从好感度、熟悉度和使用频率三个维度考察中国公众对事实核查的态度和行为反馈,并尝试从新闻使用与媒介态度层面检视影响其事实核查观形成的经验条件。本文认为,中国公众对事实核查持有普遍的积极态度;使用或回避新闻的倾向以及不同层次的媒介信任不同程度地形塑其事实核查观。本文从受众视角呈现了有关事实核查在地化发展的新证据,为理解中国事实核查发展提供了有益的经验补充。

**关键词**:事实核查;新闻接触;新闻回避;媒介信任;新闻创新

## 一、引言

从 21 世纪初美国三大事实核查机构 PolitiFact、FactCheck 和 Fact Checker 相继成立,至此后十余年内事实核查事业在欧美社会快速发展,再至新冠疫情催生的全球范围内事实核查运动广泛兴起,事实核查作为新闻

* 基金项目:北京市社会科学基金规划项目重点项目"社交媒体环境下虚假信息的传播与治理研究"(编号:20XCA004)、北京师范大学中央高校基本科研业务费专项资金资助项目"中国式现代化视域下媒介化治理创新研究"(编号:1233300010)。

** 闫文捷,北京师范大学新闻传播学院教授;宋爽,北京师范大学新闻传播学院博士研究生。

业的一种创新实践,无论是内容边界还是参与者都在不断变化拓展之中。比如,除传统的事实核查机构以外,以脸书(Facebook)和推特(Twitter,现为X平台)等为代表的社交网络平台逐渐进入这一实践领域,基于用户、专业核查人员和算法技术的多重组合,以限制虚假信息可见性的方式拱卫网络空间中公共信息的真实性和准确性(Cotter et al., 2022)。作为全球事实核查浪潮的一部分,事实核查实践近年来日兴于中国。媒体习惯于将2021年称为“中国的事实核查元年”(澎湃新闻,2021)。一时间,以有据核查、澎湃明查、平台辟谣等为代表的事实核查服务相继涌现。虽然它们呈现的形式和侧重的领域各有不同,但均以打击虚假信息、提升公共话语的准确性为己任。

值得注意的是,由于研究者多秉持一项基本假定,即把事实核查视作一种在高选择媒体环境下,有望帮助公众辨伪识真、提高公共讨论质量,乃至重建公众对新闻业的信任的工具,故而研究的重点多落脚于事实核查中的记者角色(Brandtzaeg et al.,2018)和事实核查在打击虚假信息中的有效性(Porter & Wood,2021)等方面,而对公众基于自身立场如何理解事实核查,以及在日常新闻消费中如何运用事实核查却鲜有论述(Kyriakidou et al., 2022)。

了解公众如何认识和评价事实核查,不仅可以在已有成果的基础上拓宽研究视野,推动研究者更加全面深入地把握事实核查及其在社会公共生活中的角色功能,还有望基于对受众观念的呈现,廓清新闻从业者与公众之间围绕事实核查在认知及期待等层面存在的差异,从而更具针对性地调适事实核查的新闻实践,提高新闻业的职业权威。从公众的视角剖析事实核查,探讨新闻受众如何评价和使用事实核查,正是本文旨在回答的问题。为此,本文将公众对事实核查的一系列态度和行为反馈统称为“事实核查观”,通过两项在线问卷调查对其在中国公众中的样貌进行勾勒,并尝试探究影响这一事实核查观形成的媒介—心理因素。具体而言,第一项问卷调查侧重于考察个体的新闻使用偏好、新闻观和媒介信任的影响,第二项调查作为对第一部分研究结果的补充和细化,通过纳入个体的新闻回避倾向和更为细致的媒介信任测量,进一步讨论可能影响公众事实核查观的因素。总体而言，本文旨在展示作为新兴新闻实践的事实核查在中国公众中的接受与普及程度，并尝试提出中国公众事实核查观的解释框架。

## 二、事实核查与公众的事实核查观

最初的事实核查作为新闻业内部的操作规范，要求记者在新闻采写编的过程中交叉检验信源与文本的事实性细节，保证新闻的准确性（虞鑫、陈昌凤，2016）。有学者从概念指称上将此称为“事实核对”（闫文捷等，2022），以便与当下所探讨的“事实核查”做出区分。在西方选举现实的推动下，事实核查实践的重点由对新闻报道事实性内容的核查演变为对政治人物公开言论的真实性和媒体言论的正当性进行系统评估（Walter et al.，2020）。专业事实核查机构旨在以客观中立的立场，凭借甄别政治话语中的谎言、创立信息真实性测量工具等手段，发挥政治监督的职能，并通过鼓励质疑，将潜在的虚假信息的相关事实呈现给公众，推动事实层面的一致理解、完善公共话语（Graves & Glaisyer，2012）。对新闻专业精神的追求往往被视作事实核查的主要驱动力（Graves et al.，2016）。随着记者针对政客言论展开核查，并以新闻报道的形式公布核查结果，事实核查从新闻业的幕后走向台前，由此，事实核查新闻（fact-checking journalism）作为一种新兴的新闻样式及实践逐渐兴起。

事实核查发端于美国新闻业，随之得到世界范围内新闻从业者的积极响应。在欧洲，继英国第四新闻频道（Channel 4 News）率先开通政治事实核查博客后（Graves，2016），其他国家纷纷开启了事实核查的实践，并通过建立联盟推动事实核查建制化。例如，欧洲事实核查标准网络（European Fact-Checking Standards Network）于2022年发布《欧洲独立事实核查组织标准准则》（European Code of Standards for Independent Fact-Checking Organizations）。该准则由全球40多个事实核查组织研究讨论而成，就欧洲事实核查成员的准入标准、事实核查技术方法论、道德伦理等做出了详细界定（EFCSN，2022）。而在亚洲，泰国、新加坡和马来西亚等同时出现了国家和民间的事实核查网站或服务。新冠疫情暴发前，全球已有68个国家至少建立了210

个事实核查组织(Cristina et al.,2019);新冠疫情防控期间,美国波因特研究所(Poynter Institute)创建的冠状病毒事实联盟数据库(The CoronaVirusFacts Alliance Database)联合了全球范围内百余名事实核查人员,转译有关新冠疫情的虚假信息和事实,并以40多种语言发表其核查的内容。在新冠大流行所伴生的"信息疫情"的笼罩下,事实核查再一次被寄予厚望。联合国曾在2020年发起"核实"(Verified)全球倡议行动,倡导网络意见领袖和媒体组织发布可信准确的内容,并与社交媒体展开协作,最大限度消除包括虚假信息在内的有害言论(联合国,2020)。相较以往,当下的事实核查从其所报道的内容到行动主体和呈现样态都已得到大幅拓展(闫文捷等,2022)。有学者提出,事实核查已呈现出"驳斥转向"(debunking turn),以此强调它在实践取向上的兼容并包(Graves et al.,2023)。

聚焦中国,事实核查实践经过权威媒介体制的重构后,呈现出一些特有的样貌(Liu & Zhou,2022)。根据实践主体不同,我国的事实核查大体可以分为三类。第一类为专业新闻机构依托固有的媒体资源优势所展开的事实核查,其中以澎湃新闻旗下专注于国际新闻查验的事实核查栏目"澎湃明查"最具代表性。通过将传统新闻报道与核查技术相结合,此类由新闻机构主导的核查项目致力于建立事实核查报道的专业标准(李智刚,2022)。在国际新闻的事实核查方面,澎湃明查的公共性和执行性直追国际主流事实核查机构(陈炜漫等,2023)。第二类事实核查项目主要以志愿协作的形式发起并运行,其中比较有代表性的包括"有据核查"和南京大学的校园媒体"NJU 核真录"。此类事实核查主要依托前媒体人、高校师生及相关专业领域的志愿者协作完成,较少受到商业利益的驱动,组织运行上的官僚化约束程度也相对较弱。但也由于缺乏强制力、核查人员的流动性较大等,其在创作的稳定性、人员规模及核查影响力等方面存在局限(郑佳雯,2020)。最后一类事实核查由互联网商业平台主导实施。相比于前两类事实核查实践,平台类事实核查在我国出现的时间较早,如今广为人知的"腾讯较真"和"微博辟谣"均属于此类范畴。它们多以辟谣的形式出现,依赖社交媒体等网络平台发布,同时核查工作的关键执行者亦由记者拓展至专业领域的专家学者、平台管理者和普通用户。核查所针对的议题多集中于食品安全、医疗健康等社会民生领域(吴涛、张志安,2022)。

在以上三类事实核查实践中,由专业新闻机构和志愿协作所驱动的事实核查通常以培育公共理性(Graves et al.,2023)为目标指引,围绕“循证”的话语逻辑而展开(Coddington et al.,2014);平台主导的“辟谣”查证则旨在保护公众免受虚假信息荼毒,维护公共健康,无论是内容构成还是呈现形式都相对更为松散(Graves et al.,2023)。三者在事实核查的认知和话语等方面具有鲜明的差异,但同时保有维持公共话语空间信息流通秩序的共同目标,一道构筑了中国语境下事实核查的传播格局。

在事实核查日盛并被赋予规范化愿景(闫文捷等,2022)的当下,中国公众对这一新闻创新实践持有怎样的态度和接受程度?事实核查不该只被少数人调阅,核查行动的目标之一便是让事实在更大范围内抵达更多的公众(Amazeen,2013)。然而事实上,公众对于事实核查的熟悉与接受程度并不高(Lyons et al.,2020)。

早期面向美国公众的调查显示,美国公众对于事实核查虽不熟悉,但呈现出普遍的支持态度(Nyhan & Reifler,2015)。后续针对脸书用户对话的分析表明公众对事实核查的态度处于两极分化状态:一部分用户质疑事实核查人员的专业性,认为事实核查网站通过歪曲事实加剧了政治选举中的欺骗和混乱;另一部分用户则认同事实核查网站服务的有效性(Brandtzaeg et al.,2018)。事实核查在公众中的普及常常面临认知和意识形态层面“不对称的阻力”(Lyons et al.,2020)。首先,那些政治知识储备更丰富以及对政治更感兴趣的公众对事实核查这种新闻样式可能更为熟悉,也更具好感(Nyhan & Reifler,2015)。其次,在党派分歧严重的政治环境下,公众对事实核查的态度还可能存在意识形态层面的不对称。有研究显示,近一半的美国公众认为事实核查人员带有偏见(Flamini,2019),而持有这一观念的共和党人数更是占其总数的70%(Walker & Gottfried,2019)。

在美国以外,近期一项面向瑞典、德国、意大利、西班牙、法国和波兰等六国公众开展的比较研究(Lyons et al., 2020)显示,总体而言欧洲公众对于事实核查的熟悉程度有限,但对其好感度普遍较高。与此同时,欧洲公众对事实核查的态度呈现出显著的地区间差异以及党派不对等性:在机构信任程度普遍更高的瑞典和德国,公众对事实核查的熟悉和接受程度也都更高,那些倾向于支持左翼政党、拥护欧盟以及对民主现状更加满意的公众对事实核查的好感度也更高。

公众对事实核查的熟悉程度及其所持态度,与其直接使用核查服务的可能性息息相关,在非常不熟悉事实核查的美国公众内部,仅有15%左右的人表示会偶尔访问事实核查网站(Robertson et al.,2020)。基于焦点小组和质化访谈,英国的新闻学者同样观察到,英国民众对事实核查的使用在很大程度上仍处于边缘地位,事实核查对英国公众新闻消费的影响微乎其微(Kyriakidou et al.,2022)。

随着这种新闻样式和实践在中国的发展,本文认为有必要基于在地化视角探究推动或限制事实核查得到更广泛的社会认同与接纳的经验条件。

既有文献中关于中国公众事实核查观的经验研究整体上处于空白状态。本文透过一项基于44名微信用户的小规模访谈研究注意到,微信用户对于微信内置的事实核查功能并不熟悉,甚至对此并不关心,超过半数受访者对未来是否会使用事实核查服务的态度不明朗(Lu et al.,2020)。鉴于现有的关于中国公众事实核查观的经验证据十分有限,本文提出第一组研究问题:

RQ1:中国公众对于事实核查的(a)好感度、(b)熟悉度和(c)使用频率如何?

## 三、新闻使用与事实核查观

个人的新闻消费构成其事实核查观念和使用行为的重要基础。一方面,即便有人很少甚至从未使用过事实核查服务,透过新闻接触到事实核查的相关提示仍然能够影响其对事实核查的态度。例如,瑞典和德国公众对事实核查的熟悉和接受程度显然高于欧洲其他国家,这与当地发达的公共媒体事业密不可分(Lyons et al.,2020)。美国公众的事实核查观多体现了新闻消费的党派逻辑。对自由派新闻(liberal news)更为关注(Robertson et al.,2020)以及自认为是自由派的媒介使用者(Graves,2016)都倾向于更了解事实核查、更频繁地使用核查服务，对事实核查的态度也更加正面。这与CNN、MSNBC等自由派媒体在其报道中频繁引证事实核查的内容密切相关。值得注意的是，在党派倾向被控制后，新闻消费对事实核查观的预测力依然十分显著（Robertson et al.，2020）。

另一方面，在关注与消费新闻的过程中，人们难免遇到对立的观点与信息，这可能促使他们采用额外的方式，譬如借助事实核查网站和工具来进一步确认事实（Kim et al.，2021）。总而言之，由新闻消费带来的偶遇事实核查内容、深度使用事实核查工具等经历，成为形塑公众事实核查观的重要条件。

在中国的媒介话语空间内，事实核查虽非主流，但其作为一个独立的新闻样态也并非全新的事物。即使媒体对事实核查的引用具有明显的偶然性和自发性，日常消费新闻依然从概率上决定了公众有更大可能触及事实核查的报道（Chia et al.，2022）。并且，事实核查所提供的溯源查验式报道能够更好地满足公众知情的需求，并向其提供深度了解社会议题和公共生活的契机，这些都可能驱动公众对事实核查抱持正面的态度与评价。本文由此推断，在一般意义上，公众消费新闻越频繁，越有机会接触事实核查新闻，这也为其对事实核查形成正面的态度和评价奠定了基础。鉴于频繁关注和消费新闻是个体具有较强新闻偏好的表现，本文据此提出以下研究假设：

H1：公众对新闻的偏好与事实核查观显著正相关。具体表现为：公众的新闻偏好越强，对事实核查的（a）好感度和（b）熟悉度越高，同时（c）越频繁使用事实核查网站。（研究一）

在强调个体新闻偏好的同时，本文注意到数字新闻业的发展让新闻变得唾手可得，但公众与新闻之间的黏性却并未由此增强，而是出现了公众对新闻无意或有意的不关心甚至回避新闻的趋向（Skovsgaard & Andersen，2020）。新闻回避的出现与媒介信息环境和个体偏好均有关联。一方面，高选择媒介环境加剧了新闻信息的选择性接触，新闻认知向扫读（scanning）方式倾斜（Panek，2016），新闻回避渐成常态（Karlsen，2020）；另一方面，无处不在的新闻远远超出常人的信息认知和处理能力，由此产生的感知过载促使人们逃离新闻（Park，2019）。

对此,研究者不同程度地表露出他们的隐忧:回避新闻可能侵蚀公民建立共识的机会。新闻业的使命之一是培育知情的公众,人们正是透过新闻得以了解社会生活与外部世界。不接触新闻便意味着人们很难就公共话题展开理性的讨论并达成事实层面的共识(Goyanes et al.,2023)。沿着这样的思路,如果公众不关注新闻,便不易对信息的真假产生怀疑,也便因此缺少了主动接触事实核查的动机。在缺乏对事实核查表现与实践的直观感受的前提下,很难想象公众会对其形成支持性的态度。基于以上逻辑推理,本文提出第二组研究假设:

H2:公众对新闻的回避与事实核查观显著负相关。具体表现为:公众越回避新闻,对事实核查的(a)好感度和(b)熟悉度越低,同时(c)越少使用事实核查网站。(研究二)

## 四、媒介态度与事实核查观

公众的事实核查观除了受到其新闻使用的影响之外,还有赖于他们对媒介所持有的一般性态度(Lyons et al.,2020)。媒介态度是一个非常宽泛的概念范畴,常见于文献中的指标变量包括个体的媒介信任程度、对媒体质量的评价以及对媒体功能的评价等。本文参考德国传播学者法兹(Fawzi,2019)的概念化方式,从朴素媒介观与媒介信任两个维度考察公众对媒体的态度及其对事实核查观的影响。

朴素媒介观占据个体评价媒介的重要部分。这个概念假定公众对于大众传媒的组织形式、报道内容、受众和社会功能等方面均有大致的了解,由此对媒体形成规范性预期,并在此基础之上对记者角色、媒体报道和媒体机构做出评价(Fawzi,2019)。简言之,朴素媒介观体现了个体对于媒体表现的多重评价,观念越"朴素"意味着人们对媒体的评价越为负面。现实中,新闻媒体可能因传播假新闻、与政治精英交往过密或者报道内容背离现实等问题而受到社会批评(Tsfati et al.,2020),削弱公众对于媒体表现的评价。

媒体表现与公众对事实核查的看法密切相关。当新闻报道充满谎言或偏见,新闻媒体难以承担提供真实信息、监督社会的责任时,公众对媒体的普遍失望可促使公众转向事实核查。事实核查以守卫真相为核心追求，通过直观展现科学数据和核查的逻辑及过程，显著提升了事实报道和呈现的透明度(Humprecht,2020)，在直接回应模糊不定的原始新闻内容的基础上，帮助公众形成知情的判断。因此，面对持有较强的朴素媒介观的公众，事实核查有望凭借公开、科学的方式帮助公众寻获真相，弥补原始新闻报道的失职，重建公众对媒体的积极评价。对此，本文提出以下研究假设：

H3：公众的朴素媒介观与事实核查观显著正相关。具体表现为：公众的朴素媒介观越强(即对媒体的评价越为负面)，对事实核查的(a)好感度和(b)熟悉度越高，同时(c)越频繁使用事实核查网站。(研究一)

朴素媒介观体现的是公众对媒体表现的整体评价。以此为前提，公众可能对不同的媒体平台或内容形成差异化的感知与信任。官方媒体、机构媒体与网络平台媒体是我国媒介传播格局的核心组成部分。官方媒体主要由我国各级政府主办，是政府部门与社会大众进行公共沟通的权威渠道。官方媒体的新闻生产遵循严格的流程，旨在通过事实核查、编辑审核、政府管理等步骤和手段确保公信力(Wang & Mark,2013)。可以说，我国公众对官方媒体表现出的普遍的高信任度，很大程度上是出于对官方媒体事实核查品质的信任。

在官方媒体以外，专业的机构媒体旨在凭借报道内容与报道形式方面的持续创新，赢取公众的信任(Xie & Zhao,2014)。商业导向的网络平台媒体则聚合了多方新闻内容，通过强化社交属性、个性定制等方式向用户推送新闻，以此提升用户的新闻接近性(白红义,2018)；但也由于内部审核不力、利益驱使等原因，虚假内容在网络平台媒体经常出现(倪天昌等,2022)，由此危及平台可信度。不同面向的媒介信任对公众事实核查观的影响存在不同的角度和可能，为此本文提出第二组研究问题：

RQ2：公众对不同类型的媒体(即官方媒体、机构媒体和网络平台媒体)及其报道内容的信任水平与其事实核查观具有怎样的关联？(研究一、研究二)

## 五、研究方法

### (一)抽样与样本构成

本文中的两项调查分别于 2022 年 2 月和 8 月,通过网络调查公司极术云的在线数据收集平台完成。调查参照中国互联网络信息中心(CNNIC)2022 年发布的《中国互联网络发展状况统计报告》,根据中国网民的性别和年龄进行配额抽样。在剔除无效和低质样本(如填答时间过短、未通过注意力检测)后,最终研究一收回有效问卷 508 份,研究二收回有效问卷 917 份。附表对比显示了两项研究中受访者的基本特征。两份样本整体上的多样性有助于反映总体的异质性,进而提升本文研究结论的可推广性。

### (二)变量测量

#### 1.因变量

事实核查观。作为本文的核心变量,在参考既有文献中相关测量的基础上(Lyons et al.,2020),事实核查观具体包括受访者对事实核查的好感度、熟悉度和使用频率个三方面。

本文通过两个问题询问了受访者对于事实核查准确度的看法及整体的好感度:"总的来说,您认为事实核查人员能够弄清事实,还是说他们的报道往往不准确?"(0=常常不准确,1=能弄清事实)、"总的来说,您对事实核查的总体看法是好是坏?"(1=非常不好,7=非常好)。相关分析结果显示两个题项高度相关(研究一:$r=0.46$, $p<.01$;研究二:$r=0.33$, $p<.01$),本文将二者取值转换到 0-1 值域范围内后取均值,创建了事实核查好感度的综合指数($M=0.62$, $SD=0.31$)。

事实核查熟悉度。本文采用 7 点量表(1=非常不熟悉,7=非常熟悉),询问受访者以下问题:"您对事实核查有多熟悉?"($M=4.06$, $SD=1.55$)。

事实核查使用频率。受访者采用 7 点量表(0=从不,6=经常),回答下列问题:“您多久访问一次事实核查网站(如澎湃明查、腾讯较真等),以了解关心的新闻消息是否准确?”($M$ =4.09,$SD$ =1.54)。

2.自变量

本文从新闻使用和媒介态度两个方面考察影响中国公众事实核查观的潜在因素。具体来看,新闻使用包括受访者对新闻的偏好与回避程度,媒介态度则表现为公众对媒体所持有的朴素媒介观和信任水平。这四个概念在研究一和研究二中各有侧重,分别得到不同程度的测量。

新闻偏好。研究一借鉴既有文献中的测量方式(Hameleers et al.,2017),采用7点量表(1=非常不同意,7=非常同意),针对个体的新闻使用情况,询问受访者在多大程度上同意以下说法:“我不想错过重要的新闻”“我喜欢复杂的新闻故事,即使它需要全神贯注才能理解”“我每天都会关注当日新闻”。三个题项的均值构成了新闻偏好指数,数值越高说明受访者的新闻偏好越强($M$ =4.75,$SD$ =1.17,$\alpha$=0.73)。

新闻回避。在研究一的基础上,研究二从新闻回避的角度测量了受访者的新闻使用特征。受访者采用7点量表(1=非常不同意,7=非常同意)表示他们在多大程度上同意“当谈到国际新闻信息,有时无知才是幸福的”“当国际新闻信息出现时,我会故意转移视线”“我会故意忽略国际新闻信息”等六项陈述。六个题项取均值构成新闻回避指数,数值越高说明新闻回避的趋向越强($M$ =3.20,$SD$ =1.20,$\alpha$=0.72)。

朴素媒介观。研究一参考法兹(Fawzi,2019)的测量方式,以7点量表(1=非常不同意,7=非常同意)询问受访者在多大程度上同意关于我国媒体表现的七项表述,例如“媒体常常对公众隐瞒一些重要的社会事件”“在中国,所有媒体的报道都一样”“媒体报道无非是在支持政治或资本力量”等。七个题项的均值构成整体的朴素媒介观,数值越高表示受访者对媒体的综合评价越负面($M$ =4.47,$SD$ =1.08,$\alpha$=0.76)。

媒介信任。研究一和研究二以不同方式对媒介信任做出了测量。研究一侧重于受访者对具体的新闻平台或机构的信任程度。具体而言,受访者运用7点量表(1=可信度极低,7=可信度极高,99=不知道)对新浪微博、微信、百度、今日头条、果壳网和知乎等六家平台媒体（$M$ =5.04，$SD$ =0.93，α=0.74）和澎湃新闻、新京报、环球时报、观察者网、南风窗等5家机构媒体（$M$ =5.18，$SD$ =0.76，α=0.56）的可信度做出评价。

有别于研究一，研究二参考现有中文文献中有关媒介类别的划分方式（马得勇、黄敏璇，2023），着重考察受访者对不同类型媒体上新闻报道内容的信任水平。受访者通过7点量表（1=可信度极低，7=可信度极高）分别对官方媒体（中央电视台、新华社、人民日报的时政报道；地方电视台的时政新闻节目、政务类门户网站、政务类微博或微信公众号发布的新闻）（$M$ =4.96，$SD$ =1.46，α=0.72）和非官方的网络媒体（自媒体平台新闻、论坛或网站的时政帖子）（$M$ =4.09，$SD$ =1.45，$r$ =0.43，$p$ <.001）所发布的报道和信息内容做出可信度评价。

3.控制变量

研究一和研究二分别纳入了一系列政治心理和社会人口学特征作为控制变量。政治心理变量在研究一中体现为受访者的国际政治知识水平（$M$ =2.66，$SD$ =1.38）和分析性思维（$M$ =3.85，$SD$ =1.92），在研究二中包括对各类媒体的权威信任（$M$ =4.51，$SD$ =1.19，α=0.85）和对系统正当性的认同程度（$M$ =3.90，$SD$ =1.46，α=0.75）。两项研究中分别控制了受访者的年龄、受教育程度、性别、家庭月收入、是否有工作和政治面貌六项社会人口学特征。

（三）分析方法

本文的研究重点在于从公众对事实核查的好感度、熟悉度和使用频率方面考察其事实核查观，并在此基础上探究影响其事实核查观的媒介—心理因素。为此，本文首先就受访者的事实核查观展开描述性分析，进而针对这一概念的三个面向分别估测一组OLS线性回归模型，以此检验可能在现实中推动或限制事实核查观发展的经验条件。

## 六、研究结果

### (一)描述性分析

回应 RQ1 有关中国公众事实核查观的整体状况,两项调查结果所展现的受访者对于事实核查的态度与行为反馈相差不大。如图 1 所示,首先,受访者对事实核查具有普遍的好感,两项研究中的好感度均值分别达 0.62($SD=0.31$)和 0.68($SD=0.31$),显著高于量表中位数[研究一:$t(507)=8.58$, $p<.001$;研究二:$t(891)=17.78$, $p<.001$]。其次,受访者对事实核查的熟悉度居于中间水平,与量表的中位数持平[研究一:$M=4.06$, $SD=1.55$, $t(507)=0.89$, $p=0.37$;研究二:$M=4.02$, $SD=1.63$, $t(916)=0.37$, $p=0.72$]。最后,受访者使用事实核查网站的频率也基本处于中间水平,未显著有别于量表的中位数[研究一:$M=4.09$, $SD=1.54$, $t(507)=1.36$, $p=0.18$;研究二:$M=4.10$, $SD=1.86$, $t(916)=1.60$, $p=0.11$]。

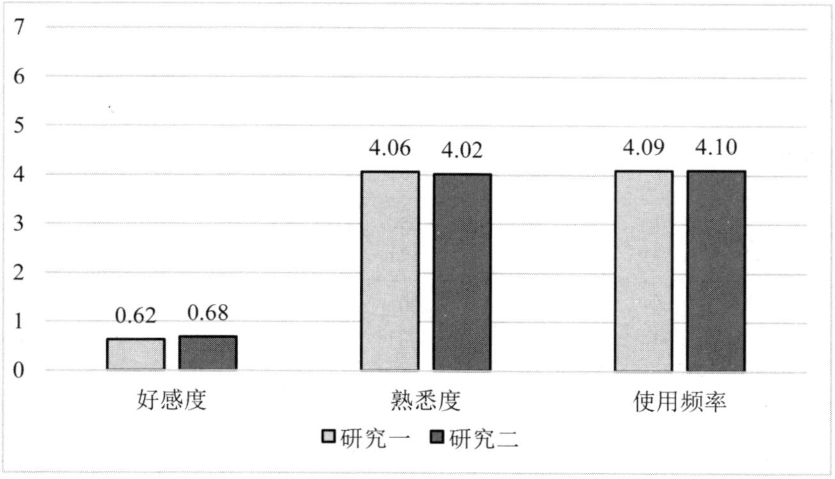


**图 1 公众事实核查观的均值分布**

## (二)影响公众事实核查观的媒介—心理因素

在描述性统计分析的基础上,本文转入对公众事实核查观的影响因素的考察。反映事实核查观的三个面向,即人们对事实核查实践的好感度、熟悉度和使用频率,表1呈现了三组共六个线性回归模型的结果。每一组模型对应事实核查观的一个维度,每一组下面的两个模型则分别呼应研究一和研究二的样本。各个模型中的“媒介—心理因素”是解读结果时重点关注的内容。从数据的总体拟合程度来看,六个模型中的自变量组合能够解释事实核查观不同面向中9%—24%的差异,显示出模型具有较好的解释力。

**表1 预测媒介—心理因素对公众事实核查观的OLS线性回归模型**

| | 好感度 | | 熟悉度 | | 使用频率 | |
|---|---|---|---|---|---|---|
| | 模型1<br>研究一 | 模型2<br>研究二 | 模型3<br>研究一 | 模型4<br>研究二 | 模型5<br>研究一 | 模型6<br>研究二 |
| 变量 | *B*(*SE*) | *B*(*SE*) | *B*(*SE*) | *B*(*SE*) | *B*(*SE*) | *B*(*SE*) |
| 常量 | -.21<br>(.13) | .30***<br>(.70) | 2.07**<br>(.59) | 1.72***<br>(.38) | 2.49***<br>(.62) | 1.47**<br>(.43) |
| 控制变量 | | | | | | |
| 年龄 | .002<br>(.001) | .001<br>(.001) | -.03***<br>(.01) | .002<br>(.004) | -.02***<br>(.01) | .01<br>(.004) |
| 受教育程度 | .03*<br>(.01) | .02*<br>(.01) | -.42***<br>(.06) | .20***<br>(.05) | -.31***<br>(.06) | .21***<br>(.06) |
| 女性 | .04<br>(.03) | .01<br>(.02) | .05<br>(.12) | -.08<br>(.11) | -.001<br>(.13) | -.14<br>(.12) |
| 家庭月收入 | -.00<br>(.00) | -.00<br>(.00) | .00<br>(.00) | .00*<br>(.00) | .00<br>(.00) | .00<br>(.00) |
| 有工作 | .02<br>(.03) | -.01<br>(.02) | .05<br>(.16) | -.03<br>(.11) | .12<br>(.16) | .02<br>(.12) |
| 党员 | -.04<br>(.03) | -.01<br>(.03) | .28<br>(.15) | .49**<br>(.18) | .16<br>(.16) | .46*<br>(.21) |
| 国际政治知识 | .03*<br>(.01) | -- | .04<br>(.05) | -- | -.05<br>(.05) | -- |

续表

| | 好感度 | | 熟悉度 | | 使用频率 | |
|---|---|---|---|---|---|---|
| | 模型 1 研究一 | 模型 2 研究二 | 模型 3 研究一 | 模型 4 研究二 | 模型 5 研究一 | 模型 6 研究二 |
| 分析性思维 | -.01 (.01) | -- | -.10** (.04) | -- | -.11** (.04) | -- |
| 权威信任 | -- | .04*** (.01) | -- | .12* (.05) | -- | .14* (.06) |
| 系统正当性 | -- | .01 (.01) | -- | .10** (.04) | -- | .10* (.04) |
| 媒介—心理因素 | | | | | | |
| 新闻偏好 | .08*** (.01) | -- | .32*** (.06) | -- | .21** (.06) | -- |
| 新闻回避 | -- | -.04*** (.01) | -- | -.06 (.05) | -- | -.16** (.05) |
| 朴素媒介观 | .03 (.01) | -- | .03 (.06) | -- | -.03 (.07) | -- |
| 机构媒体信任 | .07** (.02) | -- | .16 (.10) | -- | .17 (.10) | -- |
| 平台媒体信任 | -.02 (.02) | -- | .37*** (.08) | -- | .38*** (.08) | -- |
| 官方媒体新闻信任 | -- | .05*** (.01) | -- | .02 (.05) | -- | .11* (.05) |
| 网络媒体新闻信任 | -- | -.02* (.01) | -- | .16*** (.04) | -- | .17*** (.05) |
| 修正 $R^2$ | .15*** | .16*** | .24*** | .09*** | .16*** | .10*** |

注：$N_1=503$，$N_2=878$，表格内为非标准化回归系数，括号内为标准误差；* $p<.05$，** $p<.01$，*** $p<.001$。

表 1 中前两列有关事实核查好感度的分析结果（模型 1 和模型 2）显示，受访者的新闻使用行为在此具有显著影响。新闻偏好越强的受访者对事实核查的好感度越高（研究一，$B=0.08$，$p<.001$），相反，倾向于回避国际新闻

的人对事实核查的好感度则明显较低(研究二, $B = -0.04$, $p < .001$)。H1a和H2a分别被支持。

在媒介态度方面,研究一数据显示,朴素媒介观($B = 0.03$, $ns$)和平台媒体信任($B = -0.02$, $ns$)均未与公众对事实核查的态度呈现显著关联,而对机构媒体具有较高信任水平($B = 0.07$, $p < .01$)的受访者对事实核查的好感度更高。研究二的数据进一步延伸了这一结果:对官方媒体发布的新闻更信赖($B = 0.05$, $p < .001$),同时对非官方的网络媒体新闻信任度较低的受访者对事实核查与实践都更倾向于做出积极的评价($B = -0.02$, $p < .05$)。综合以上结果,H3a不成立,RQ2得到初步回应。

在所有的社会人口学特征中,受教育程度是唯一显著的正向影响因素($B$分别为0.03和0.02,均为$p < .05$)。国际政治知识(研究一, $B = 0.03$, $p < .05$)以及权威信任($B = 0.04$, $p < .001$)各自有助于提升人们对事实核查的好感度。

对公众就事实核查熟悉度的分析如表1中间两组回归模型(模型3和模型4)所示,印证H1b,受访者的新闻偏好对其事实核查熟悉度具有显著的正向影响(研究一, $B = 0.32$, $p < .001$),新闻回避虽然在方向上预示着受访者可能对事实核查更为陌生,但这一结果未达到统计显著的水平($B = -0.06$, $ns$),H2b未成立。

媒介态度对事实核查熟悉度的影响几乎与其对好感度的预测力呈现出完全相反的趋向。一方面,受访者的朴素媒介观未能显著影响其对事实核查的熟悉度(研究一, $B = 0.03$, $ns$),H3b不成立。另一方面,受访者对平台媒体的信任(研究一, $B = 0.37$, $p < .001$)及其对非官方的网络媒体新闻的信任水平(研究二, $B = 0.16$, $p < .001$)显然对其了解事实核查具有更为积极正面的影响,RQ2得到进一步回应。

在社会人口学特征的影响方面,年龄与事实核查的熟悉度呈负相关($B = -0.03$, $p < .001$),而受教育程度在两项研究中呈现出相反方向的预测力($B$分别为-0.42和0.20,均为$p < .001$)。

最后,事实核查观的第三个方面涉及公众对事实核查的行为反馈,即使用频率。表1最后两组回归模型报告了相关的分析结果(模型5和模型6)。

受访者对新闻的偏好和回避倾向再次显示出强劲的影响力：新闻偏好整体越强（研究一，$B = 0.21, p < .01$）、新闻回避整体越弱（研究二，$B = -0.16, p < .01$）的人越可能更加频繁地使用事实核查服务。H1c 和 H2c 分别获得支持。虽然个体的朴素媒介观对其事实核查的使用行为依旧不具有显著影响力（研究一，$B = -0.03$，*ns*），H3c 未成立，但公众对不同类型媒体及其内容的信任呈现出类似于对事实核查熟悉度的预测力。对平台媒体（研究一，$B = 0.38, p < .001$）和网络媒体新闻（研究二，$B = 0.17, p < .001$）信任水平更高的受访者更倾向于频繁使用事实核查网站。

## 七、结论与讨论

虚假信息并非新鲜事物，却在社交媒体的催化下呈现出泛滥的趋势。当新闻信息越是庞杂、公共话语质量遭遇危机之时，公众对事实真相的需求便越发迫切，作为制衡虚假信息手段的事实核查应运而生。如果说事实核查是新闻业用以应对数字化浪潮冲击所尝试的新闻创新，体现了新闻工作者对于专业精神的固守和捍卫，那么公众对事实核查的态度和行动反馈则预示着它在现实中的实践潜能。本文基于两项在线问卷调查，旨在描摹中国公众的事实核查观，并尝试从新闻使用和媒介态度等媒介—心理因素角度就这一观念的形成做出解释和预测。

本文首先观察到，两项研究中公众对事实核查抱有普遍的好感（RQ1a）。这或许跟事实核查进入中国后体现出的本土化特征有关。首先，平台主导的事实核查服务在我国存续的时间较长，基本可以实现规律性、持续性的内容更新。核查主要围绕健康、科学和民生等软性社会领域展开，成为公众实现健康决策、放松消遣和科学素养累积的重要资源（Liu & Zhou, 2022）。其次，平台主导的事实核查主要以“辟谣”的形式出现，相较于核查的过程，更强调对虚假内容简明的断定和有力的驳斥，这对面对网络信息过载的普通大众而言，是更为经济友好的呈现形式。当然本文无法排除受访者受社会期望（social desirability）的驱动而对事实核查的理念目标与预期效用做出积极评价的可能（Lyons et al.,2020）。

然而对事实核查持有好感并不意味着公众必然熟悉或者频繁使用事实核查(RQ1b 和 RQ1c)。相关分析显示,好感度与熟悉度及使用频率之间的相关系数并不高,而后两者之间达到中度相关的水平(研究一:$r$ =.62, $p$ <.01;研究二:$r$ =.56, $p$ <.01)。可以说公众对事实核查的好感度多建立在其对这一公共服务的工具性期待的基础上,熟悉度和使用频率则更为直接地关乎其使用事实核查的现实经历,反映出公众对事实核查更实际的接受程度。我们乐见公众对事实核查实践的肯定与接纳,但三者不对等的分布亦说明中国公众的事实核查观仍处于形成和发展的过程之中(闫文捷等,2023)。值得注意的是,事实核查的在地化过程面临着如何有效吸纳并转化新闻专业主义的理念和操作规范的挑战。以辟谣式核查为例,它在突出强调结论的同时,或将以牺牲事实核查的专业性规范为代价,譬如忽略提供声言信源、较少使用数据和叙事证据,以及在缺少充分实证的前提下断言论断结果等(Liu & Zhou,2022)。虽然本文未在问卷中要求受访者就不同类型的事实核查予以单独评价,但从整体结果来看,公众似乎并未对事实核查中可能存在的非专业化实践有足够的警惕。长期来看,这可能并不利于"基于事实与逻辑以求证真相"的慎思公众的形成,也因此或将削弱公众以公民个人身份进入事实核查领域的潜能。

更进一步,本文观察到个体的新闻偏好对其事实核查好感度、熟悉度和使用频率具有稳定、显著的正向影响(H1a-H1c)。与之对应,新闻回避不利于人们对事实核查好感度的养成和使用(H2a、H2c),虽也可能妨碍公众了解事实核查,但这一负面影响未达到统计显著(H2b)。无论是出于对特定事实核查新闻的接触,还是基于其他新闻对事实核查内容的援引,对新闻的关注有助于公众澄清周边的信息环境,消除潜在的错误观念并保持与外部世界的联结。在这个意义上,接触并使用新闻构成知情的民意和社会共识的基本要件。相反,新闻回避实实在在地阻碍了公众理解和接触事实核查,由此引发错误观念弥散,若得不到及时有效的纠正,个体或将被社会抛弃(周睿鸣、刘于思,2017)。

最后,关于媒介态度的影响,一方面,朴素媒介观对公众的事实核查观基本不具有统计学意义上的显著效果(H3a-H3c)。公众在现实中从对媒体表现感到不满，进而转化为借助基于科学论证的事实核查以寻获事实性信息，尚存在文化和社会层面的机制性障碍。另一方面，机构媒体和官方媒体新闻的社会信任水平与公众对事实核查的好感度之间的正向关联，以及平台媒体信任与网络媒体新闻信任与熟悉度和使用频率之间普遍的正向关联（RQ2），再次印证了媒体与政治体制之间的结构性关联锚定了公众对媒介类型及其呈现内容的基本评价。但不容忽视的是，在机构媒体和官方媒体基于自身权威有助于公众对事实核查做出积极评价的同时，网络媒体平台和信息内容公信力的提升同样可能加强公众对事实核查的了解和使用。这与前文述及的由平台主导的辟谣式核查更常见于我国的媒介话语，及其重结论而轻论证的话语形态对用户更友好均不无关联。网络平台在推广普及事实核查，并使其由小众新闻形态进入主流视野方面所具有的潜能，值得事实核查研究者和实践者关注。

本文在社会人口学特征方面的发现虽不是解读的重点，但依旧可能为研究者带来一些启示。既有研究表明，男性、高收入群体通常会更频繁地使用包括专业事实核查网站在内的诸多方式来验证信息（Chia et al.，2022），但性别在本文的结果中始终未显示出对事实核查观具有任何显著影响，收入的预测力也仅仅体现在熟悉度一个方面。反而是受教育程度对好感度、熟悉度与使用频率呈现出稳定的影响，但需要注意的是，这一影响力的方向性并不稳定，仍待后续研究加以验证。另外，党员对事实核查的熟悉度、使用频率都较高，显示出政治面貌在中国场景下作为事实核查观预测指标的可能性。

作为一项探索性研究，本文无疑存在研究局限。首先，本文对事实核查的类型未做出明确区分，所尝试解答的问题也尚未触及这个层面。“核查”和“辟谣”构成中国语境下事实核查新闻的两套并行路径（闫文捷等，2023），遵循着不同的设计方案和实践逻辑。专业事实核查的落脚点在于通过确证公共信息的事实性涵化知情公众、培育社会范围内的理性精神；辟谣式的核查以假定“谣言”存在危害为基本前提，视公众为虚假信息的被动受害者与潜在传播者。不同的设计理念和运行逻辑如何影响这两类事实核查在中国公众中的认知和接纳程度等方面的差异，需要研究者在后续研究中予以细致解答。当然,探究这些差异并非将不同类别的事实核查活动完全剥离,进而区别待之,而是希望从受众的视角详细检视事实核查存在的现实状况,助力专业媒体与网络平台各施所长,并为双方在未来的事实核查实践中展开协作提供公意基础。融入比较的视野也将有助于研究者拓宽审视公众事实核查观的思路。事实核查在中国发展至今,已经体现出些许有别于其在欧美社会发展轨迹的差异。例如,事实核查在欧洲的开启时间先于中国,但西班牙、法国、意大利等国的公众对其熟悉程度似乎并未明显高于中国公众(Lyons et al., 2020)。这看似令人困惑,但类似的问题指向了理解不同媒介体制和社会情境下,公众在事实核查观及其形成的经验条件等方面存在的差异之重要性。这些问题也为具体探究和展望事实核查在中国的前景提供了思考的方向。

**附表　研究一与研究二的样本描述统计和比较**

| | 研究一 $N=508$ | 研究二 $N=917$ | 显著性检验 |
|---|---|---|---|
| 女性(%) | 48.40% | 48.50% | .001 |
| 年龄(岁) | 37.64 | 38.13 | −.65 |
| 本科及以上(%) | 34.60% | 26.70% | 9.81** |
| 家庭月收入(元) | 24910.54 | 32921.69 | −2.02* |
| 有工作(%) | 76.20% | 51.10% | 85.43*** |
| 党员(%) | 26.20% | 9.80% | 66.19*** |

## 参考文献

白红义,2018.重构传播的权力:平台新闻业的崛起、挑战与省思[J].南京社会科学,(2):95-104.

陈炜漫,谭慧琳,林未未,等,2023.中美核查新闻生产的比较分析:以俄乌冲突为例[J].全球传媒学刊,10(4):90-112.

李智刚,2022.事实核查:网络时代的舆论校准器:以《澎湃·明查》的新闻实践为例[J].青年记者,(13):37-39.

联合国,2020.打击虚假信息 联合国发起“核实”全球倡议[EB/OL].https://news.un.org/zh/story/2020/05/1058042.

罗斯,2017.观看的方法:如何解读视觉材料[M].肖伟胜,译.重庆:重庆大学出版社.

马得勇、黄敏璇,2023.网络舆论中的态度极化与虚假共识[J].国际新闻界,45(7):47-73.

倪天昌,朱润萍,黄煜,等,2022.霍夫斯泰德文化维度视域下媒介信任归因的差异探析:基于对欧洲24国资料的考察[J].国际新闻界,44(6):27-49.

澎湃新闻,2021.116天,澎湃明查的全球事实核查实践[EB/OL].https://m.thepaper.cn/newsDetail_forward_16093990.

吴涛,张志安,2022.新新闻生态系统中的事实核查及对新闻真实观的影响[J].新闻与写作,(7):37-45.

闫文捷,刘于思,周睿鸣,2022.从“核查什么”到“谁来核查”:事实核查的边界协商及其规范性愿景[J].全球传媒学刊,9(3):156-174.

闫文捷,刘于思,周睿鸣,2023.事实核查:专业新闻生产者可为的创新实践——一项在线实验的启示[J].新闻记者,(2):46-59.

虞鑫,陈昌凤,2016.美国“事实核查新闻”的生产逻辑与效果困境[J].新闻大学,(4):27-33,66,149.

郑佳雯,2020.开放的探索:事实核查实践与公共生活的相互依存——以“NJU核真录”为例[J].新闻记者,(8):20-31.

周睿鸣,刘于思,2017.客观事实已经无效了吗?——“后真相”语境下事实查验的发展、效果与未来[J].新闻记者,(1):36-44.

AMAZEEN M A,2013. Making a difference:a critical assessment of fact-checking in 2012[EB/OL].https://www.newamerica.org/new-america/making-a-difference/.

BRANDTZAEG P B , FØLSTAD A , DOMÍNGUEZ M Á C,2018. How journalists and social media users perceive online fact-checking and verification services[J].Journalism practice, 12(9):1109-1129.

CHIA S C, LU F,GUNTHER A C,2022.Who fact-checks and does it matter? Examining the antecedents and consequences of audience fact-checking behaviour in HongKong[J]. The international journal of press/politics, 19401612221142439.

CODDINGTON M, MOLYNEUX L,LAWRENCE R G,2014. Fact checking the campaign: how political reporters use Twitter to set the record straight (or not)[J]. The international journal of press/politics, 19(4): 391-409.

COTTER K,DECOOK J R, KANTHAWALA S,2022. Fact-checking the crisis: COVID-19, infodemics, and the platformization of truth[J].Social media+society, 8(1):1-13.

CRISTINA T,MARK,S,JOEL L,2019.There are 210 active fact-checkers in 68 countries, says the duke reporters' lab[EB/OL].https://www.poynter.org/fact-checking/2019/there-are-210-active-fact-checkers-in-68-countries-says-the-duke-reporters-lab/.

EFCSN,2022.The European code of standards for independent fact-checking organisations [EB/OL].https://efcsn.com/code-of-standards/.

FAWZI N,2019. Untrustworthy news and the media as "enemy of the people?" How a populist worldview shapes recipients' attitudes toward the media[J].The international journal of press/politics, 24(2):146-164.

FLAMINI D,2019.Most republicans don't trust fact-checkers, and most Americans don't trust the media[EB/OL].https://www.poynter.org/ifcn/2019/most-republicans-dont-trust-fact-checkers-and-most-americans-donttrust-the-media/.

HAMELEERS M, BOS L,DE VREESE C H,2017. The appeal of media populism: the media preferences of citizens with populist attitudes[J].Mass communication and society, 20(4):481-504.

HUMPRECHT E,2020 How do they debunk "fake news"? A cross-national comparison of transparency in fact checks[J].Digital journalism, 8(3):310-327.

GOYANES M, ARDÈVOL-ABREU A,GIL DE ZÚÑIGA H,2023. Antecedents of news avoidance: competing effects of political interest, news overload, trust in news media, and "news finds me" perception[J]. Digital journalism, 11(1):1-18.

GRAVES L,2016. Deciding what's true: the rise of political fact-checking in American journalism[M].New York: Columbia University Press.

GRAVES L, BÉLAIR-GAGNON V,LARSEN R,2023. From public reason to public health: professional implications of the "debunking turn" in the global fact-checking field[J]. Digital journalism, 1-20.

GRAVES L, CHERUBINI F, 2016. The rise of fact-checking sites in Europe[EB/OL]. https://reutersinstitute. politics. ox. ac. uk/. sites/default/files/research/files/The%2520Rise%2520of%2520Fact-Checking%2520Sites%2520in%2520Europe.pdf.

GRAVES L,GLAISYER T,2012.The fact-checking universe in Spring 2012[EB/OL].https://core.ac.uk/download/pdf/71362008.pdf.

GRAVES L, NYHAN B, REIFLER J,2016. Understanding innovations in journalistic practice:

a field experiment examining motivations for fact-checking[J].Journal of communication, 66(1): 102-138.

KARLSEN R, BEYER A, STEEN-JOHNSEN K,2020. Do high-choice media environments facilitate news avoidance? A longitudinal study 1997 - 2016[J].Journal of broadcasting & electronic media, 64(5):794-814.

KYRIAKIDOU M, CUSHION S, HUGHES C,et al.,2022. Questioning fact-checking in the fight against disinformation: an audience perspective[J].Journalism practice, 1-17.

KIM B, COOKS E,KIM Y,2021. Thinking, checking and learning: testing a moderated-mediation model of social media news use conditional upon elaboration on political knowledge via fact-checking[J]. Online information review,46(5):920-936.

LIU Y, ZHOU R, 2022. "Let's check it seriously": localizing fact-checking practice in China [J]. International journal of communication, (16): 4293-4315.

LU, Z, JIANG Y, LU C,et al., 2020.The government's dividend: complex perceptions of social media misinformation in China[R].Paper presented at CHI Conference on Human Factors in Computing Systems.

LYONS B, MÉROLA V, REIFLER J,et al.,2020. How politics shape views toward fact-checking: evidence from six European countries[J].The international journal of press/politics, 25(3): 469-492.

MENG F, WEI J, ZHU Q,2011. Study on the impacts of opinion leader in online consuming decision[C]//2011 International Joint Conference on Service Sciences,140-144.

MITCHELL W J T,1994. Picture theory: essays on verbal and visual representation[M]. Chicago:University of Chicago Press.

NYHAN B,REIFLER J,2015. The effect offact - checking on elites: a field experiment on US state legislators[J].American journal of political science, 59(3):628-640.

NYHAN B, REIFLER J,2015. Estimating fact-checking's efects: evidence from a long term experiment during campaign 2014[EB/OL].http://www.americanpressinstitute.org/wp-content/uploads/2015/04/Estimating-Fact-Checkings-Efect.pdf.

PANEK E,2016. High-choice revisited: an experimental analysis of the dynamics of news selection behavior in high-choice media environments[J].Journalism & mass communication quarterly, 93(4):836-856.

PARK C S,2019. Does too much news on social media discourage news seeking? Mediating role of news efficacy between perceived news overload and news avoidance on social media[J]. Social media+ society, 5(3):1-12.

PORTER E, WOOD T J, 2021. The global effectiveness of fact-checking: evidence from simultaneous experiments in Argentina, Nigeria, South Africa, and the United Kingdom[J]. Proceedings of the national academy of sciences, 118(37).

ROBERTSON C T, MOURÃO R R, THORSON E, 2020. Who uses fact-checking sites? The impact of demographics, political antecedents, and media use on fact-checking site awareness, attitudes, and behavior[J]. The international journal of press/politics, 25(2):217-237.

SKOVSGAARD M, ANDERSEN K, 2020. Conceptualizing news avoidance: towards a shared understanding of different causes and potential solutions[J]. Journalism studies, 21(4):459-476.

TILL B D, BUSLE M, 2000. The match-up hypothesis: physical attractiveness, expertise, and the role of fit on brand attitude, purchase intent and brand beliefs[J]. Journal of advertising, 29(3):1-13.

TSFATI Y, BOOMGAARDEN H G, STRÖMBÄCK J, et al., 2020. Causes and consequences of mainstream media dissemination of fake news: literature review and synthesis[J]. Annals of the international communication association, 44(2):157-173.

WALTER N, COHEN J, HOLBERT R L, et al., 2020. Fact-checking: a meta-analysis of what works and for whom[J]. Political communication, 37(3):350-375.

WALKER M, GOTTFRIED J, 2019. Republicans far more likely than democrats to say fact-checkers tend to favor one side[EB/OL]. https://www.pewresearch.org/short-reads/2019/06/27/republicans-far-more-likely-than-democrats-to-say-fact-checkers-tend-to-favor-one-side/.

WANG Y, MARK G, 2013. Trust in online news: comparing social media and official media use by Chinese citizens[C]//Paper presented at conference on computer supported cooperative work.

XIE W, ZHAO Y, 2014. Is seeing believing? Comparing media credibility of traditional and online media in China[J]. China media research, 10(3):64-73.

# 态度很重要：公共领域环保意愿的影响因素研究*

## ——兼论面子意识的调节作用

◈ 谭筠鹏　张　楠　黄莉瑶**

**摘要**：人格特质与社交媒介作为与人们态度和行为相关的内、外部因素，与公众的环保意愿有着重要关系。本文对995份问卷进行数据分析发现：(1)人格特质、社交媒介环境信息接触与公共领域环保意愿呈正相关；(2)意见领袖特质和社交媒介环境信息接触能够通过环境态度对公共领域环保意愿产生正向影响；(3)面子意识削弱了意见领袖特质与环境态度的正向关系。本研究阐明了在公共领域环保意愿产生过程中人格特质与社交媒介的重要性，建议在通过社交媒介进行环保宣传时不仅要考虑意见领袖的号召作用，也可以通过文化因素调动普通公众的自主环保意愿。

**关键词**：意见领袖特质；环境信息接触；环境态度；面子意识；公共领域环保意愿

## 一、研究背景

随着我国经济的快速发展，生态环境问题越来越受到关注。自"绿水青山

* 基金项目：国家社会科学青年基金项目"社交媒体时代我国环境形象的国际传播效果评估与提升策略研究"（编号：22CXW021）。

** 谭筠鹏，厦门大学新闻传播学院博士研究生；张楠（通讯作者），博士，厦门大学新闻传播学院助理教授；黄莉瑶，广西民族大学传媒学院讲师，厦门大学新闻传播学院博士研究生。

就是金山银山”理念写入党的十九大报告,到党的二十大提出“推动绿色发展,促进人与自然和谐共生”的号召,无不标志着国家层面对环境议题的关注与重视。在大众层面,社交媒介的发展拓宽了影响环保行为的信息传播渠道,提升了人们的生态环保意识,也为人们提供了关注环境、为环保发声的平台。那么,大众的环保行为受到哪些因素的影响,通过何种机制发挥作用?此问题的解答对于推动大众成为生态环境的保护者、完善我国的环境治理体系具有重要现实意义。

在环保行为方面,Stern(2000)建议将其分为公共领域环保行为(以下简称“公域环保行为”)和私人领域环保行为(以下简称“私域环保行为”)。其中,公域环保行为主要发生在公共空间,与公共利益的联系更紧密,且往往依靠组织进行动员,例如为环境保护捐款、参加政府和单位组织的环境宣传活动、为环境问题参加和平示威等;私域环保行为是指发生在行动者个人的生活空间中,例如垃圾分类投放、自带购物袋等(柳建坤、张云亮,2022)。公域行为可以归因于有意识的行为,而私域行为可以归因于习惯性行为(Liobikienè & Poškus,2019)。以往的研究中,研究者对私域环保行为(如垃圾分类等)给予了相当多的关注,而对公域环保行为(如支持环保政策)的关注较少(Li et al.,2019;Liu et al.,2018)。由于公域环保行为可以切实地提供社会效益(如环境质量改善),考虑到其能够为社会带来的积极效果,研究者也应将目光聚焦公域环保领域(Lacroix,2018)。

有研究表明,媒体能够对人们的行为产生重要影响,受众在社会化的过程中长时间接触媒体报道,对媒体展现的社会行为规范形成共识(车文辉、杨琼,2011)。而计划行为理论认为,态度是影响行为意向一个重要变量(闫岩,2014),因此有必要考察环境态度在影响人们环保意愿中的作用。除了外在的社交媒介环境信息接触会影响人们的态度以外,人格特质也会影响人们的态度形成方式,进而影响人们的行为意向(Ajzen,2011)。本文引进意见领袖特质这一概念,一个人意见领袖特质越强,就越有动力去寻找信息、动员大众、公开表达意见(Park,2013)。尤其是在环境等公共领域相关的议题上,个人的意见领袖特质对其环保态度与行为意愿都有重要影响。本研究考察意见领袖特质与环境态度、公域环保意愿的关系,这对环境舆论引导与管理具有重要现实意义。

一个人即使有较强的意见领袖特质,也会受到来自群体的压力,这种压力虽不具有强制性,但会使其在心理上感到难以违抗,而“顾面子”的人通常会利用这种压力行事,从而为自己“增面子”(舒瑜,2006)。同理,意见领袖特质越显著的人,在行为决策的过程中越会受到群体压力的影响。具体而言,面子意识有可能影响其环境态度,从而影响其公域环保意愿。同样的,生态环境部环境与经济政策研究中心《公民生态环境行为调查报告(2020年)》表明,“增加社交”与“提高社会声誉”是吸引公众参与环保志愿活动的重要原因,可见面子意识对人们的环保行为意愿有着举足轻重的影响。

本研究通过以上梳理,旨在考察意见领袖特质(内部因素)、社交媒介环境信息接触(外部因素)与环境态度和环保意愿的内在关系,从而为有效促进人们的公域环保意愿提供理论指导,具有一定的理论意义与实际应用价值。

## 二、文献回顾及研究假设

### (一)意见领袖特质与公域环保意愿

早在近七十年前,卡茨和拉扎斯菲尔德(2016)就在《人际影响:个人在大众传播中的作用》一书中提出存在“一般的意见领袖”(general leaders)的猜想,并最终表示他们的研究无法支持这个假设,认为每个领域似乎只有属于自己的意见领袖群体。这一观点沿用至今,关于意见领袖的经验研究多聚焦某些具体情境。Gnambs 和 Batinic(2012)提出了广义意见领袖(Generalized Opinion Leadership,GOL),认为其作为特定领域意见领袖(Domain-Specific Opinion Leadership)的一个更抽象的前因,可以被概念化为一个复合特质,而特定领域意见领袖只是一个情境特质。随后,Batinic 等人(2016)通过各项研究证实了广义意见领袖量表(Generalized Opinion Leadership Scale,GOLS)能够应用于任何社会背景,可以研究受到社会影响的个体差异,而无须根据具体情况或领域调整该量表。该量表提出了有影响力的人格特质的五个方面,分别为把关力(Gatekeeping)、影响力(Influencing)、提供建议(Advice-giving)、正当化(Legitimizing)和协调力(Harmonizing)。根据上述内容可以认为,意见领袖特质是特定领域意见领袖的预测因素,这些特质普遍存在于个体人格之中,但有高低强弱之分。拥有高意见领袖人格特质的个体更有机会成为特定领域意见领袖。有学者认为人格特质等内部因素能够影响人的环境行为(崔凤、邢一新,2012),人格特质能够积极作用于人们的亲环境行为(Swami et al., 2011;Poškus & Žukauskienė, 2017)。例如,主动型人格既能影响人们的日常绿色消费行为,在企业中又能通过组织认同的作用间接影响员工的环保公民行为(刘飞燕、李昕冉,2022;岳婷等,2022)。意见领袖特质是一种重要的人格特质,意见领袖特质强的个体在社群中极其活跃,并有一定的领导力,他们更有可能积极参与环境等公共议题的讨论,并自发地参与环境保护的公共活动(史梁,2014;段相宜,2021;于美娜、钟新,2015)。如段相宜(2021)的研究发现,自媒体与名人意见领袖在环保类网络舆情爆发期中带动了舆情迅速传播,媒体人、法律和环保界人士以及具有农村背景的"草根"意见领袖能够通过微博推动农村环保传播成为公共话语(史梁,2014)。综上,本文提出以下研究假设:

H1:意见领袖特质与公域环保意愿呈正相关。

(二)社交媒介环境信息接触与公域环保意愿

在亲环境行为的研究领域中,有许多学者证实了社交媒介环境信息接触作为外部因素对民众的亲环境行为意愿产生积极影响。例如,互联网和社交媒介的使用与绿色产品购买之间存在正相关,对环保行为有直接且显著的正向影响(Ho et al.,2015;Liu et al.,2021);在我国,无论是在半干旱地区,还是在经济发展相对滞后的农村,社交媒介的普及都对环保行为具有积极的促进作用(黄蕊等,2018;王积龙、邓雅楠,2021)。此外,已有学者通过实验设计验证了媒体中的环境信息接触与环保意愿的因果关系,例如,Harmon 和 Gauvain(2019)发现观看过保护水资源视频的受试者会有更强的使用循环水的意愿;Zhang 等人(2021)验证了如何部署社交媒体上的内容组合才能更好地促进农民采用新型无毒的环保农药。许多研究虽然证实了社交媒介积极影响着亲环境行为,但多聚焦私域环保行为,国内有关社交媒介与公域环保行为的文献资料较少。国外相关研究表明,人们会选择通过互联网参与公域环保活动,例如在线向环境组织捐款(Ho et al.,2015)或支持在线请愿书(Schäfer,2012)。随着媒介技术的高速发展与移动终端的不断普及,在智能手机已然融入人们日常生活的今天(CNNIC,2022),公众的环境意识逐步提高,我国的社交媒介用户可以随时通过移动终端与互联网搜索和查询环境类信息,这些信息对其环保意愿有重要影响。而与受习惯、便利条件等个人因素影响较大的私域环保行为相比,公域环保意愿更易受到外部因素的激发与影响(Ho et al.,2015;葛万达、盛光华,2020)。据此,本文提出以下假设:

H2:社交媒介环境信息接触与公域环保意愿呈正相关。

### (三)态度的中介作用

在环境传播研究中,计划行为理论(Theory of Planned Behavior,TPB)被广泛应用于探讨环保行为的影响因素,证实了计划行为理论能够作为一个有效的框架来描述环保行为的前因(Bamberg et al.,2003;Hwang et al.,2000;Kaiser et al.,2005),且具有跨文化普遍性(Cheng & Ng,2006;Hagger et al.,2007)。计划行为理论由理性行为理论发展而来,假定了一个人的行为意愿是该行为的直接决定因素,而行为意愿由态度、主观规范和感知行为控制三个基本因素决定(陈梁,2020)。其中,态度指的是一个人对正在讨论的行为的肯定或否定的评价(Ajzen,1991)。在亲环境行为领域的研究中,学者证实了态度对公域环保意愿及行为的影响。例如,有学者发现公众的态度对公域和私域环保行为都有影响(Ertz et al.,2016;Ho et al.,2015),而Stern等人(1999)与Hansmann和Binder(2020)等学者都认为相对于私域环保行为,环境态度对公域环保行为的影响更大。

Ajzen(2011)认为,人格特质不同的人在态度形成的方式上很可能不同,进而可能展现出不同的行为。已有学者证实了这一点,认为态度是由人格特质等外生变量决定的(徐祎飞等,2012)。已有多项实证研究证明人格特质可以通过态度等TPB核心因素对环保意愿与行为产生间接影响(Yu & Yu, 2017; Poškus & Žukauskienė, 2017; Liu et al., 2021)。GOLS的开发者Gnambs和Batinic(2012)发现大五人格中的外倾性(Extraversion)与意见领袖特质呈正相关,也有学者认为外倾性能够体现个体的群体参与能力与社会性(Hough, 1992;Roccas et al., 2002),而外倾性对环境保护的态度有着正向影响(Wang et al., 2020)。综上,本文提出以下假设:

H3:环境态度中介意见领袖特质与公域环保意愿的正向关系。

早前已有研究表明,通过电视等传统媒体频繁接触环境信息与环境关注呈正相关(Holbert et al., 2003)。在社交媒介时代,相关的环境信息与舆论事件更是能够第一时间出现在用户眼前,并在潜移默化中影响着人们的环境态度。对于社交媒介环境信息接触如何影响环境态度的研究大多集中在绿色购买领域。例如,Pop 等人(2020)把社交媒介当作利他主义信息的强大载体,这些信息可以转化为积极的态度,进而转化为对绿色化妆品品牌的购买意愿;Murwaningtyas 等人(2020)表示社交媒介上的名人可以塑造消费者对绿色化妆品的态度。因此,人们在社交媒介上花费时间越多,越可能正向影响他们对绿色产品的态度(Zafar et al., 2021)。更有研究直接揭示了环境态度的中介作用,认为对媒体的环境信息接触会通过环境态度对青少年的环保意愿产生积极影响(Lee, 2011)。因此,本文提出以下假设:

H4:环境态度中介社交媒介环境信息接触与公域环保意愿的正向关系。

### (四)面子意识的调节作用

面子意识是指人们在与重要他人进行社会交往时想要增加或维护面子、避免丢掉面子的期望,是个体渴望获得他人认同的一种需求感(Bao et al.,2003;Ting-Toomey & Kurogi,1998),在集体主义背景下的中国公民更在意自身面子的得失。翟学伟(2016)认为一个成功者为了保证自己自始至终都能有一个好名声,通常会用其一生来经营关系网络。意见领袖需要在一定程度上遵守群体规范以保持自己在群体中的状态,偏离群体规范的人很容易被拒绝,并被排除在群体之外(Triandis,1989)。换言之,拥有意见领袖特质的人为了维持自己在群体中的地位,就会有更强的面子意识,也就越会根据社会期望或者他人评价调整自己的行为。例如在消费领域,个体为了获得他人的认可和赞赏,有时会选择他们不想要的产品(施卓敏等,2014)。在这样的规范下,面子意识强的意见领袖为了获得声望与好印象,有时甚至愿意牺牲个人利益(Hardy & Van Vugt,2006)。在亲环境行为领域也有研究证实了面子意识的积极作用。例如,王建华和钭露露(2021)尝试探究面子意识对民众公域环保行为的影响因素,发现面子意识不仅对公域环保行为存在直接的正向影响,也能通过不同维度的环境认知对其产生间接影响,但此研究并没有考察面子意识的调节作用。黄海洋等人(2021)指出面子意识多被作为预测变量和中介变量,少有研究将其作为调节变量。但是面子意识对不同特质的人产生的效果并非都是正向的。朱瑞玲(2006)提出面子威胁知觉会引起一系列维护面子的行为,如采取预防性措施或补救性措施。当拥有意见领袖特质的个体在对是否实施环保行为进行考量时,其面子意识越强,对面子的得失越敏感,会基于本能维护自己的面子。而实施公域环保行为需要进行社会互动,先于大众行动的意见领袖有可能需要承担行动失败导致的后果,比如行动得不到理想的效果或环境没有发生实质的改变,会让自己在群体中丢了面子。因此,面子意识能够使意见领袖特质对环境态度的正向影响降低。

综上,本研究提出以下假设:

H5:面子意识负向调节意见领袖特质与环境态度的积极关系:在面子意识较强的个体中,意见领袖特质与环境态度之间的正向关系更弱;在面子意识较弱的个体中,意见领袖特质与环境态度之间的正向关系更强。

基于以上讨论,本研究的理论模型如图 1 所示。

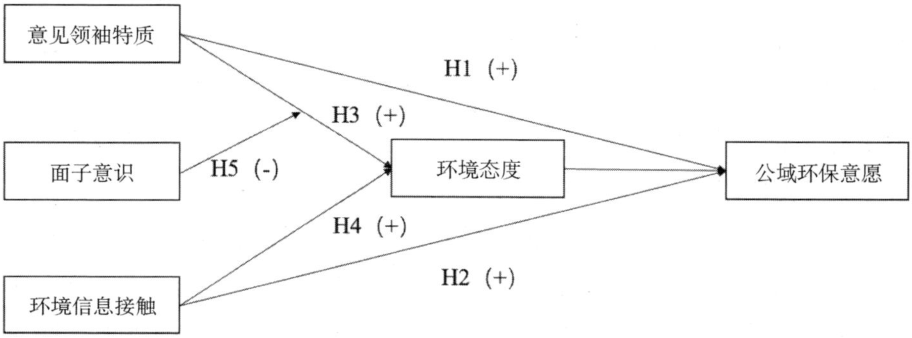


**图 1　理论模型和假设**

## 三、研究设计

### (一)研究对象与数据收集

本研究以中国社交媒介用户为研究对象,2022 年 2 月依托国内问卷调查平台发放 1200 份调查问卷,考虑到环境保护参与和社交媒体使用的实际人群,将调查对象的年龄限定为“18 至 60 岁”,在全国范围内收集问卷。为控制问卷收集质量,本研究在问卷回收时加入特殊的题目设置:一是设置甄别题,以此判断答题者是否仔细阅读和理解题目;二是通过后台记录受访者的总答题时间,大致判断答题者是否使用足够的时间思考和作答;三是根据“家庭年收入”和“人均年收入”两题的作答,剔除家庭年收入比人均年收入更少的样本。最终根据质量控制筛选后,获得有效样本 995 份,有效率为 82.9%。995 位调查对象的平均年龄为 30.4 岁($SD = 6.13$, Min = 18, Max = 59),男性占比 36.6%,人均年收入中位数为 10 万—19 万元,71.4%($n = 710$)的调查对象具有本科学历。

### (二)变量测量

本研究重点关注意见领袖特质和社交媒介环境信息接触如何通过环境态度影响个体在公共领域的环保意愿,以及其中作为文化变量的面子意识是否具有调节作用。问卷使用分类题目统计受访者的人口特征信息,包括性别、学历和人均年收入等;除年龄一题邀请受访者填入实际年龄,针对其他主要变量,本问卷统一采用李克特 7 级量表法测量,测量题项均参考国内外学者开发或改良的成熟量表。

本研究自变量包括意见领袖特质和社交媒介环境信息接触行为,意见领袖特质借鉴 Batinic 等人(2016)的测量方式,采用 9 个题项测量:(1)在我的熟人交际圈中,通常由我来判断事件的最新进展情况;(2)我的熟人朋友们通常会讨论我提出的话题;(3)如果我想说服别人,通常我会成功;(4)我通常被熟人和朋友推选去做重要决定;(5)我经常被要求为熟人和朋友做决定;(6)我交际圈里的人经常按照我的建议行事;(7)在别人的印象中,我能够为我的朋友和熟人提供建议;(8)在讨论过程中,我常通过自身说服力来迅速达成协议;(9)对我来说,身边的朋友、熟人达成基本一致的意见很重要(1=非常不同意,7=非常同意,$M=5.06$,$SD=0.960$,Cronbach alpha=0.930)。

社交媒介环境信息接触由5个题项测量,包括(1)浏览天涯社区、凯迪社区、铁血社区、贴吧等论坛或网络社区获取环境信息的频率;(2)使用新闻自媒体App(如梨视频、今日头条)获取环境信息的频率;(3)使用微信和QQ获取环境信息的频率;(4)使用抖音、快手、西瓜视频、火山等短视频平台获取环境信息的频率;(5)使用微博获取环境信息的频率(1=从不,7=总是,$M=5.21$,$SD=0.860$,Cronbach alpha=0.653)。

本研究的因变量为公域环保意愿,参考Zheng等人(2019)的测量,由7个题项组成,包括(1)我愿意为环境保护事业捐款;(2)我愿意参与政府和相关机构组织的环保宣传实践活动;(3)我愿意参与非政府组织/民间团体组织的环保活动;(4)我愿意对涉及环境的问题进行投诉或申诉;(5)我愿意参加环境保护问题相关的讲座;(6)我愿意做环保组织的志愿者;(7)我愿意参加保护环境的和平抗议活动(1=非常不同意,7=非常同意,$M=5.66$,$SD=0.710$,Cronbach alpha=0.809)。

本研究的中介变量为环境态度,借鉴洪大用(2006)改良后的量表,通过以下7个题项测量:(1)目前的人口总量正在接近地球能够承受的极限;(2)人类对自然的破坏常常导致灾难性后果;(3)目前人类正在滥用和破坏环境;(4)动植物与人类有着一样的生存权;(5)地球就像宇宙飞船,只有很有限的空间和资源;(6)自然界的平衡是很脆弱的,很容易被打乱;(7)如果一切按照目前的样子继续,我们很快将遭受严重的环境灾难(1=非常不同意,7=非常同意,$M=5.87$,$SD=0.676$,Cronbach alpha=0.799)。

本研究的调节变量为面子意识,借鉴Huang等人(2008)的测量方式,采用4个题项测量:(1)我很在意别人如何看待我;(2)我不想让别人看不起我,所以我很注重自己的打扮;(3)当别人拒绝帮我时,我会感到丢脸;(4)我愿意在大众面前分享知识,这让我感觉很有面子(1=非常不同意,7=非常同意,$M=4.67$,$SD=1.088$,Cronbach alpha=0.786)。

控制变量包括年龄、性别、受教育程度、人均年收入以及环境议题兴趣。环境议题兴趣用 1 个题项测量:“您对环境议题感兴趣的程度是?”(1=非常不感兴趣,7=非常感兴趣,$M=4.51$, $SD=0.546$)。

## 四、研究发现

### (一)主要变量的相关分析

本研究首先对主要变量进行相关分析,结果如表 1 所示。所有主要变量的相关系数均在 0.7 以下,说明本研究的变量建构不存在明显的多重共线性问题(Tabachnick & Fidell,2001)。

**表 1 主要变量的相关分析**

| | 2 | 3 | 4 | 5 |
|---|---|---|---|---|
| 1.公域环保 | 0.599 ** | 0.473 ** | 0.409 ** | 0.099 ** |
| 2.意见领袖 | 1 | 0.487 ** | 0.289 ** | 0.166 ** |
| 3.信息接触 | | 1 | 0.243 ** | 0.082 ** |
| 4.环境态度 | | | 1 | 0.167 ** |
| 5.面子意识 | | | | 1 |

注:** $p<0.01$。

### (二)中介模型检验

本文提出的研究模型为:意见领袖特质作为内部因素、社交媒介环境信息接触作为外部因素,将共同影响人们的环境态度,进而影响人们的公域环保意愿,环境态度起着中介桥梁作用。借助 AMOS 24 的结构方程模型,采用最大似然估计法,最终获得研究模型与样本数据之间的整体拟合度。

在所建立的模型中,如果拟合度不佳,研究者可以通过在误差项之间建立关系来修正模型(荣泰生,2010)。本模型最初的各项指标较低于建议标准,在经过两次模型修正后,各项拟合指标、参考值及模型拟合度如表 2 所示,根据可容许范围(吴明隆,2010),本文的 $X^2$/df、RMSEA、GFI、NFI、TLI、CFI、AGFI 等指标的拟合度均符合研究要求。综上,本文的模型与实证数据拟合较理想。

**表 2　结构方程中介模型拟合度**

| | $X^2$ | df | $X^2$/df | GFI | AGFI | NFI | TLI | CFI | RMSEA |
|---|---|---|---|---|---|---|---|---|---|
| | 1098.310 | 342 | 3.211 | 0.920 | 0.905 | 0.907 | 0.927 | 0.934 | 0.047 |
| 参考值 | | | 1<NC<5 | >0.9 | >0.9 | >0.9 | >0.9 | >0.9 | <0.08 |

通过 AMOS 24,本文检验了意见领袖特质和社交媒介环境信息接触与公域环保意愿的关系(H1 和 H2)。结果如表 3 所示,所有路径系数的绝对值均为 0-1,$p$ 值均小于 0.05,达到显著水平。表中意见领袖特质与社交媒介信息接触到公域环保意愿的路径系数分别为 0.388 和 0.315,表明意见领袖特质与社交媒介环境信息接触呈正相关,H1 和 H2 成立。可见,意见领袖特质和社交媒介环境信息接触能够正向预测个人的公域环保意愿。

**表 3　路径系数及显著性检验**

| 效应关系 | 标准系数 | S.E. | C.R. | 验证结果 |
|---|---|---|---|---|
| 意见领袖特质->环境态度 | 0.249 *** | 0.040 | 4.826 | / |
| 意见领袖特质->公域环保意愿 | 0.388 *** | 0.033 | 8.781 | H1 支持 |
| 社交媒介信息接触->环境态度意愿 | 0.142 * | 0.040 | 2.484 | / |
| 社交媒介信息接触->公域环保意愿 | 0.315 *** | 0.033 | 6.381 | H2 支持 |
| 环境态度->公域环保意愿 | 0.271 *** | 0.033 | 7.733 | / |

注:*** $p<0.001$, * $p<0.05$。

在 AMOS 24 中对环境态度进行中介效应分析(设置为 5000 个偏差矫正的重复抽样,95%的置信区间),以公域环保意愿为因变量,分别分析了“意见领袖特质-环境态度-公域环保意愿”和“社交媒介环境信息接触-环境态度-公域环保意愿”两条路径,结果如表 4 所示。结果验证了环境态度的中介效应,发现无论是意见领袖特质还是社交媒介环境信息接触都能被环境态度中介其与公域环保意愿的正向关系,由此 H3 和 H4 得到支持。

**表 4 环境态度的中介效应及显著性检验**

| 效应关系 | Estimate | S.E. | Bias corrected | | 验证结果 |
|---|---|---|---|---|---|
| | | | Lower | Upper | |
| 内部因素影响路径<br>意见领袖特质->环境态度->公域环保意愿 | 0.050 | 0.017 | 0.022 | 0.091 | H3 支持 |
| 外部因素影响路径<br>社交媒介信息接触->环境态度->公域环保意愿 | 0.026 | 0.013 | 0.003 | 0.057 | H4 支持 |

注:当下限(Lower)和上限(Upper)之间不包括 0 时,达到统计学显著性。

(三)面子意识的调节效应检验

本研究还通过构建交互项检验了面子意识对意见领袖特质与环境态度关系的调节效应。首先计算自变量与调节变量的因子载荷。由于意见领袖特质的因子数量为 9,面子意识的因子数量为 4,本研究将意见领袖特质量表中前三组相邻的两个因子打包,又将第四组最后三个因子打包,分别求出各组的平均值,从而形成新的 4 个因子。根据因子载荷系数"大配大,小配小"的原则(温忠麟、吴艳,2010),依次将自变量与调节变量的因子进行配对。然后在 SPSS 中对新形成的自变量的 4 个因子与调节变量的 4 个因子分别进行中心化处理,并按照之前的配对结果两两相乘,计算出交互项各因子的数值。随后在 AMOS 24 中绘制出面子意识调节作用模型图(图 2)进行调节效应检验,检验结果如表 5 所示,H5 得到支持。最后进行模型拟合度检验,在经过一次模型修正后,各项指标如表 6 所示,均符合标准。

**表 5 面子意识的调节效应及显著性检验**

| 效应关系 | 非标系数 | 标准系数 | S.E. | C.R. | 验证结果 |
|---|---|---|---|---|---|
| 意见领袖特质->环境态度 | 0.229*** | 0.270*** | 0.035 | 6.532 | / |
| 面子意识->环境态度 | 0.236*** | 0.320*** | 0.053 | 4.452 | / |
| 意见领袖特质×面子意识->态度 | −0.112** | −0.132** | 0.034 | −3.27 | H5 支持 |

注:*** $p<0.001$, ** $p<0.01$。

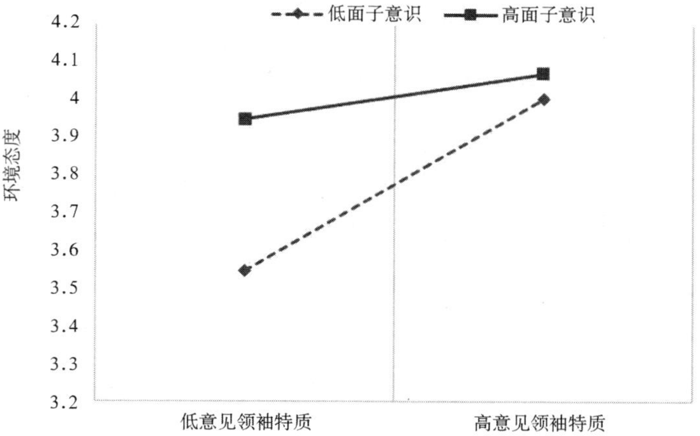


**图 2　意见领袖特质与面子意识的交互作用**

**表 6　结构方程交互模型拟合度**

| | $X^2$ | df | $X^2$/df | GFI | AGFI | NFI | TLI | CFI | RMSEA |
|---|---|---|---|---|---|---|---|---|---|
| 结果 | 720.222 | 145 | 4.967 | 0.930 | 0.908 | 0.904 | 0.907 | 0.922 | 0.063 |
| 参考值 | | | 1<NC<5 | >0.9 | >0.9 | >0.9 | >0.9 | >0.9 | <0.08 |

## 五、讨论与结论

环境保护是我国的一项基本国策，研究我国公众环保意愿的影响机制具有重大现实意义。计划行为理论是解释大众行为机制的经典研究成果，但随后的研究多集中于对个体在私域行为中的验证与讨论，本研究将视角聚焦于计划行为理论模型中的态度影响因素，尝试探究与态度有关的内部因素与外部因素，并加入具有中国文化特色的面子意识作为调节，以期搭建一个提升人们公域环保意愿的理论模型。本文首先探究了社交媒介环境信息接触、意见领袖特质与公域环保意愿的关系；同时检验了环境态度的中介作用，根据计划行为理论，态度是人们产生行为意愿的重要前因，又被外生变量所决定，因此，本文尝试从内部因素和外部因素两方面探究态度对公域环保意愿的中介作用；最后，本文还考虑了面子意识的调节作用，为我国本土的环保研究提供经验数据。

首先,本研究发现,社交媒介环境信息接触和意见领袖特质都与公域环保意愿呈正相关。此前已有大量研究考察了媒介信息接触与环保行为的关系,但本研究的此番讨论仍有意义。就目前的文献资料来看,较少有研究明确讨论社交媒介环境信息接触与公域环保意愿的关系,更多集中在社交媒介如何影响人们的私域环保行为(如垃圾分类、绿色产品购买等)。从以往的研究可知,在公共话语被严格控制的环境下,人们对公共议题的参与度会降低(Ho et al., 2015),但相对宽松的互联网环境能够让人们通过社交媒介接收和表达更多信息,从而更愿意参与相关的公域环保活动。因此,本文认为考察社交媒介环境信息接触和公域环保行为的关系是有必要的。此外,目前国内关于人格特质与环保行为意愿的相关研究不多,而人格特质变量更多借鉴于大五人格量表。本研究引入了意见领袖特质概念,作为一种人格特质,它比现实中已经担任意见领袖角色的人群更具普遍性,能更广泛地解释该类人群的公域环保意愿。意见领袖特质蕴含在更多普通人当中,社交性强和善于交际等特点(Gnambs & Batinic,2012)会让更多还没有担任意见领袖但显著具有该特质的普通人更积极地去表达,而社交媒介就是他们选择性自我展示的舞台(Walther, 2007),这样一种自我呈现动机会让他们更愿意参与社交媒介中的公共活动(Winter & Neubaum, 2016)。相对于只研究网络意见领袖角色在环保活动中的作用,拥有意见领袖特质的社交媒介用户基数更大,当他们参与公域环保活动时,很可能会坚持环境议题的发展方向,从而带动更多社交媒介用户关注与声援环境问题,进而对环境类舆情动态产生重要影响。因此该特质的作用也不应被忽视。在这个人人都有机会成为意见领袖的社交媒介时代,此种考察十分有必要。

其次,本研究发现无论是源自个体人格的意见领袖特质,还是来自外界社交媒介上的环境信息,都能够对个体的环境态度产生正向影响,从而影响公域环保意愿。人格特质理论(Theory of Personality Trait)认为特质是个体具有的稳定且不易改变的心理特征,能够对个体态度和行为产生影响(殷章馨、夏赞才,2018)。拥有意见领袖特质的个人通常而言会有与生俱来的领导力、表现欲与使命感,能够驱使他们更关注环境等公共议题,并更愿意在公共领域进行号召与说服,从而增强了他们的公域环保行为意愿。而在这个过程中,社交媒介的角色举足轻重。互联网在我国的普及,为驰骋在社交媒介上的各类信息搭建了畅通的高速公路。用户从社交媒介获取诸多环境信息后,会越来越关注不断提高的污染水平以及不可预测的气候变化等环境议题,表现出对环境问题的担忧,从而更愿意通过社交媒介参与公域环保行动。此外,有研究表明,拥有较强意见领袖特质的个体更愿意使用社交媒介表达意见,拥有更高的社区参与水平以及更频繁地与线上网友进行互动(Choi,2009)。通过使用社交媒介,该特质得以被公共化,社交媒介的交互性与跨时空属性可以为其观点的迅速传播与有效动员提供强大助力。

本研究还发现了面子意识对意见领袖特质与环境态度之间的正向关系起到负向调节作用。儒家文化在中国悠久的历史中长期处于主导地位,面子作为一种文化因素,其本质是儒家文化中的“礼”(翟学伟,2011)。面子是在人际交往中形成与表现的,一个人是否有面子是由交往对象的态度和行为决定的(燕良轼等,2007)。意见领袖特质越强的人,越在意他人对自身的评价。本研究发现面子意识减弱了意见领袖特质与环境态度的正向关系,缩小了不同程度意见领袖特质的人在环境态度上的差距。在这个结果反映了文化因素对环境态度具有平衡性调节,面子意识在潜移默化中调动着低意见领袖特质人群的公域环保意愿,使其也愿意参与公域环保活动。这带来的启示是,中国的传统文化对动员公众实施环保行为意义重大。在思考强化意见领袖给环保行为带来的号召作用的同时,也应考虑激发普通大众的主观能动性,提高自主环保意愿,而文化因素是可以重点关注的方面。

最后,本研究还有一些局限性,在数据可得性的基础上,可以考虑以下两个方面。第一,根据目前查找到的相关文献资料,对于社交媒介环境信息接触与环保意愿的研究大多停留在探究其相关关系上,且更多聚焦私域环保意愿与行为,本研究虽然把目光转向了公域环保意愿,但仍旧无法通过问卷调查的横截面数据探明社交媒介与公域环保意愿的因果关系,日后可以尝试通过追踪调查或实验法探索两者之间的因果联系;第二,本研究的因变量只考察了环保意愿,但从行为意愿到实际行动有可能会受到各类外部因素的影响。此外,本研究使用自我报告式方法测量个体的行为意愿,这可能会导致结果与实际情况有偏差。因此,往后若条件允许,可进一步考察调查对象实际的公域环保行为,通过观察性数据来对媒介使用下的意见领袖特质与环保行为进行深入探究。

## 参考文献


车文辉,杨琼,2011.媒体对大学生亲社会行为影响的实证研究[J].现代大学教育,(4):93-99,113.

陈梁, 2020.健康传播:理论、方法与实证研究[M].北京:知识产权出版社.

CNNIC, 2022.第 49 次中国互联网络发展状况统计报告[EB/OL]. https://www.cnnic.cn/n4/2022/0401/c135-5314.html.

崔凤,邢一新,2012.环境行为的社会学研究回顾[J].南京工业大学学报(社会科学版),11(2):5-11.

段相宜,2021.基于社会网络分析的环保类网络舆情信息传播研究:以新浪微博“垃圾分类”话题为例[J].新媒体研究,7(24):6-10.

葛万达,盛光华,2020.环境影响评价的公众参与特征及影响因素研究[J].干旱区资源与环境,34(8):43-51.

洪大用,2006.环境关心的测量:NEP 量表在中国的应用评估[J].社会,(5):71-92,207.

黄海洋,何佳讯,朱良杰,2021.消费者世界主义、外族中心主义与民族中心主义对品牌态度影响机制的比较研究:面子的正负调节效应[J].南开管理评论,24(2):13-26.

黄蕊,李桦,杨扬,等,2018.环境认知、榜样效应对半干旱区居民亲环境行为影响研究[J].干旱区资源与环境,32(12):1-6.

卡茨,拉扎斯菲尔德,2016.人际影响:个人在大众传播中的作用[M].张宁,译.北京:中国人民大学出版社.

刘飞燕,李昕冉,2022.消费者主动性人格对绿色产品购买意愿的影响研究:绿色品牌形象的调节作用[J].南京工业大学学报(社会科学版),21(2):68-80,112.

柳建坤,张云亮,2022.互联网使用、环境知识与公众亲环境行为[J].哈尔滨工业大学学报(社会科学版),24(2):73-81.

荣泰生,2010.AMOS 与研究方法[M].重庆: 重庆大学出版社.

生态环境部环境与经济政策研究中心,2020.公民生态环境行为调查报告(2020 年)[EB/OL].http://www.prcee.org/yjcg/yjbg/202007/t20200715_789385.html.

施卓敏,吴路芳,邝灶英,2014.面子意识如何逆转自私行为?——社会价值取向对生态消费的影响[J].营销科学学报,10(2):59-81.

史梁,2014.农村环境传播的微博话语分析:以新浪微博“水污染调查”为例[J].新闻界(15):51-55.

舒瑜,2006.“面子”资源的采撷:领导干部角色认同的新视角[J].理论探讨,(2):117-118.

王积龙,邓雅楠,2021.基于生态女性主义的农村环保传播性别差异实证研究[J].现代传播(中国传媒大学学报),43(10):46-52.

王建华,钭露露,2021.面子意识对民众公领域环境行为影响因素研究[J].江苏社会科学,316(3):90-100,243.

吴明隆,2010.结构方程模型:AMOS的操作与运用[M].重庆:重庆大学出版社.

温忠麟,吴艳,2010.潜变量交互效应建模方法演变与简化[J].心理科学进展,18(8):1306-1313.

徐祎飞,李彩香,姜香美,2012.计划行为理论(TPB)在志愿服务行为研究中的应用[J].人力资源管理,(11):102-104.

闫岩,2014.计划行为理论的产生、发展和评述[J].国际新闻界,36(7):113-129.

燕良轼,姚树桥,谢家树,等,2007.论中国人的面子心理[J].湖南师范大学教育科学学报,(6):119-123,126.

殷章馨,夏赞才,2018.旅游自拍需求维度及人格解释[J].旅游学刊,33(12):110-120.

于美娜,钟新,2015.微博意见领袖的舆论影响力现状及原因分析:以新浪微博环境传播为例[J].现代传播(中国传媒大学学报),37(8):132-136.

岳婷,文晨,陈红,等,2022.企业员工主动性人格与环保公民行为的关系研究[J].南京工业大学学报(社会科学版),21(4):101-114,116.

翟学伟,2016.耻感与面子:差之毫厘,失之千里[J].社会学研究,31(1):1-25,242.

翟学伟,2011.中国人的脸面观:形式主义的心理动因与社会表征[M].北京:北京大学出版社.

朱瑞玲,2006.中国人的社会互动:论面子的问题[J].中国社会心理学评论,(1):79-106.

AJZEN I, 1991. The theory of planned behavior[J]. Organizational behavior and human decision processes, 50(2): 179-211.

AJZEN I, 2011. The theory of planned behaviour: reactions and reflections[J]. Psychology & health, 26(9): 1113-1127.

BAMBERG S, AJZEN I, SCHMIDT P, 2003. Choice of travel mode in the theory of planned behavior: the roles of past behavior, habit, and reasoned action[J]. Basic and applied social psychology, 25(3): 175-187.

BAO Y, ZHOU K, SU C, 2003. Face consciousness and risk aversion: do they affect consumer decision-making? [J]. Psychology & marketing, 20(8): 733-755.

BATINIC B, APPEL M, GNAMBS T, 2016. Examining individual differences in interpersonal influence: on the psychometric properties of the Generalized Opinion Leadership Scale (GOLS)[J]. The journal of psychology, 150(1): 88-101.

CHENG C, NG A K,2006. Psychosocial factors predicting SARS—preventive behaviors in four major SARS - affected regions [J]. Journal of applied social psychology, 36 (1): 222-247.

CHOI Y J, 2009. Opinion leaders of online communities: motivations for participating, levels of participation and relationship formation[J]. Korean journal of journalism and communication studies, 53(4): 372-434.

ERTZ M, KARAKAS F,SARIGÖLLÜ E,2016. Exploring pro-environmental behaviors of consumers: an analysis of contextual factors, attitude, and behaviors[J]. Journal of business research, 69(10): 3971-3980.

GNAMBS T, BATINIC B, 2012. A personality-competence model of opinion leadership[J]. Psychology & marketing, 29(8): 606-621.

HAGGER M S,CHATZISARANTIS N L D, BARKOUKIS V, et al.,2007. Cross-cultural generalizability of the theory of planned behavior among young people in a physical activity context[J]. Journal of sport and exercise psychology, 29(1): 1-19.

HANSMANN R, BINDER C R, 2020. Determinants of different types of positive environmental behaviors: an analysis of public and private sphere actions [J]. Sustainability, 12 (20): 8547.

HARDY C L, VAN VUGT M, 2006. Nice guys finish first: the competitive altruism hypothesis [J]. Personality and social psychology bulletin, 32(10): 1402-1413.

HARMON D, GAUVAIN M, 2019. Influence of internet-based messages and personal motivations on water-use decisions[J]. Basic and applied social psychology, 41(6): 341-358.

HO S, LIAO Y, ROSENTHAL S, 2015. Applying the theory of planned behavior and media dependency theory: predictors of public pro-environmental behavioral intentions in Singapore[J]. Environmental communication, 9(1): 77-99.

HOLBERT R L, KWAK N, SHAH D V, 2003. Environmental concern, patterns of television viewing, and pro-environmental behaviors: integrating models of media consumption and effects[J]. Journal of broadcasting & electronic media, 47(2): 177-196.

HOUGH L M, 1992. The "Big Five" personality variables-construct confusion: description versus prediction[J]. Human performance, 5(1/2): 139-155.

HUANG Q, DAVISON R M, GU J, 2008. Impact of personal and cultural factors on knowledge sharing in China[J]. Asia Pacific journal of management, 25(3): 451-471.

HWANG Y H, KIM S I, JENG J M, 2000. Examining the causal relationships among selected antecedents of responsible environmental behavior[J]. The journal of environmental education, 31(4): 19-25.

KAISER F G, HÜBNER G, BOGNER F X, 2005. Contrasting the theory of planned behavior with the value-belief-norm model in explaining conservation behavior[J]. Journal of applied social psychology, 35(10): 2150-2170.

LACROIX K, 2018. Comparing the relative mitigation potential of individual pro-environmental behaviors[J]. Journal of cleaner production, 195: 1398-1407.

LEE K, 2011. The role of media exposure, social exposure andbiospheric value orientation in the environmental attitude-intention-behavior model in adolescents[J]. Journal of environmental psychology, 31(4): 301-308.

LI D, ZHAO L, MA S, et al.,2019. What influences an individual's pro-environmental behavior? A literature review[J]. Resources, conservation and recycling, 146: 28-34.

LIOBIKIENĖ G, POŠKUS M S, 2019. The importance of environmental knowledge for private and public sphere pro-environmental behavior: modifying the value-belief-norm theory [J]. Sustainability, 11(12): 3324.

LIU P, HAN C, TENG M, 2021. The influence of Internet use on pro-environmental behaviors: an integrated theoretical framework[J]. Resources, conservation and recycling, 164: 105162.

LIU X, WANG Q C, JIAN I Y, et al.,2021. Are you an energy saver at home? The personality insights of household energy conservation behaviors based on theory of planned behavior [J]. Resources, conservation and recycling, 174: 105823.

LIU X, ZOU Y, WU J, 2018. Factors influencing public-sphere pro-environmental behavior among Mongolian college students: a test of value-belief-norm theory[J]. Sustainability,

10(5): 1384.

MURWANINGTYAS F, HARISUDIN M, IRIANTO H, 2020. Effect of celebrity endorser through social media on organic cosmetic purchasing intention mediated with attitude[J]. KnE social sciences: 152-165.

PARK C S, 2013. Does Twitter motivate involvement in politics? Tweeting, opinion leadership, and political engagement[J]. Computers in human behavior, 29(4): 1641-1648.

POP R A, SĂPLĂCAN Z, ALT M A, 2020. Social media goes green: the impact of social media on green cosmetics purchase motivation and intention[J]. Information, 11(9): 447.

POŠKUS M S, ŽUKAUSKIENĖ R, 2017. Predicting adolescents' recycling behavior among different big five personality types[J]. Journal of environmental psychology, 54: 57-64.

ROCCAS S, SAGIV L, SCHWARTZ S H, et al., 2002. The big five personality factors and personal values[J]. Personality and social psychology bulletin, 28(6): 789-801.

SCHÄFER M S, 2012. Online communication on climate change and climate politics: a literature review[J]. WIREs climate change, 3(6): 527-543.

STERN P C, DIETZ T, ABEL T, et al., 1999. A value-belief-norm theory of support for social movements: the case of environmentalism[J]. Human ecology review: 81-97.

STERN P C, 2000. New environmental theories: toward a coherent theory of environmentally significant behavior[J]. Journal of social issues, 56(3): 407-424.

SWAMI V, CHAMORRO-PREMUZIC T, SNELGAR R, et al., 2011. Personality, individual differences, and demographic antecedents of self-reported household waste management behaviours[J]. Journal of environmental psychology, 31(1): 21-26.

TABACHNICK B G, FIDELL L S, 2001. Principal components and factor analysis[J]. Using multivariate statistics, 4(1): 582-633.

TING-TOOMEY S, KUROGI A, 1998. Facework competence in intercultural conflict: an updated face-negotiation theory[J]. International journal of intercultural relations, 22(2): 187-225.

TRIANDIS H C, 1989. The self and social behavior in differing cultural contexts[J]. Psychological review, 96(3): 506.

WALTHER J B, 2007. Selective self-presentation in computer-mediated communication: hyperpersonal dimensions of technology, language, and cognition[J]. Computers in human behavior, 23(5): 2538-2557.

WANG Q, WANG Y, JIAN I Y, et al.,2020. Exploring the "energy-saving personality traits" in the office and household situation: an empirical study[J]. Energies, 13(14): 3535.

WINTER S, NEUBAUM G, 2016. Examining characteristics of opinion leaders in social media: a motivational approach[J]. Social media+society, 2(3): 1-12.

YU T Y, YU T K, 2017. The moderating effects of students' personality traits on pro-environmental behavioral intentions in response to climate change[J]. International journal of environmental research and public health, 14(12): 1472.

ZAFAR A U, SHEN J, ASHFAQ M, et al., 2021. Social media and sustainable purchasing attitude: role of trust in social media and environmental effectiveness [J]. Journal of retailing and consumer services, 63: 102751.

ZHANG W, CHINTAGUNTA P K, KALWANI M U, 2021. Social media, influencers, and adoption of an eco-friendly product: field experiment evidence from rural China [J]. Journal of marketing, 85(3): 10-27.

ZHENG J, YANG M, XU M, et al.,2019. An empirical study of the impact of social interaction on public pro-environmental behavior[J]. International journal of environmental research and public health, 16(22): 4405.

# “养数据”:数字基础设施与劳动实践

## ——以跨境电商L平台为例

◇ 许天敏　林　颖*

**摘要**:跨境电商作为数字平台的实践活动,成为平台媒介研究的重要对象。本文从基础设施理论视角出发,重新审视媒介实践中的“数据”意涵,探究数据如何通过“养殖”成为平台主体交往的基础设施的过程。本文通过参与式观察与深度访谈发现,跨境电商中的数据管理是平台背后重要的技术支撑。一方面,平台智能化捕捉个体行为习惯,形成算法数据;另一方面,数据作为算法的运算基础不断加持算法程序。跨境电商将“养数据”作为与平台抗衡的手段,在平台劳动中通过“养词”“养号”“养链接”等方式,实现数据商业变现,形塑以数据为导向的反向规训,重组平台运作的社会生产关系。

**关键词**:数据;数字基础设施;平台;跨境电商

## 一、引言

近年来,随着互联网信息技术与国际物流的迅猛发展,跨境电子商务作为全球信息与商品流通的重要渠道,在全球化浪潮中保持着高速发展。《2021年东南亚数字经济报告》显示,2021年东南亚数字经济市场规模达

* 许天敏,中国传媒大学媒体融合与传播国家重点实验室博士研究生;林颖,福建师范大学传播学院副教授、硕士生导师,传播学博士、艺术学理论博士后。

1740亿美元，新加坡、马来西亚、印度尼西亚、菲律宾、泰国、越南六国的互联网用户新增4000万人，同比增长10%，总数达4.4亿人，充分展示了数字经济时代跨境电商实践的新机遇（谷歌，2021）。其中，由阿里巴巴集团控股的L率先打开了东南亚在线购物电商平台的大门，将目标市场聚焦东南亚六国，试图运用数字技术打破传统地理条件的贸易限制，将国内商品推广至全球。数字化为电商发展创造了全球性机遇，越来越多跨境电商加入这一数字市场竞争。随着东南亚国家基础设施的日渐完善，相关智能化技术配置为跨境电商提供了基础条件。东南亚地区凭借地缘优势，成为中国卖家拓展数字经济贸易、开拓海外市场的重要目的地。

相较于传统的面向国内市场的电商，跨境电商平台在实践中需要具备更为扎实的经营能力，其中包含数据抓取与处理、产品数据分析、数据“养殖”等内容。同时，由于跨地区贸易的复杂性，平台内嵌灵活的技术架构，以联结不同国家的人员、语言、物流等信息，这也导致其内部数据之复杂与多样。

本文采用参与式观察与深度访谈的研究方法，实地考察数字平台中的跨境电商劳动实践，对L平台的跨境电商实践方式进行为期半年的调研，其中，收集数据的时间集中于2021年11月至2022年4月。笔者于福建省福州市通过参与式观察深入跨境电商行业，跟随行业内部人员跨市前往莆田市交流，获取一手资料。在研究过程中，本文通过采访相关电商平台运营人员、企业法人、团队负责人（表1），了解数据运营方式、资源管理，探究数据何以成为主体运作的主导性逻辑，形塑跨境电商的基础实践。

**表1　福建跨境电商A公司访谈对象基本情况**

| 姓名 | 职务 | 访谈时间 | 访谈地点 |
|---|---|---|---|
| GZ | 法人代表 | 2022年2月20日 | 福州 |
| HG | 算法工程师 | 2021年12月1日 | 莆田 |
| XP | 运营 | 2022年1月23日 | 福州 |
| LH | 团队负责人 | 2022年1月19日 | 福州 |
| BG | 新进合伙人 | 2022年1月19日 | 福州 |

续表

| 姓名 | 职务 | 访谈时间 | 访谈地点 |
|---|---|---|---|
| BD | 运营 | 2022 年 2 月 19 日 | 福州 |
| KZBG | 合伙人 | 2021 年 11 月 20 日 | 莆田 |
| KZBD | 合伙人 | 2021 年 11 月 20 日 | 莆田 |
| BM | 运营 | 2022 年 3 月 11 日 | 福州 |

## 二、文献综述

“数据”(data)一词主要出现在统计学、数学、计算机科学等领域,随着平台研究的兴起,数据在新闻传播学、社会学等人文学科研究领域的意义显现。《牛津词典》将“数据”定义为“进行计算、统计、科学研究等所依据的数值”,但很明显,今天所讨论的“数据”已经不仅是狭义上的数字,还包括文字、图像、声音等广泛意义上的解释。正如赫拉利所说:“人类可以把自己的体验吟成诗、写成博客,再发表到网络上,使全球数据处理系统更为丰富。就是这样,才让他们的数据有了意义。”(赫拉利,2017)可以看出,数据不再是一种量化结果,在信息运转的过程中,数据的连接与中介属性凸显。

在语义上,数据是一组关于一个或多个人或对象的定性或定量变量,过去关于数据与信息关系的模糊化问题在当下得到了进一步说明。数据与信息具有某种替换关系,语义存在交叉。“信息”的内涵不断发展,不仅包括数据本身的意涵,也包括语境判断。

《数据的真相》一书中将数据分为“大数据”与“小数据”。“大数据”强调的是基于算法技术所形成的数据集,一种架构在数字技术结构之上的数据技术形式;而“小数据”的表现形式可以是多种多样的,从食品标签到天气预报、从生活商品到物质信息,它依附于媒介而存在,并分布在社会生活的方方面面(约翰逊、格鲁克,2018)。在数据的处理过程中,存在识别、处理和解读等多个环节,因而计算机需要进行数据物化处理,例如采用 HTTP 等方式进行标记,以便于机器能够有效识别(束开荣,2021)。值得注意的是,识别过程中的数据分析是互联网的一种非物质性意识形态建构方式(Barbrook &

Cameron,1996),它超越了赛博空间的无限潜力,造就了自身的隐秘效能。数据与算法具有某种一致性,均与编码、指令和推理密切相关,既是指令运行的结果,也是编码的前提。没有数据作为来源基础的算法,就缺少运行的必要性条件(Gillespie,2014)。也就是说,数据是平台运行的基础,并在平台实践中具有意识形态的建构作用,它不再是一串展示在技术界面的普通文本,而是一种超脱技术本身的内隐的、有目的的结构方式,最终演化为具有意识属性的内化产物。

### (一)数据与物质性隐喻

20 世纪 90 年代在社会科学中兴起的"物质性转向"(meteriality turn),检视了传统"重精神、轻物质"的研究取向,重新将"物质"维度回归认识论的阐释议程。过去文化研究主要停留在对文化形式、内容及影响的研究,强调文化的精神内容向社会维度的转化,随着数字化传播实践的渗透,认识论也在形成自身的本体论转向,将媒介认识的维度逐渐转向强调物质性的实践考察。那么,如何在平台的数据讨论中嵌入物质性研究视角?首先,物质性代表了物质本体的物质特性以及物本身的"固着性"(fixednesss),数据无论是从生产还是从作用的角度看,其本身离不开物质性基础设施建设;其次,由平台数据所构成的个体与社会的关系,已经不再是平台实践的结果,而是平台行动的先行逻辑与功能,它处在动态的实践流变当中,并在其中影响着个体与社会的关系,从而表明技术建构的物质信息运输与平台内部的共通性隐喻。

19 世纪,西方通过一系列通信基础设施建设为政治行动提供了支撑,塑造了"数据主权时代"(time of data sovereignty)(Rossiter,2017)。跨境电商平台基于此构造了一个跨媒介、跨主体而且不断扩张的权力场域,揭示了地缘政治与平台"出海"互生互补的复杂关系,为过去由于地理空间因素而区隔开来的连接提供了新的可能。平台将用户的行为数据转化为计算架构,通过算法和格式化协议处理(元)数据,借助界面呈现数据意义(迪克,2021)。数据成为物的存在方式,将主体、平台和媒介重新连接起来,构成一张以关系为核心的"社会—物质"网络。在这里,数据变成了一种物质性力量,它在平台“行动—网络”中形成自我意识的象征性意义,因此,数据具有了某种能动性特征,它是平台装置中不可分割的一部分,也是平台黑箱中的关键形式。本文对于数据的分析并非将其嫁接在孤立的文本语境当中,而是将其置于技术系统的具体实践中进行考察,从而衍生出平台研究的新内涵。

(二)数据的基础设施化

媒介研究中常常谈及的STS(science and technology studies)包含了媒介基础设施研究的共通性问题,媒介基础设施研究已然成为媒介研究关注的重要面向之一,学者布莱恩·拉金(Brian Larkin)受到人类学与城市地理学的启发,发现基础设施背后的殖民文化问题,揭示基础设施对日常生活的强大作用(Larkin,2013)。随后,帕克(Park)也对基础设施研究问题做了补充,以区分基础设施在不同时代环境下的不同表现形式,强调媒介过程可能带来的“基础设施想象”(infrastructural imaginaries),即“是什么、在哪里、谁控制、以何种方式”,揭示基础设施对传播信息的重要中介作用及方法论价值(Parks,2015)。大卫·赫斯蒙德哈尔(David Hesmondhalgh)在2021年提出了“基础设施转向”(infrastructural turn),以说明无处不在的数字基础设施给全球化背景下的世界带来许多重大变化(Larkin,2013;Hesmondhalgh,2021)。数字基础设施丰富了平台研究的理论路径,它作为一个统称性的概念集合,既包含以互联网为基础的社会运作体系,也包含以云计算、5G、人工智能等新兴技术为代表的“新基建”。

跨境电商从数字化到数据化,并不是一个线性的过程,而是不断循环、反复革新的流动过程。其中,数据作为电商平台管理店铺的重要资源,在跨境运营中起到不可忽视的作用。

可以说,平台是数字基础设施的重要实践方式。在过往的电商平台研究中,以作为基础设施的平台为主体的中观层面的分析甚少,同时,受制于地缘政治、实践主体因素,电商平台研究着重强调淘宝、拼多多等头部平台的资本运作分析,而跨境电商作为平台研究的数字劳动实践,反而在具体分析上具有模糊性,现有文献对平台发展和运作的微观研究仍存在不足。另外,从概念上来说,数据结构不仅是一种以数据为表现形式的运算机制,还包含了文字、图片等信息的交叉性表述。传统对“数据”概念的理解似乎窄化了媒介研究视野，常常将数据聚焦于具体的平台内容本身，忽视了数据与平台研究的关系问题。

因此，分析跨境电商的数字劳动实践并非在一个完全虚拟化的平台基础上，相反，其运作需要依靠物质载体和社会环境，联结政治、经济、文化等面向，进而使考察更为全面。本文以跨境电商数据流动为切入点，探析数据何以在电商实践中运转，又是如何塑造个体规范化的管理方式，最终演变为一种物质性的建构力量。为解答上述疑问，本文从具体案例出发，展示电商平台运营中的跨境实践，以期丰富数字劳动的多元语境，提供跨路径、跨视角的研究可能。

## 三、盘活与制定：数据、算法与主体

面向东南亚市场的L平台是我国跨境电商“出海”的代表之一。本文聚焦电商平台研究的新热点——跨境电商，探究电商劳动过程中的具体盘活策略，观察各主体之于数据实践的中介过程。相较于其他数字劳动行业，跨境电商劳动的一个明显的特点在于，平台不仅对电商进行监管与制约，也为其提供数据服务。电商依托具有开放性、灵活性与可拓展性的数据管理后台，提高不同数据的附加值，以此获得经济效益。也就是说，电商的获益离不开后台数据的“帮助”。那么电商运营者如何盘活这些数据？为什么有些电商平台实现了“流量暴富”，而有些却“失败”而归呢？

### （一）数据“养殖”：平台劳动者的数据实践

2011年，阿里巴巴推出了“生意参谋”数据服务，一经推出，就有万千商家在此获益。之后，各大互联网公司预见了数据分析的经济效益，以此作为企业数字化转型的生产要素，借助大数据、算法等技术应用实现商业变现，打造各自的商业版图，L正是在这样一种技术氛围下产生。在电商实践研究中，许多学者关注了电商实践过程中的社会关系问题，管泽旭和张琳（2020）认为，阿里巴巴的社会结构性张力离不开国家、中小企业和平台运行机制的联结,从"小资本主义传统"问题出发对电商平台的物流、支付领域的数字资本主义方式加以分析。段世昌(2021)在此基础上,考察淘宝平台的基础设施化问题,指出淘宝在连接基础设施的过程中,基于支付和物流构建了作为网关的支付宝和菜鸟物流,并自觉沿袭了"现代化"和"全球化"叙事,通过具体实践得到了国家一定程度的认可。从中观的研究视角看,平台是数字劳动的重要依托,它为社会文化讨论提供了更多范式。范·迪克提出"平台社会"(platform society),强调数字平台与社会的不可分割性,以及由其引发的社会各个层面的冲突问题。可见,对社会关系的思考离不开具体实践的驱动,它们相互隐喻了"平台生态系统"(platform ecosystem)结构(Van Dijck et al.,2018)。

在L平台中,前台数据包含商品销售量、评价、收藏量、店铺访客、活动区间等用户"可视"信息,而后台数据侧重于仅向商家开放的数据特权(技术权利),例如商品的真实成交价、实时商品流量、用户加购数等。在这一过程中,电商运用不同的"养殖"法,对数据进行"搬运""培育""运用",从而获益。换言之,跨境电商的平台实践是一个重构数据流动的过程,数据成为建构数字基础设施的重要力量。L作为集订单、支付和物流于一体的数据处理后台,内含海量的信息数据,更重要的是这一数据处理后台通过数字技术架构缩短外贸产业链,拓宽商品信息的流通渠道,帮助电商平台有效归类不同数据。后台强大的数据处理能力是L开拓东南亚市场的重要支撑。数字技术演化的主要目标是增强对过去和即时的信息处理能力,从而形成新的资源配置规则(张鹏,2019)。因此,如何"养殖"数据成为跨境电商提升数字经济效益必须解决的问题。

#### 1.信息搬运:不同平台间的数据运转

相较于其他数字劳动,跨境电商的一大不同之处在于其需要处理大量的数据信息,在这些庞杂的数据当中对不同数据的关系、效用和价值进行评估。在功能上,L平台主要包含"数据统计""智能客服""订单管理""选品上新"等多个模块。例如,"智能客服"模块允许一人分管多家店铺,按照商品品类进行分类。同时为了解决电商交易中跨国用户的语言交流障碍问题,平台内置翻译功能,又通过地理定位技术将交流内容翻译为用户当地语言。翻译功能不仅运用在客服交流的过程中,还运用在上架商品的设置中,后台根据店铺 IP 所在地区进行相应的语言调整,极大解决了数据搬运过程中的信息匹配问题。

一方面,平台作为承载数据结构网络的数字基础设施,为数据的流动"搭台",单位电商的数据承载量较大,管理商品可达百万件,这为数据搬运提供了基础;另一方面,在数据呈现方式上,通过数据可视化技术,电商平台能够清晰、直观地看到店铺在一段时间内的运营情况。后台首页分栏包括日成交订单数量、仓库发货数量和成交金额等,可实时更新各家店铺数据,"绑定店铺数""今日出单店铺数""出单店铺占比""7 天未出单店铺"等模块实现了按照不同的国家站点、店铺数量、商品品类进行分类。平台中的一系列数据都为跨境贸易的便捷化奠定了基础。不仅如此,L 平台上的商家还各自拥有"运营秘籍",例如以"铺货模式"为主导的数据搬运,实际上是一种将数据"广撒网"的运营方式。某跨境电商运营团队的负责人 LH 说:

> 我们这种就是"铺货模式",即从其他平台将数据搬过来,通过 L 来做,没有真实的采购,也没有自己的仓库,成本低,不需要囤货,不仅可以在淘宝采购,还可以去找成本更低的平台,比如拼多多、1688,在不同的电商平台之间来回倒腾。(LH,2022 年 1 月 19 日,福州)

L 对国内不同平台中的商品数据进行筛选、分类与甄别,以多功能生活必需品为主,"我们可以从国内拼多多、1688 等平台选择需要的商品数据,然后再通过 L 向境外销售"。这一环节也被称为"选品",商家可以通过多平台大范围选品,采集国内电商平台巨头拼多多、淘宝、1688 等的商品信息,通过关键词、商品链接、整店采集等方式追溯最低成本货源。互联网基础设施为数据搬运与信息获取提供了便利,秉持数据共享、开放的原则,实现数字经济效益的最大化。

"选品"之后就到了"上品"环节。为了提高"上品"效率,平台后端附有"一键设置""一键同步""一键上新"的极简操作,帮助电商进行高效管理。

"我们用鼠标点击几下,简单切换一下就可以完成,一些数据搬运起来也操作简单,但弊端就是很机械。"统合化的平台管理打通了前后台不同的数据系统,降低了数据搬运的时间成本,快速联结东南亚六国人民,促成高效交易。

> 1 家店铺初始只能上 100 个商品。只要出了 1 单,容量就会变大。出 10 单,容量就会扩到 1500 个。平台的规则限制了店铺容量,平台能够识别我们用数据导入的方式,但它实际上是默许的。(LH,2022 年 1 月 19 日,福州)

电商需要同时调转多个平台的商品数据,还要熟悉不同子平台之间调转数据的规则和方法,利用不同区域的信息差"盘活"跨境市场,以便在商品服务上进行更好的"比价"。

综上,"搬"数据是数据"养殖"前期的重要步骤,主体有意识地将数据进行甄别与筛选,再造了数据的实践性功能。根据数据的特点,数据商品的非物质特性和数字化形态使其在交换的过程中具有共享性,即数据可以分割、可以复制(李妍,2021)。面向多个用户、多个应用程序的开放型数据为电商的数据重置提供了多元想象的可能,一定程度上提升了数据搬运过程中的"活跃率"。

### 2.资源培育:搭建数据的生态价值链

"养数据"主要包含"养词""养号""养链接"等,数据在类别上分为交易数据、商品数据、服务数据、客服数据、店铺数据、流量数据等。已经在跨境电商行业工作两年的运营 XP,在数据"养殖"方面有深刻体会,他认为平台的流量供给离不开平常自己对店铺的数据"投喂":"店铺是靠'养'的,比如我们要把店铺经营起来,就要先把产品摆出来,然后就有客户来了。"具体操作分为三个步骤。

第一,"养词"。通过"养词"影响平台背后的算法模型,细究网页商品信息的标题与关键词等,分析不同关键词的热度、长度和类别。

> 我们可以根据搜索词进行分析,按照对应品类把相关热词圈

出来，这么做也是为了获得平台流量。“养词”一般包含品类的核心词、精准长尾词、属性词、营销词等。（XP，2022 年 1 月 23 日，福州）

“养词”不仅需要对词汇进行简单分类，而且需要分析商品词汇的排列组合顺序。关于“养词”中的排列组合，常有许多“门道”：

“养词”还分为“大词”与“小词”。“大词”包含品类词、流量热词、核心热词；“小词”则分为属性词、季节词、精准词（精准长尾词、产品厚度、规模等）。“大词”与“小词”的区分是为了更加精准地推广自己的产品，其中还是有一定学问的。对于标品与非标品的词语排列也是不同的。（XP，2022 年 1 月 23 日，福州）

第二，“养号”。“养号”一般在店铺运营的前期进行，跨境电商经营同样是一种“养成型”的工作，关乎电商所投入的精力和时间。但只有情感投入是不够的，还需对店铺进行目标规划，将店铺从新店“养”成“老店”“专营店”“旗舰店”，扩大与提升商品数据的覆盖面与满意度。

因为我这个是新店，所以要先“养号”。这个月我每天都会完善产品信息、优化标题内容、设计店铺主图，通过点赞、打卡、收藏来增强店铺的活跃度、盘活订单，后续就可以每天都出一两单了，等待自然流量。（XP，2022 年 1 月 23 日，福州）

“养号”的最终目的是提升商品成交量。用户选购时，销量高的商品容易出现在商品推荐的页面前端。换言之，评论和评分是影响用户在线消费的关键因素，以销量数据为主导的商品销量高低与产品受欢迎程度、店铺信誉成正比（黄蓝青，2020），消费者在潜意识上对特定数据赋予了确定性价值。“销量高，肯定说明这家比其他家质量好，我买了也更放心。”电商平台利用用户这一消费心理，精准“制造”数据、提升好感，采用“刷单”“寄空包”“刷好评”等数据实践，以“盘活”店铺流量。

“刷好评”的操作在跨境电商平台中十分常见，对评价内容的收集与整理是电商基本工作之一,这关乎店铺前期的商品数据“供养”,即商品能否获得平台“流量青睐”的机会。在店铺的好评率方面,电商平台需要定期检查商品页面的评论内容,分析同类产品的优评、总结评价话术,根据店铺的产品定位进行修改、模仿与创新。“你想想,如果你看到的商品连一条评价都没有,你还想买吗?”“前期好评肯定是要刷的,要先把商品的浏览量和好评率搞上去才行。”“控评”“刷单”等操作实际上也是数据选取的方式,数据协助平台重组了社会生产关系,在一定程度上成为电商抵抗平台算法机制的策略性手段之一。

> 刷单也是“养号”的一种方式,有时候刷单是为了让店铺不被平台标记为“沉默店铺”(XP,2022 年 1 月 19 日,福州)

第三,“养链接”。店铺运转之后,需要为店铺后期发展做准备,提前设定店铺运营目标及定位,集中向持续性的平台自然流量发力。“养链接”是电商数据运用的方式之一,数据培育目的明确、意图明显,许多电商平台将其看作了解平台流量权重的过程。

> 平台权重是产品曝光度、点击率、转化率、相关度等经过一系列计算所得到的评估数据,其中点击率对权重的影响是最大的,会影响店铺的整体排名。千万不要一上来就超低定价或亏本出售,这样等于将商品压死了,时间长了你就会很被动,要选择适当的价格区间,后期还可以降低定价来吸引买家、增加权重。(BD,2022 年 2 月 19 日,福州)

此外,分析同类店铺也是“养链接”的关键。在电商关系网络中极少存在极端的竞争者,大多数跨境电商平台表示“反正只要有人卖这个商品肯定说明有需求,而且市场那么大,不论谁先做起来都可以给后面的人打个样,不存在绝对的相互竞争,反而是在相互学习,为什么他家卖得更好,而我这里不行”。电商可以参照同类店铺销量、评价和价格,精准寻找自家商品的目标人群,与此同时,关系良好的同类店铺常将内部商业数据相互分享与比较,激发竞争热情与行业活力。

电商平台通过数据“养殖”，构造不同类型的消费情景，塑造以消费主义为主导的资源利用方式，提升数据的使用价值。换言之，数据为电商平台了解用户的购买意愿提供了多元参考和想象空间，海量交易中隐喻了不同形式的数据规则，为数字劳动提供了快速变现的可能。

3.身份数据：个人 ID 的交易

数据成为新时代的“原油”，具有商品价值特征（人民网，2015）。数据资源的“买卖”是当下电商中十分常见的现象，也是数字商品的新形态，它存在于“平台卖给电商”“电商卖给其他电商”“公司卖给电商”多主体的交往中。“数据”的商业化、货币化和流通性成为平台盈利的重要途径（孙萍 等，2021）。但在跨境电商领域，数据作为一种商品并非指商品本身，而是它能够同传统商品一样，被视为用于交换的劳动产品，在市场中进行自由交换，形成一定的经济价值。本文在调研中发现，将数据赋值是数据“养殖”的结果，也是电商实践的一种手段。其中，数据买卖包含用户信息、数据技术、数据开发等形式的经济效益转化，体现数据的实践化特征。

一方面，L 平台与亚马逊等其他电商平台运营所不同的一点在于，其存在售卖以组为单位的空壳店铺与商品店铺的现象。前者实际上是一串由店铺注册 ID 与密码所构成的登录信息，后者则是“养号”的基本结果，包含刷单提高好评率、铺货等前期工作，以便接管店铺的经营者可以迅速上手。

另一方面，L 平台明确限制 ID 的注册数量，一个 ID 仅可注册一家店铺。这对于跨境电商来说，有限的店铺数量难以应对庞大的市场竞争，许多电商会通过购买他人 ID 或直接购买“空壳店铺”方式，以应对平台在注册规则上的限制。“一组店一般是 50 家，我们一般前期就拿一组或者两组先做做看。”“一组店的价格大概是 800 元，现在已经卖到了 1000 元，这还是因为我和 G 是朋友。他说他卖给别人都是 1200 元，而且之后可能还会涨价。”电商通过“新增公司主体”“绑定主体 ID”“解绑 ID 主体”“新增自有 ID 公司主体”，避免平台的封号等管控惩罚，促成多家店铺同时出单。数据如同当代“石油”的隐喻已然渗透到了个人，个人身份信息也在跨境电商实践中被明码标价，成为商业“买卖”过程中的“最基础数据”。

一组店铺收购价格区间在600—700元,批量转售行情800—900元,拆分再卖1200—1500元,4月老店(无3000元保证金的)行情价已达1600—1800元。(GZ,2022年2月20日,福州)

数据的交易正在从由“物”所产生的数据经济价值转向人的身份信息,获取的渠道从虚拟数据空间拓展至整个社会,实现了身份信息数据向经济数据的转化。

(二)数据资源:作为控制机制的数据

数据控制机制指的是数据联结主体的手段,它表现在平台运营规则、公司企业管理和主体劳动实践等多个层面,展示了数据操作背后的劳动关系。为了延长数据的生命周期、增大数据的价值密度,L上的许多店铺会搭建自己的运营团队,以“内部数据不外传”为宗旨,量化数据价值,提高数据获取门槛,实现数据私有化。这导致不同电商运营团队之间存在完全不同的管理方式,有的以“铺店”“铺货”为主,有的则对单一店铺进行“精装修”,不同的管理方式在数据选择和排序上各不相同。运营组织管理方式的不同,反映了数据作为资源的私有性,数据成为联结组织与个人的关键和个体媒介生存实践的重要组成部分。

1.机制化

数据资源的集结依赖相应的标准,从福建电商的地区分布看,“福建做电商的大多是莆田人”“主要在莆田,泉州比较多”,这造就了福建以莆田为主的电商团体之间相互拉拢。如果细究更深层次的机制,那么在地区分布背后是以家族势力为主导的联结,主要以血缘与宗亲关系为纽带,附带“师徒制”的非血缘关系。A公司法人代表GZ表示:“我是表哥拉我入伙的,不是自己人根本信不过,谁敢一进来就投钱。”依靠“表哥”的前期资源,GZ带领的跨境电商运营团队单日利润达万元。

作为一种对家族关系进行再联结的重要方式,跨境电商在思想上重塑“血缘—宗亲”的关系认知,重构现代性的共同体意识,形成以区域、血缘为谱系的电商社群。以福建莆田为例,电商经营者需要定期到莆田(地方)培训,参加以宗族关系为主的“宗亲”聚会,强调在血缘关系的基础上搭建新商业经济合作模式。GZ 与员工常常以“兄弟”“姐妹”相称,鼓励内部培训的员工相互认识、交流与联络,提升电商经营的认同感与参与感,增加集体性话语的表达。

> 培训不是一次性学成,而是需要不间断的交流,至少要学三个月,况且大家都是兄弟,经常有来有往也是必需的。(BG,2022 年 1 月 19 日,福州)

跨境电商公司管理者通过拉拢非宗族谱系的合作者,拓展电商的生产实践,鼓励“志同道合”者加入。“小白”和“新手”将此看作庄重的入行仪式,在线下的聚会中互相引荐、闲聊、添加微信,将新的盟友拉进如“东南亚卖家交流群”“莆田电商交流群”等,群内不定期分享业内数据动态、发送业绩奖励红包,以保持群友活跃度。

在绩效考核方面,A 公司将平台数据作为绩效考核的重要指标。GZ 表示:“我们平常没有上下班打卡,员工想几点上班就几点上班,因为他们拿到的工资最后还是看具体的数据运营情况。”“我平时不太在乎他们几点上班,只要业绩做上去,想几点上班就几点上班,而且他们一般十点多才来,也没有固定时间。”考核标准主要是店铺的成交量。平台运营拥有一套系统化的数据追踪系统,记录上线率、回复率和成交率等,这些数据是绩效考核的重要参考。例如,“智能客服”会对卖家客服进行 30 分钟内的回复率考核,考核时间为前一天 18 时到当天 18 时,最晚回复时间不超过 19 时,以 7 天为一个计算周期(包含周末)(跨境眼,2021)。平台的计算公式为:卖家当天回复买家询问次数/当天买家询问总次数。若回复率不合格,平台会自动削减店铺流量。在物流方面,跨境电商不仅需要在 48 小时内处理订单、修改订单状态,还需要将货物在 5 天内送达分拣中心,否则订单将被平台自动取消。在优绩主义下,最直观的评判方法即是数据的展现,数据记录似乎具备客观和中立的标准,但背后依然是资本驱动的意识形态建构方式。

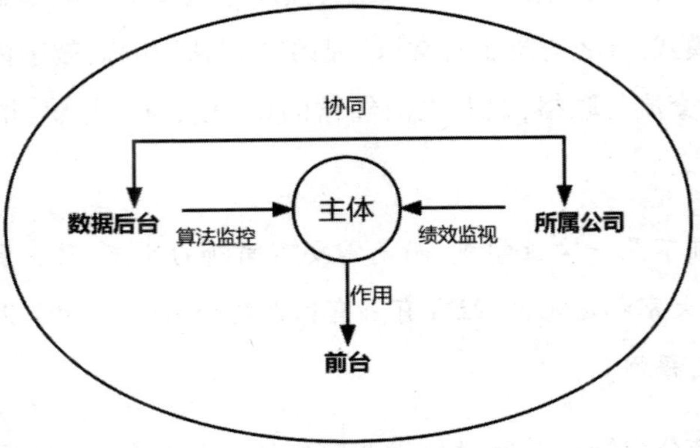


**图1 L平台"养数据"示意**

2.私有化

在运营机制方面,L上的跨境电商主要依靠公司管理者掌握核心购店渠道。渠道资源是管理者的"命根",他们以此垄断加盟方式,并拥有每家店铺的提现权,而员工不参与"拿店"工作,仅负责店铺运营与管理。每位员工拥有多组店铺,每组50家,其手上平均运营1-4组店铺,同时解决手头店铺内上百件乃至千件产品的上新、选品、客服、物流等问题。根据运营能力不同,每位员工的运营数量有所差别。至于具体的购店渠道,员工表示只有公司管理者知道。相比于跨境电商平台的运营技术,购店渠道才是最主要的"私有"资源,管理者不向员工与外界公开,只能通过购买店面(数字代码)的方式"加盟",呈现了渠道资源的私有属性。

> 店铺都是买的,有渠道可以买。买一家店多少钱,你可以问我们老板,老板知道渠道。一般是从老板那里拿店,然后我们来做运营,具体店铺来源我们是掌握不到的。(BG,2022年3月19日,福州)

即便如此,跨境电商依然可以生产属于自己的日常信息数据。一些经验丰富的员工会抓取数据,完成系统的数据收集和整理,统计过往平台运营情况,绘制"L六国定价表""定价核算表"(速卖通,L)等以供自己使用,同时凭借出色的数据收集与整理能力受到管理者青睐，得到带队新人的工作，增加额外的提成与收入。从小擅长理科学习的 LH 正是如此，也因此获得相较于同级更多的接触公司内部核心资源的机会，将整理的数据成果供运营团队内部交流使用，为公司招募合作伙伴、提升业务水平提供有效帮助。

在平台劳动中，私有数据是公司管理的核心，也是平台运作的基础。数字资源指的是数字化浪潮中的数字技术实践方式，“数字资源在无形中施以人工智能化的产业资本运作，实现资本的价值增值”（马云志、王寅，2022）。私有化的过程实际上是一种数字资源的垄断，就如同每家店铺的登录账号与密码对应了“门锁”与“钥匙”，掌握店铺资源的所有者始终可以拥有“换锁”的权利，深刻隐喻了现代性技术意义上的不平等关系。

3.再中心化

数字资本与数据资源的整合重构了平台主体关系，通过设计平台技术架构，跨境电商平台 L 与国内电商平台的联系越发紧密。首先，在 L 平台中所关联的国内电商源头平台，是一种选择性的“再域化”，试图链接不同的商业板块，以促进国内电商市场与跨境电商业务的对接。阿里巴巴旗下拥有 1688、淘宝、L 等多个电商平台，通过技术互构、数据统合，各平台后台数据相互连接，有效促进平台商业转化和数据再循环。其次，算法在数据的再中心化过程中发挥了重要作用，“平台通过算法将用户数据、信息推送与广告服务联系在一起，使得信息与新闻生产商品化，深刻改变了人们对信息的认知”（匡文波，2021），构建了商品推荐界面中的“千人千面”。在算法技术的运作下，电商试图干预算法的流量模型，通过“养词”“养号”等方式打破基于算法的平台推荐规则。

> 我们会用一些插件，比如“至尊宝”，把它安装到浏览器里面，就可以看到一些前台看不到的数据，比如网站上一个商品的浏览量、成交量等，选品的时候也更有依据。如果没有进来培训，别人是不会知道这些的，我们只教给自己人（BD，2022 年 2 月 19 日，福州）

互联网经济的崛起为跨境电商创造了前所未有的机会,L 的出现丰富了平台与个体、家族、社会之间的关系认知,不同技术关系的相互"连接"构成了平台权利的新基础。数字技术的革新推动了资源的迁移,数据作为一种象征符号与数字技术相互形构,成为最主要的技术手段。"对于人和物的位置追踪与情境描摹,数据挖掘和需求匹配,使'移动连接'与'极权资本主义'相联系。"(郭小平、李晓,2018)L 在一定程度上解构了血缘关系、地缘政治的边界,塑造了新形势下跨境电商平台的共同体意识,但从数据资源的流动趋势看,L 通过拓展不同平台的联结关系,再中心化了一个具有商业属性的关系空间,实现主体的"再域化"管理。

(三)数据主义:平台算法监控的实践结果

伴随全球化的推进,L 的跨境运转依赖平台的数据结构,形成了跨地区、跨国家的数字化新特点。算法作为一个技术概念,"正在将人类一切行为举止数据化,实施对人的行为预测、诱导、操控"(李宏伟、郝喜,2022)。在电商实践中,"数据主义"成为算法奉行的意识形态,数据通过"养殖"形成新的关系链接,使 L 上的买家与琳琅满目的商品能够准确匹配。如何在不计其数的商品中选择"心仪之物",使烦琐的挑选变得"简单"?哈特姆特·罗萨曾指出一种以加速为导向的现代性要求:个体在繁忙的社会生活中无暇将时间与精力放在商品挑选上,希望用一套简单的方法快速完成需求匹配,以便在复杂的信息中做出高效决策(罗萨,2018)。从数据的本质出发,加速的要求使数据需要依赖复杂算法、大数据等技术,以工具理性为导向的数据实践构成电商运营的基本命题。

在权利分析层面,数据的可操作性催生了不均衡的权利再分配,包含数据的接触权、使用权问题。人们希望通过数据减少个体认知局限带来的认知偏差,并希望依托数据做出更为客观的判断,这样一种潜在意图反而为算法行为追踪、用户信息收集的合理化正名,"数据主义本质上即计算主义"(陈昌凤,2021)。计算机试图消弭人与物之间不可逾越的鸿沟,而背后真正的问题在于,人类的生存境况并不能以计算机的二进制标准进行分析,若"所有竞争的政治或社会结构均能够被视作数据处理系统",那么数据主义依然是值得警惕的(赫拉利,2017)。

因此,数据的权利问题成为本文不可忽视的一个面向,需要反思"人作为一种基础设施"的建构性问题。跨境电商拥有的海量用户行为数据成为平台数据循环的关键环节,依托行为数据挖掘数据的"剩余价值",支撑平台实践的数据体系。数据主义的明显特征是以量化评估为目的,具有强烈意向性的价值转换逐渐不可视化,数据在当下已然不再仅由平台工程师操控,而是成为一种人人参与的"养殖游戏"。

## 四、结语

平台集合了关系复杂的生态网络,隐喻了数据作为"物"的实践过程。数据背后的算法推动了数字空间内的劳动实践,顺应了互联网技术中心性的结构特点,与平台资本主义的新垄断方式共同构成了经验暗流。个体在这一过程中顺应以数据为导向的实践要求,暗示了一种数据至上的工具理性。从媒介基础设施的研究视角出发,有助于理解平台劳动关系:一方面,数据是平台运转赖以生存的物质基础,互联网基础设施作为社会的公共体系,逐渐成为个体生活的数字肌理,并在算法推动下塑造了以工具理性为导向的功能机制;另一方面,数据重构了跨境电商数字劳动实践,形成现代性关系下的"数据框架"。与此同时,商业平台形塑了一种以数据为中心的连接模式,其后台的"自主性"激发了个体数字劳动过程的多元化行为表征。由此,技术、平台与主体在系统运作中相互转换角色,演化为一个超越其技术本质的"综合体"。

### 参考文献

陈昌凤,2021.数据主义之于新闻传播:影响、解构与利用[J].新闻界,(11):4-13,31.

陈剑,黄朔,刘运辉,2020.从赋能到使能:数字化环境下的企业运营管理[J].管理世界,36(2):117-128,222.

迪克,2021.连接:社交媒体批评史[M].晏青,陈光凤,译.北京:中国人民大学出版社,33.

段世昌,2021.从"寄生"到"共栖":淘宝平台如何走向基础设施化[J].新闻记者,(7):

86-96.

谷歌,2021. E-Conomy SEA 2021 “Roaring 20s: The SEA Digital Decade”[R/OL].https://economysea.withgoogle.com/.

管泽旭,张琳,2020.阿里巴巴的进化史与小资本主义的平台化:对本土语境平台化的考察[J].国际新闻界,42(2):28-49.

郭小平,李晓,2018.流动社会的智能新媒介、移动连接与个人隐私:雷蒙德·威廉斯“流动的藏私”理论再阐释[J].现代传播(中国传媒大学学报),40(10):19-24.

赫拉利,2017.未来简史:从智人到智神[M].林俊宏,译.北京:中信出版集团,350.

黄蓝青,2020. 东南亚和非洲市场跨境电商平台商家选品策略研究[D].广州:华南理工大学.

跨境眼,2021.L 客服规则:回复率及回复内容规则[EB/OL].https://www.kuajingyan.com/article/15877.

匡文波,2021.数字平台如何影响中国对外传播:后疫情时代中国网络媒体全球传播的机遇与挑战[J].西北师大学报(社会科学版),58(5):5-14.

李宏伟,郝喜,2022.算法监控的“行为剩余”资本谋划及其社会治理[J].河南师范大学学报(哲学社会科学版),49(2):45-51.

李妍,2021. 数字资本主义社会研究[D].长春:吉林大学.

罗萨,2018.新异化的诞生:社会加速批判理论大纲[M].郑作彧,译.上海:上海人民出版社.

马云志,王寅,2022.平台资本主义批判和重构平台社会主义:数字时代对平台经济的新运思[J].河北学刊,42(1):55-61.

人民网,2015.大数据:信息时代的“原油”[EB/OL].http://military.people.com.cn/n/2015/0424/c172467-26895958.html.

束开荣,2021.互联网基础设施:技术实践与话语建构的双重向度——以媒介物质性为视角的个案研究[J].新闻记者,(2):39-50.

孙萍,邱林川,于海青,2021.平台作为方法:劳动、技术与传播[J].新闻与传播研究,28(S1):8-24,126.

约翰逊,格鲁克,2018.数据的真相[M].王喆,译.北京:中信出版社,8.

张鹏,2019.数字经济的本质及其发展逻辑[J].经济学家,(2):25-33.

BARBROOK R, CAMERON A,1996. The Californian ideology[J]. Science as culture, 6(1), 44-72.

DOOLEY R, MILFELD K, GUIANG C, et al., 2006. From proposal to production: lessons learned developing the computational chemistry grid cyberinfrastructure[J].Journal of grid computing,4(2):195-208.

GILLESPIE T,2014. The relevance of algorithms[M]//GILLESPIE T, BOCZKOWSKI P J, FOOT K A. Media technologies: essays on communication, materiality, and society. Cambridge:MIT Press,167-194.

HESMONDHALGH D, 2021. The infrastructural turn in media and internet research[M]. London:Routledge,132-139.

LARKIN B,2013. The politics and poetics of infrastructure[J]. Annual review of anthropology, 42:327-343.

PARKS L, 2015. Stuff you can kick! Toward a theory of media infrastructures[M]//SVENSSON P, GOLDBERG D T. Between humanities and the digital. Cambridge: MIT Press, 355-373.

ROSSITER N, 2017. Software, infrastructure, labor: a media theory of logistical nightmares [M].New York:Routledge.

RYDNING D,GANTZ J, RYDNING J, 2018. The digitization of the world from edge to core [R]. Framingham:International Data Corporation.

STAR S L, RUHLEDER K,1996. Steps toward an ecology of infrastructure:design and access for large information spaces[J].Information systems research,7(1):111-134.

VAN DIJCK J, POELL T, DE WAAL M, 2018.The platform society: public values in a connective world[M].New York:Oxford University Press.

# 短视频,“刷”还是不“刷”?*

## ——大学生短视频用户的间歇性中辍行为研究

◎ 董天策 苏一涵 龚联康 刘 畅 刘艺璇**

**摘要**:作为短视频用户的主力军,大学生群体观看短视频是持续不断,还是主动减少或中止短视频应用的使用,产生间歇性中辍行为?本研究基于“认知—情感—意动”(CAC)理论,分析大学生对短视频的感知价值与情绪状态。问卷调查(N=379)结果显示,大学生群体以刷短视频为主,且存在间歇性中辍行为;用户的感知收益对间歇性中辍行为具有显著的正向影响,状态焦虑在感知价值与间歇性中辍行为中发挥着显著的中介作用。该研究的理论价值在于:首次将情感作为中介变量,解释大学生短视频用户的认知与其间歇性中辍行为意向的关系;结合“认知因素—情感因素—间歇性中辍行为”模型、“认知—情感—意动”理论,丰富了目前短视频及间歇性中辍行为研究的学术视角。

**关键词**:短视频;间歇性中辍行为;感知价值;状态焦虑;大学生

## 一、研究缘起

近年来,抖音、快手等短视频平台的崛起及 UGC(User Generated

---

* 基金项目:国家社会科学基金重大项目“融媒体环境下互联网平台型企业现代治理模式研究”(编号:20&ZD322);重庆市高校协同创新研究团队项目“重庆大学新闻传播学”(编号:Z20200504)。

** 董天策,重庆大学新闻学院教授、博士生导师,重庆大学数字媒体与传播研究院院长,重庆市智能传播与城市国际推广实验室主任;苏一涵、龚联康、刘畅、刘艺璇,重庆大学新闻学院硕士研究生。

Content，用户生产内容）、PUGC（Proffesional User Generated Content，专家生产内容）等多元化生产催生短视频产品消费的热潮，“刷”（大量、连续观看）短视频已然成为广大网民必不可少的日常活动。截至 2022 年 12 月，我国短视频用户规模达 10.12 亿人，占整体网民的 94.8%。短视频 App 人均单日使用时长为 168 分钟，占网络视听 App 人均单日使用时长的 42.6%。短视频已成为网民闲暇消遣不可或缺的“数智义肢”（homo prostheticus）①。然而，时间流逝导致的焦虑等负面情绪也使一些短视频用户产生不持续使用行为。从创新的“采纳—放弃—重新采纳”过程看，这种不持续使用行为可定义为“间歇性中辍行为”（Intermittently Discontinue Behavior），即用户并不是一直沉浸在短视频的使用中，而是有调节的、不断反复的过程。

作为网络原住民，大学生群体已成为移动短视频用户的主力军。在使用短视频的过程中，他们是否也存在间歇性中辍行为？背后原因何在？他们是否获得了有价值的信息或情感上的满足？当他们觉得短视频无用且耗费时间时，是否会产生负面情绪？这些理性感知与负面情绪是否会让他们产生间歇性中辍行为？这一系列问题，值得深入研究。既往研究往往从“社交倦怠”等情感视角出发，对社交媒体的间歇性中辍行为进行讨论，所考察的间歇性中辍行为偏向用户被动选择，而忽视了认知视角中社交媒体使用者的主动选择。此外，短视频作为新兴的娱乐媒介，与社交媒体有着诸多不同，目前学界缺少对短视频使用场景下大学生群体的考察。

本研究尝试将“认知—情感—意动”（Cognitive - Affective - Conative，CAC）模型置于大学生短视频用户的间歇性中辍行为研究的情境之下，以期发现影响短视频观看的间歇性中辍行为意向的新要素，并在理论上丰富 CAC 模型。主要目的在于探究：①大学生用户对短视频使用的认知、情感、间歇性中辍行为意向之间的关系；②情感在大学生短视频用户的认知和间歇性中辍行为意向关系中的中介效应。通过回答上述问题，一方面为大学生短视频使用过程中的间歇性中辍行为提供理论解释；另一方面为大学生

① “homo prostheticus”首见于 Marchantt 和 O' Donohoe（2019）的文章，研究对象将智能手机视为假肢一样的存在，即智能手机可以是用户自我的一部分和心灵的延伸。之后谢兴政和贾玉璇（2021）将短视频视作网民的“homo prostheticus”，译为“数智义肢”。

群体的媒介使用行为提供指引,同时为短视频平台的功能优化提供建议,使其发挥更加积极的作用。

## 二、文献回顾与研究假设

### (一)间歇性中辍行为

1962年,罗杰斯提出“创新扩散理论”,将采纳新技术、新产品、新事物的过程,分为“认识”“信服”“采纳”“事后确认”四个阶段。在采纳过程之外,还存在“放弃使用”阶段,这一阶段被称为“中辍”。不过,用户对技术的接受过程绝非简单采纳或直接停止,存在“采纳—放弃—重新采纳”的情况。Rainie等(2013)以Facebook用户为研究对象,通过问卷调查,发现61%的用户并未持续使用Facebook,存在多次停止使用Facebook的情况,停止一周或更长时间后重新使用,这一现象被称为“Facebook假期”。Ravindran等(2014)发现,当用户感受到Facebook的弊端,便有意识地控制自己的使用频率或停止使用,以缓解负面情绪,当负面情绪消失后再继续使用。张明新和叶银娇(2014)分别调查了微博用户及Facebook用户,发现该行为普遍存在,将“中辍”概念扩展为“间歇性中辍”,建立动态采纳过程,突出逃离与回归两种行为的反复交替 。这种行为在用户行为研究中被称为“间歇性中辍行为”,在社交网络消极使用行为中较为典型和普遍。

对于间歇性中辍行为,学界先以含义更广泛的“消极使用行为”等概念展开研究,主要集中在不持续使用行为、用户流失、用户转移等方面,较少提及间歇性中辍行为。近年来,以“间歇性中辍行为”为主题的研究增多,集中在社交媒体和网络领域。李君君等(2021)以微博用户发布动态的时间和内容为研究对象,通过云分析揭示了用户间歇性中辍行为的具体特征及其原因。卢新元等(2020)通过数据抓取,深入分析了用户在社交网络中消极使用行为的具体特征及规律。张敏等(2019)采用深度访谈与情景实验相结合的方式,通过三级扎根分析流程,提出认知、情感、情境和个体因素四大类型。李姗姗等(2021)在“主我与客我理论”视阈下,通过扎根研究发现,主我因素、客我因素和环境因素均会对间歇性中辍行为造成影响,并构建"采纳—使用—中辍—再采纳"的行为概念模型。

在模型框架方面,学者主要采用"压力源—负担—结果"(SSO)、"刺激—机体—反应"(SOR)等框架。在用户情绪方面,学者较多关注信息过载等导致的社交倦怠与上行社会比较导致的焦虑。总体而言,国内研究主要围绕社交网络领域展开,较少探讨短视频使用场景中的间歇性中辍行为,对用户更深刻的主观感知及情绪体验探索不足。结合前文对间歇性中辍行为的理解,本研究认为对间歇性中辍行为的探讨应该更多关注使用者的自我意识。具体而言,使用短视频与社交网络有着较为显著的差异,用户可能只沉浸在观看短视频这一行为中,由此带来的感知收益与感知成本不平衡,继而产生个体状态焦虑,研究这一现象将有助于丰富间歇性中辍行为的研究体系。

### (二)"认知—情感—意动"理论

"认知—情感—意动"理论被用来考察用户认知、情感与意动被激活的决策心理过程,常见于消费者品牌忠诚度、旅游消费或产品持续使用等研究。"认知"的形成,通常基于对事物特征的客观评价和理解,主要是指用户对产品、系统等客观事物的感知。这种感知包括外在收益、内在感知收益。"情感"是指个体或用户基于原有认知对某个客观物体的情感反应,是对客观物体进行评价后所产生的积极或消极情绪。"意动"是指个体或用户在认知和情感因素基础上形成的一种行为倾向,是个体意愿的表达,表现出某一行动或行为的可能。

从心理与行为的关系看,认知直接影响情感,情感又继续影响意动。譬如一个人对某项产品持有积极的看法,就会对该产品有积极的情绪体验,并以此为基础强化继续使用的倾向;反之,负面看法则容易产生消极情绪,导致用户的不持续使用行为。通过 CAC 理论框架,程慧平等(2020)搭建了负面认知及负面情绪(嫉妒、后悔、沮丧)对社交媒体用户不持续使用行为的影响模型。

张敏等(2019)通过扎根理论探索出"认知因素—情感因素—间歇性中

辍行为”概念模型，该模型是“认知—情感—意动”理论与计划行为理论的复合模型，通过反复检验，此模型延续了从“意动”环节到“行为”环节，即将用户的行为倾向落实到具体行为中，既反映了相关的影响因素，又阐释了用户形成间歇性行为的整个过程，为本文提供了相对清晰的参考。

基于上述对 CAC 模型文献的梳理和探讨，本研究以“认知因素—情感因素—间歇性中辍行为”为模型展开具体研究，此模型对于分析短视频用户间歇性中辍行为具有重要作用，能够将用户的感知价值与负面情绪有机融合在一起，共同阐释大学生短视频用户的间歇性中辍行为。具体研究问题如下：

研究问题一：大学生用户对短视频的认知与其短视频使用行为意向的关系如何？

研究问题二：大学生用户对短视频的认知与其对短视频情感之间的关系如何？

研究问题三：用户对短视频的情感与其使用行为意向之间的关系如何？

研究问题四：用户对短视频的认知是否通过其对短视频的情感影响使用行为意向？

### 1.大学生用户对短视频的认知与行为意向

感知价值是用户感知获利（Perceived Benefits）与感知失利（Perceived Sacrifices）之间的权衡。董庆兴等（2019）研究在线健康社区用户的持续使用意愿，发现感知收益与感知成本是用户感知价值的前因变量。因此，感知获利与感知失利之间的权衡也可称为感知收益与感知成本之间的比较。感知收益是用户在使用该产品过程中所能感知到的利益，此种收益分为外在收益与内在收益两类。外在收益是指用户所获取的有形回报，比如知识、信息等；内在收益则是指用户心理层面所获得的回报，比如感知愉悦性、成就感等。与此对应，感知成本是用户在使用产品过程中所需要付出的成本。借鉴 Zhang 等（2019）的研究，感知成本可分为实际成本和机会成本，实际成本是用户在使用过程中所付出的时间、精力与金钱等，机会成本是用户为做一件事而失去的做其他事情的机会，也被称为择一成本。因此，本研究将感知收益和感知成本作为分析大学生短视频用户认知的两个维度纳入研究模型中。

(1)感知收益<负向>与间歇性中辍行为

在短视频使用中,感知收益主要是指用户在使用过程中所获得的回报,包括外在收益和内在收益。前者是用户在短视频中获得的有用的知识、信息,后者指用户能否在短视频中获得愉悦感,即情感满足。有关研究证实感知收益对意向产品持续使用具有正向影响。Choi 等(2005)发现消费者的感知收益对满意度、持续使用意图等具有显著影响。Mani 和 Chouk(2017)证实感知无用性即感知收益的负面体现,会导致用户对智能电子产品的购买意向显著降低。这种负向收益可以更为直观地揭示用户的间歇性中辍行为。当短视频用户无法从中获取有用内容和情感满足时,就会产生间歇性中辍行为。基于此,本研究认为用户感知收益越少,越可能在短视频使用过程中产生间歇性中辍行为。故提出如下假设:

H1:感知收益<负向>正向影响间歇性中辍行为。

(2)感知成本与间歇性中辍行为

在短视频使用中,感知成本是指用户在使用中对所付出成本的感知。实际成本是指用户在短视频上花费的时间、精力、金钱等,机会成本是指用户因使用短视频而失去进行其他活动(如休息、和亲友交流、提升自己等)的机会造成的损失。已有研究表明,感知成本对用户的使用意向及行为具有显著的负向影响。Sedighi 等(2016)认为,当用户感知到高成本而不是高收益时,他们将不会继续使用。陈渝等(2019)研究证实,感知成本越高,用户对电子书阅读客户端的满意度便越低,用户流失的概率大大增加。同理,当用户感知到使用短视频所带来的较高实际成本与机会成本时,为了减少成本付出,用户不持续使用短视频的意向会增加。基于此,本研究认为用户使用短视频产生的实际成本和机会成本越高,越容易产生间歇性中辍行为。故提出如下假设:

H2:感知成本正向影响间歇性中辍行为。

2.大学生用户对短视频的认知与情感

焦虑是由紧张、不安、焦急、忧虑、恐惧等感受交织而成的情绪状态,是情绪感受的集合体。刘鲁川等(2018)梳理了有关用户负面情绪与消极使用行为的文献,发现焦虑是用户所有负面情绪中具有典型意义的情绪,主要表现为用户在使用产品后所产生的紧张、不安等情绪及一些身体症状。

早在 1966 年,Spielberg 等(1983)把焦虑分为状态焦虑和特质焦虑。状态焦虑是指个体在一段时间或某个时间点所形成的短暂情绪,具备情境性、持续时间短、不稳定等特点;特质焦虑则是一种稳定的个体特质。该分类受到国内外学者的普遍认同。大学生群体使用短视频后的焦虑情绪,是认知刺激后形成的短暂情绪,符合状态焦虑的特点。

认知主义学者认为,对焦虑的界定主要考虑认知因素在个体情绪中发挥的作用。Aronfreed(1973)认为,个体的行为调整是基于情绪的选择,在产生情绪之前,个体的认知因素发挥作用 ,也就是说,个体先受到一定的刺激或形成一定的认知,才会产生情绪。

对社交媒体的研究表明,社交网站使用时长与个体焦虑、压力等负面情绪具有显著的正向关系。社交媒体还会使用户出现期望不匹配的现象,当这种不匹配被放大后,个体便会产生焦虑情绪。张宁和高冰洁(2021)通过研究老年人在线健康信息服务的消极使用,证实感知成本对个体焦虑情绪具有正向影响。Christina 和 Greitemeyer(2014)通过社会心理学的方法探讨使用 Facebook 的即时情绪影响,发现用户认为 Facebook 意义与用处不大且浪费时间,就产生焦虑等负面情绪。可见,感知收益、感知成本均能导致个体产生焦虑情绪。故提出如下假设:

H3:感知收益<负向>正向影响状态焦虑。

H4:感知成本正向影响状态焦虑。

3.大学生用户对短视频的情感与使用行为意向

除了状态焦虑的前因,也有学者尝试研究其后果。有关研究已证实负面情绪对用户不持续行为具有正向影响。Holly 和 Heather(2019)探讨社交媒体所引发的负面问题,不良情绪越多,用户在社交媒体上投入的时长就越少。Guntuku 等(2017)指出,当用户不满意时便会产生减少社交互动等行为意向。也有学者指出,上行社会比较引起的焦虑感,会导致社交媒体用户放弃使用朋友圈。本文主要探讨短视频用户所产生的状态焦虑情绪对间歇性中辍行为的影响。此处的状态焦虑指用户在无社会比较的情况下根据认知所产生的个人情绪。本研究认为,用户在使用短视频过程中形成的焦虑情绪越强烈,越容易产生间歇性中辍行为。故提出如下假设:

H5:状态焦虑正向影响间歇性中辍行为。

4.情感的中介效应

Spielberg 等(1983)曾将状态焦虑的前因、后果进行闭合,认为状态焦虑的唤醒是经过一定的时间顺序而产生的,首先个体要感受到"危险",这种"危险"可能产生于外部刺激,也可能产生于内部认知。一旦形成相应的认知评价,状态焦虑就会产生,焦虑程度取决于个体感知到的"危险"程度。焦虑是一种负面情绪,是一种不愉快的体验,个体往往试图采取一定的行为将短暂的焦虑降到最低限度。

负面情绪在用户认知与用户行为意向或行为中具有中介效应,已被有关研究证实。Zhang 等(2019)提出,感知系统过载、信息过载和社会过载作为压力源使用户产生社交网络疲劳等情感,从而使用户形成中辍意向,这是"认知—情感—意向"的过程。Ravindran 等(2014)对调查对象进行访谈,发现他们认为自己在 Facebook 上花费的时间比计划花费时间要多,感知到时间成本,认识到使用 Facebook 会干扰他们本想参与的其他活动,甚至会分散他们对工作或学习等更重要活动的注意力。这种失控感引起负面情绪,便会产生不持续使用行为。那么,将"认知—情感—意向"理论放置于短视频的使用场景中,大学生用户对短视频中的负面情绪在其认知和使用行为意向之间是否起到中介作用?由此,可以模拟短视频用户"认知因素—情绪因素—间歇性中辍行为"整个流程,观察状态焦虑在其中的作用。人们往往希望在短视频观看中获得收益,同时又不付出成本或付出尽可能少的成本。如果用户在观看完短视频后感知到负向收益或感知到付出的成本,便会感受到"危险",继而可能产生焦虑情绪。为了削弱焦虑情绪,用户便会产生间歇性中辍行为。基于上述文献梳理与探讨,本研究提出如下假设:

H6:状态焦虑在感知收益<负向>与间歇性中辍行为之间具有中介作用。

H7:状态焦虑在感知成本与间歇性中辍行为之间具有中介作用。

基于上述 7 个假设,本研究的模型如图 1 所示:

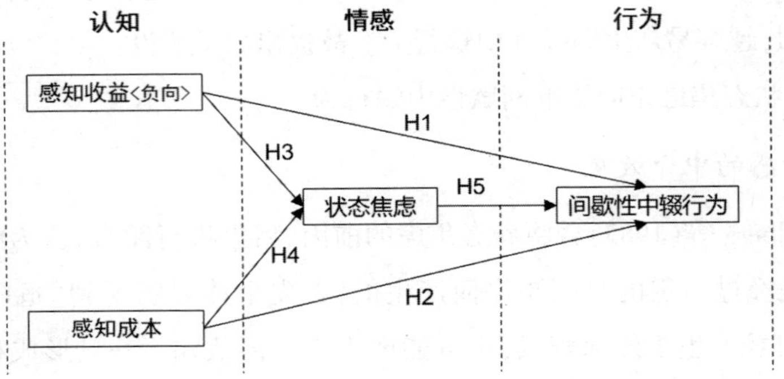


图 1　研究模型

## 三、研究方法

### (一)问卷设计与量表

本研究采用问卷调查法获取数据。在设计问卷时,为确保问卷所测变量的准确性与可靠性,本研究的变量设置均参考以往国内外学者的成熟量表进行设计,并在前期进行了预调研,以确保量表效度。

#### 1.感知价值的测量

借鉴 Zhang 等(2019)、张敏等(2019)、Mani 和 Chouk(2017)的量表,将感知收益设置为负向,分为外在收益<负向>和内在收益<负向>,题项分别为“大多时候,使用短视频后,我没有获得有用的信息”“大多时候,使用短视频后,我没有觉得情感得到满足”。感知成本分为实际成本和机会成本,对应的题项分别为“使用短视频后,我认为花费了我大量的时间”“使用短视频后,我认为消耗了我的注意力和精力”“使用短视频后,我认为我花费了大量的流量和话费”,以及“使用短视频后,我认为我浪费了用来休息的时间”“使用短视频后,我认为我浪费了和亲友交流的时间和精力”“使用短视频后,我认为我浪费了用来提升自身的时间和精力”。前三项为实际成本的测量题项，后三项为机会成本的测量题项。

2.状态焦虑的测量

Spielberg 等(1983)编制的状态—特质焦虑量表(State-Trait Anxiety Inventory,STAI),兼顾对个体状态焦虑和特质焦虑的测量。国内外学者已对状态—特质焦虑量表进行了优化。1992 年,Marteau 和 Bekker(1992)将上述测试内容删减为最具代表性的 6 项,包括正向情绪及负向情绪,形成了简版状态焦虑量表(SSAI)。田彦英等(2018)翻译了 SSAI 并在大学生群体中进行检验,结果显示信效度较好,具有较强的适用性及应用性。本文采用此量表。

状态焦虑分为状态焦虑存在、状态焦虑缺失,对应的题项分别为“使用短视频后,我感到紧张”“使用短视频后,我感到烦恼”“使用短视频后,我感到慌乱”,以及“使用短视频后,我感到轻松”“使用短视频后,我感到心满意足”“使用短视频后,我感到心情平静”。量表整体采取 4 点计分法。1、2、3、4 分别代表“完全没有”“有些”“中等程度”“非常明显”,正向情绪题项为反向计分,分数越低表示焦虑水平越高。

3.间歇性中辍行为的测量

Ravindran 等(2014)通过定量分析与定性分析相结合的方法,将间歇性中辍行为分为间断中辍、节制中辍和暂停中辍三个维度。本文也采用此种在国内学界广泛使用的分类方式。间断中辍是指用户短暂逃离某一产品,让自己暂时不去使用,“暂时”代表很快重新使用;节制中辍是指用户有意识地控制自己的使用行为,具体表现为减少使用时间与频次;暂停中辍是指用户停止使用某一产品,时间或许很长,但这一举动并不代表直接放弃使用、以后不再使用。以上三种情况都表示用户并非完全停止使用,会在某个节点重新使用,体现了“采纳—放弃—再次采纳”的过程。

根据沈校亮和厉洋军(2017)、张敏等(2019)的量表,本研究将上述三个维度分别用“我曾尝试暂停使用短视频,短时间内继续使用”“我有段时间降低了使用短视频的频率及时间”“我曾长时间停用短视频,但我并没有彻底不再使用”题项来表示。

4.人口统计学因素的测量

Zhang 等(2019)研究发现,年龄、学历等人口统计学因素在一定程度上影响短视频用户的使用行为。为使研究更加严谨,在数据分析过程中,本文将性别、年龄、教育状态三项人口统计学因素纳入研究模型,并引入使用时长、使用频次等通常被认为会对短视频用户使用行为产生影响的因素,探讨它们对短视频用户间歇性中辍行为的干扰作用。

为方便统计,与状态焦虑量级相契合,其他题项均采用 4 级量表,使用“非常不符合”“较不符合”“较为符合”“非常符合”4 个维度来了解用户对于其他变量题项的看法。

综上,每个变量对应的题项和量表来源如表 1 所示。

**表 1　研究量表及其来源**

| 因子 | 变量 | 测量题项 | 来源 |
|---|---|---|---|
| 感知收益<负向> | 外在收益<负向> | 大多时候,使用短视频后,我没有获得有用的信息 | Zhang 等(2019);Mani 和 Chouk(2017) |
| | 内在收益<负向> | 大多时候,使用短视频后,我没有觉得情感得到满足 | |
| 感知成本 | 真实成本① | 使用短视频后,我认为花费了我大量的时间 | Zhang 等(2019);张敏等(2019) |
| | 真实成本② | 使用短视频后,我认为消耗了我的注意力和精力 | |
| | 真实成本③ | 使用短视频后,我认为我花费了大量的流量和话费 | |
| | 机会成本① | 使用短视频后,我认为我浪费了用来休息的时间 | Zhang 等(2019);张敏等(2019) |
| | 机会成本② | 使用短视频后,我认为我浪费了和亲友交流的时间和精力 | |
| | 机会成本③ | 使用短视频后,我认为我浪费了用来提升自身的时间和精力 | |
| 状态焦虑 | 状态焦虑存在① | 使用短视频后,我感到紧张 | 田彦英等(2018);Marteau 和 Bekker(1992) |
| | 状态焦虑存在② | 使用短视频后,我感到烦恼 | |
| | 状态焦虑存在③ | 使用短视频后,我感到慌乱 | |
| | 状态焦虑缺失① | 使用短视频后,我感到轻松 | |
| | 状态焦虑缺失② | 使用短视频后,我感到心满意足 | |
| | 状态焦虑缺失③ | 使用短视频后,我感到心情平静 | |

续表

| 因子 | 变量 | 测量题项 | 来源 |
|---|---|---|---|
| 间歇性中辍行为 | 间断中辍 | 我曾尝试暂停使用短视频,短时间内继续使用 | 沈校亮和厉洋军(2017);张敏等(2019) |
| | 节制中辍 | 我有段时间降低了使用短视频的频率及时间 | |
| | 暂停中辍 | 我曾长时间停用短视频,但我并没有彻底不再使用 | |
| 个体属性 | 性别 | 男/女 | Zhang 等(2019) |
| | 年龄 | 18 岁以下;18—21 岁;22—25 岁;25 岁以上 | |
| | 教育状态 | 大专及本科在读;硕士在读;博士在读 | |
| | 使用类型 | 观看短视频;生产短视频;社交活动 | |
| | 使用时长 | 每次使用短视频的时长 | |
| | 使用频次 | 每天使用短视频的频率 | |

(二)调查对象与数据搜集

本研究探讨在校大学生群体的间歇性中辍行为。在正式大范围发放问卷之前,小规模收集了 97 份有效问卷进行检验,结果显示信效度较高。此后,大范围收集样本,共回收 430 份,剔除“您目前的教育状态”选择“其他”的样本及“您平时是否使用短视频?(如在抖音、快手、小红书、微博、B 站等平台)”选择“否”的样本共 51 份,最终得到 379 份有效问卷,有效率为 88.14%。

## 四、研究发现

再次进行信效度检验时,感知收益<负向>Cronbach's Alpha 系数为 0.821,感知成本 Cronbach's Alpha 系数分别为 0.875、0.871,状态焦虑 Cronbach's Alpha 系数分别为 0.923、0.895,间歇性中辍行为 Cronbach's Alpha 系数为 0.864(表 2),KMO 值为 0.922,Bartlett 球形度的 P 值小于 0.001(表 3),表明量表信效度较为可靠,以便进行因子分析和后续数据操作。

**表 2　信度检验结果**

| 变量 | 变量测量 | 删除项后的 Cronbach's Alpha | Cronbach's Alpha |
|---|---|---|---|
| 感知收益<负向> | 外在收益<负向> | 0.942 | 0.821 |
| | 内在收益<负向> | 0.942 | |
| 感知成本 | 真实成本① | 0.942 | 0.875 |
| | 真实成本② | 0.941 | |
| | 真实成本③ | 0.941 | |
| | 机会成本① | 0.941 | 0.871 |
| | 机会成本② | 0.941 | |
| | 机会成本③ | 0.941 | |
| 状态焦虑 | 状态焦虑存在① | 0.941 | 0.923 |
| | 状态焦虑存在② | 0.941 | |
| | 状态焦虑存在③ | 0.941 | |
| | 状态焦虑缺失① | 0.946 | 0.895 |
| | 状态焦虑缺失② | 0.946 | |
| | 状态焦虑缺失③ | 0.946 | |
| 间歇性中辍行为 | 间断中辍 | 0.943 | 0.864 |
| | 节制中辍 | 0.943 | |
| | 暂停中辍 | 0.944 | |

**表 3　KMO 和 Bartlett 球形检验**

| | | |
|---|---|---|
| KMO 取样适切性量数 | | 0.922 |
| Bartlett 球形检验 | 近似卡方 | 4320.493 |
| | 自由度 | 91 |
| | 显著性 | 0.000 |

由于本研究采用的具体量表是借鉴以往研究中的成熟量表,维度划分具备一定的稳定性,题项设置也与之相对应,因此,在大范围样本的效度分析中,将主要运用 AMOS25.0 对问卷进行验证性因子分析(Confirmatory Factor Analysis),以此检验问卷的结构合理性,与探索性因子分析相结合。此外,为更好地验证问卷具备良好的收敛效度与区分效度,本研究通过平均方差提取值(AVE)及其平方根来检验。

本研究的量表已经借鉴前人研究经验进行了维度划分,每个维度下有相应的题项，为方便之后的数据分析，仍需手动对题项变量进行主成分分析，原始变量聚合形成四个维度。对其依次提取后形成表 4，发现提取主成分时，可能由于数据进行过负向转换，“感知收益<负向>”因子的累积解释率偏低，但在可接受范围内。其他因子 KMO 值均在 0.7 以上，累积解释率也在 70%以上，这说明各维度与对应题项之间具有较好的适配性。

**表 4　因子旋转成分矩阵**

| 维度 | 测量题项 | 成分得分 | KMO 值 | 累积解释率 |
|---|---|---|---|---|
| 感知收益<负向> | 外在收益<负向> | 0.922 | 0.500 | 85.034% |
| | 内在收益<负向> | 0.922 | | |
| 感知成本 | 真实成本① | 0.863 | 0.897 | 73.328% |
| | 真实成本② | 0.888 | | |
| | 真实成本③ | 0.830 | | |
| | 机会成本① | 0.872 | | |
| | 机会成本② | 0.868 | | |
| | 机会成本③ | 0.814 | | |
| 状态焦虑 | 状态焦虑存在① | 0.788 | 0.799 | 58.026% |
| | 状态焦虑存在② | 0.779 | | |
| | 状态焦虑存在③ | 0.792 | | |
| | 状态焦虑缺失① | 0.770 | | |
| | 状态焦虑缺失② | 0.715 | | |
| | 状态焦虑缺失③ | 0.723 | | |
| 间歇性中辍行为 | 间断中辍 | 0.883 | 0.735 | 78.884% |
| | 节制中辍 | 0.880 | | |
| | 暂停中辍 | 0.902 | | |

根据表 5，可以发现同一潜变量的不同测量变量之间的相似程度，用测量模型中各潜变量的 AVE 值表征，AVE 值大于 0.5 说明问卷的收敛效度良好。本研究所涉及的四个因子 AVE 值均大于 0.5，CR 值均大于 0.7，说明问卷收敛效度良好。

**表 5　收敛效度分析结果**

| 路径 | | | Estimate | AVE | CR |
|---|---|---|---|---|---|
| AC1(真实成本①) | <--- | CPC(感知成本) | 0.829 | 0.681 | 0.927 |
| AC2(真实成本②) | <--- | CPC(感知成本) | 0.862 | | |
| AC3(真实成本③) | <--- | CPC(感知成本) | 0.806 | | |
| OC1(机会成本①) | <--- | CPC(感知成本) | 0.834 | | |
| OC2(机会成本②) | <--- | CPC(感知成本) | 0.846 | | |
| OC3(机会成本③) | <--- | CPC(感知成本) | 0.774 | | |
| CPB1(外在收益<负向>) | <--- | CPB(感知收益) | 0.844 | 0.700 | 0.823 |
| CPB2(内在收益<负向>) | <--- | CPB(感知收益) | 0.831 | | |
| SSA1(状态焦虑存在①) | <--- | SSA(状态焦虑) | 0.893 | 0.507 | 0.843 |
| SSA2(状态焦虑存在②) | <--- | SSA(状态焦虑) | 0.874 | | |
| SSA3(状态焦虑存在③) | <--- | SSA(状态焦虑) | 0.892 | | |
| SSA4(状态焦虑缺失①) | <--- | SSA(状态焦虑) | 0.464 | | |
| SSA5(状态焦虑缺失②) | <--- | SSA(状态焦虑) | 0.399 | | |
| SSA6(状态焦虑缺失③) | <--- | SSA(状态焦虑) | 0.416 | | |
| SUDI(暂停中辍) | <--- | INDI(间歇性中辍行为) | 0.831 | 0.685 | 0.867 |
| SBDI(间断中辍) | <--- | INDI(间歇性中辍行为) | 0.834 | | |
| CODI(节制中辍) | <--- | INDI(间歇性中辍行为) | 0.815 | | |

在本研究中,“感知成本”“感知收益<负向>”“间歇性中辍行为”的 AVE 平方根均大于这些因子与其他因子的相关系数。“状态焦虑”存在一项未达到标准,但在可接受的范围内,与上文一致,可能与“状态焦虑缺失”的数据转换有关。总体上,问卷具备良好的区分效度(表 6)。

**表 6　区分效度分析结果**

| | 状态焦虑 | 感知成本 | 感知收益<负向> | 间歇性中辍行为 |
|---|---|---|---|---|
| 状态焦虑 | 0.712 | | | |
| 感知成本 | 0.751 *** | 0.825 | | |
| 感知收益<负向> | 0.644 *** | 0.698 *** | 0.837 | |
| 间歇性中辍行为 | 0.628 *** | 0.652 *** | 0.613 *** | 0.828 |

注:*** 、** 、* 分别代表 1%、5%、10%的显著性水平,斜对角线数字为因子 AVE 平方根。

## (一)描述性统计分析

进行描述性统计分析后所得结果如表 7 所示：

**表 7 描述性统计结果**

| 变量类别 | 变量 | 频数 | 频率(%) |
|---|---|---|---|
| 性别 | 男 | 191 | 50.4 |
| | 女 | 188 | 49.6 |
| 年龄 | 18 岁以下 | 0 | 0 |
| | 18—21 岁 | 73 | 19.3 |
| | 22—25 岁 | 229 | 60.4 |
| | 25 岁以上 | 77 | 20.3 |
| 教育状态 | 大专及本科在读 | 56 | 14.8 |
| | 硕士在读 | 280 | 73.9 |
| | 博士在读 | 43 | 11.3 |
| 使用频次 | 极少 | 16 | 4.2 |
| | 较少 | 73 | 19.3 |
| | 较多 | 248 | 65.4 |
| | 极多 | 42 | 11.1 |
| 使用时长 | 1 小时以下 | 82 | 21.6 |
| | 1-2 小时 | 142 | 37.5 |
| | 3-4 小时 | 122 | 32.2 |
| | 4 小时以上 | 33 | 8.7 |
| 使用方式 | 观看短视频 | 329 | 86.8 |
| | 生产短视频 | 24 | 6.3 |
| | 社交活动(点赞、评论、交友) | 26 | 6.9 |

在所收集样本的性别方面,男性占 50.4%,女性占 49.6%。在年龄及教育状态方面,19.3%的调查对象为 18—21 岁,20.3%为 25 岁以上,22—25 岁为大多数,占 60.4%;大专及本科在读的样本占比为 14.8%,博士在读为 11.3%,硕士在读占比较高,为 73.9%。

在使用方式方面,86.8%的受访者以观看短视频为主,仅有 6.3%及 6.9%的受访者是为了生产短视频及社交活动。可见,用户的主要使用方式为观看短视频。就使用时长而言，1小时以下的占比为21.6%，1小时以上的为78.4%，其中1—2小时的最多，占37.5%，3—4小时的占比32.2%，4小时以上的则占比8.7%。在使用频次上，65.4%的受访者认为每天使用频次较多，选择“极多”“极少”的占比分别为11.1%、4.2%，“较少”的则为19.3%。

### （二）多元回归分析

在多元回归分析前，对各变量进行了相关分析，为回归分析与中介效应分析奠定基础，结果如表8所示：

**表8　各变量间的相关分析汇总**

| 因子 | 感知收益<负向> | 感知成本 | 状态焦虑 | 间歇性中辍行为 |
|---|---|---|---|---|
| 感知收益<负向> | 1 | | | |
| 感知成本 | 0.696 | 1 | | |
| 状态焦虑 | 0.643*** | 0.748*** | 1 | |
| 间歇性中辍行为 | 0.616*** | 0.653*** | 0.630*** | 1 |

注：* $p<0.05$，** $p<0.01$，*** $p<0.001$。

由表8可知，各变量间的相关性较好，且十分显著，可以继续进行回归分析与中介效应分析。根据假设1至假设5，分别建立模型并进行回归分析，观察影响是否显著，结果如表9所示：

**表9　各变量间的回归分析汇总**

| 预测变量 | 结果变量 | | | | |
|---|---|---|---|---|---|
| | 模型1(β) | 模型2(β) | 模型3(β) | 模型4(β) | 模型5(β) |
| 性别 | 0.151*** | 0.066 | 0.374*** | 0.286*** | 0.005 |
| 年龄 | 0.094* | 0.091* | 0.056 | 0.049 | 0.090* |
| 教育状态 | −0.028 | −0.040 | 0.105** | 0.086* | −0.041 |
| 使用频次 | −0.034 | −0.044 | −0.050 | −0.053 | −0.037 |
| 使用时长 | 0.083* | −0.027 | 0.235*** | 0.127*** | 0.006 |
| 感知收益 | 0.541*** | | 0.439*** | | |
| 感知成本 | | 0.635*** | | 0.562*** | |
| 状态焦虑 | | | | | 0.627*** |
| F | 42.808 | 48.677 | 85.331 | 106.585 | 42.166 |
| $R^2$ | 0.408 | 0.440 | 0.579 | 0.632 | 0.405 |

注：表格中β系数为标准化回归系数；* $p<0.05$，** $p<0.01$，*** $p<0.001$。

模型1探究的是感知收益<负向>对间歇性中辍行为的影响。结果显示,感知收益<负向>对间歇性中辍行为具有显著的正向影响。在使用短视频中所感知到的负向收益越高,则越可能采取间歇性中辍行为。在控制变量中,性别、年龄、使用时长的影响也较为显著,性别变量的影响最为显著,女性用户、年龄越大的用户或越容易采取间歇性中辍行为,使用时间越长也越容易导致间歇性中辍行为。假设1成立。

模型2探究的是感知成本对间歇性中辍行为的影响。结果显示,感知成本对间歇性中辍行为具有显著的正向影响。感知成本越高,越容易产生间歇性中辍行为。控制变量中的年龄也有一定的显著影响,年龄越大更容易产生间歇性中辍行为。假设2成立。

模型3探究的是感知收益<负向>对中介因子状态焦虑的影响。结果显示,感知收益<负向>对状态焦虑具有显著的正向影响。感受到的负向收益越强烈,越容易产生状态焦虑情绪。性别、教育状态、使用时长均对状态焦虑产生极为显著的正向影响。女性更容易间歇性中辍使用短视频;学历越高越可能经历更大程度的状态焦虑;使用时长对状态焦虑的影响也较为显著,使用时间越长,越能感受到负向收益,越容易采取间歇性中辍行为。假设3成立。

模型4探究的是感知成本对中介因子状态焦虑的影响。结果显示,感知成本的作用机制与感知收益<负向>较为一致,对状态焦虑具有显著的正向影响。感受到的真实成本、机会成本越强烈,越容易产生状态焦虑情绪。性别、教育状态、使用时长均对状态焦虑产生了极为显著的正向影响。女性在此模型中更容易感受到状态焦虑;学历越高越易感知到付出成本;使用时间越长,越能感受到相关成本,越容易产生状态焦虑。假设4成立。

模型5探究的是状态焦虑对间歇性中辍行为的影响。结果显示,状态焦虑对间歇性中辍行为具有显著的正向影响,状态焦虑情绪越严重,越容易产生间歇性中辍行为。年龄越大的大学生用户越能感受到更为严重的状态焦虑情绪,更容易产生间歇性中辍行为。假设5成立。

整体观察5个模型的具体分析数据(图2),不难发现感知收益<负向>、感知成本对间歇性中辍行为具有显著的正向影响,对状态焦虑亦具有显著的正向影响。中介因子状态焦虑也对间歇性中辍行为具有显著的正向影响。本文所提出的前 5 个假设均成立,这也为之后的中介效应分析奠定了基础。

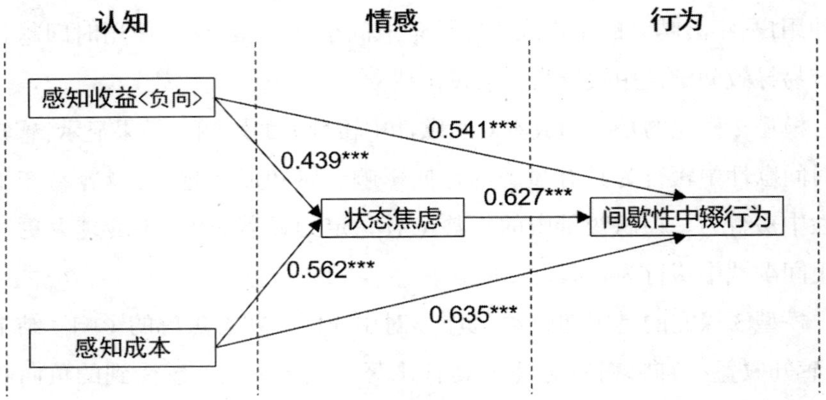


**图 2　研究模型结果**

(三)中介效应检验

为了更好地检验中介效应模型,本文采用 Hayes 的方法验证假设 6、7 是否成立。一是状态焦虑在感知收益<负向>与间歇性中辍行为之间中介效应的检验。在控制性别、年龄、教育状态、使用频次、使用时长的情况下,探讨状态焦虑在感知收益<负向>与间歇性中辍行为之间的中介效应。

上文已验证感知收益<负向>对间歇性中辍行为、状态焦虑具有显著的正向影响,放入中介变量状态焦虑后(表 10),感知收益<负向>对间歇性中辍行为的正向影响仍然显著($\beta = 0.361$),状态焦虑对间歇性中辍行为的正向影响也十分显著($\beta = 0.411$)。

**表 10　状态焦虑在感知收益<负向>与间歇性中辍行为之间的中介效应检验**

| 回归方程(N=379) | | 系数显著性 | |
|---|---|---|---|
| 结果变量 | 预测变量 | β | T |
| 间歇性中辍行为 | 性别 | -0.003 | -0.062 |
| | 年龄 | 0.071 | 1.771 |
| | 教育状态 | -0.071 | -1.712 |
| | 使用时长 | -0.013 | -0.294 |
| | 使用频次 | -0.014 | -0.282 |
| | 感知收益 | $0.361^{***}$ | 7.296 |
| | 状态焦虑 | $0.411^{***}$ | 7.115 |
| $R^2$ | 0.480 | F | 48.820 |

注:表格中 β 系数为标准化回归系数; $^{*}p<0.05$, $^{**}p<0.01$, $^{***}p<0.001$。

观察表 11 中介效应检验可知,感知收益<负向>不仅能够直接正向影响间歇性中辍行为,而且能够通过状态焦虑的中介作用影响间歇性中辍行为。该中介模型中的直接效应(0.361)与中介效应(0.180)分别占总效应(0.541)的 66.7%、33.3%。假设 6 成立。

**表 11　总效应、直接效应及中介效应分解(感知收益<负向>)**

| 影响路径 | 效应值 | BootSE | Bootstrap 95%CI | | 相对效应 |
|---|---|---|---|---|---|
| | | | 上限 | 下限 | |
| 总效应 | 0.541 | 0.045 | 0.452 | 0.630 | 100% |
| 直接效应 | 0.361 | 0.050 | 0.264 | 0.458 | 66.7% |
| 间接效应 | 0.180 | 0.030 | 0.123 | 0.242 | 33.3% |

二是状态焦虑在感知成本与间歇性中辍行为之间中介效应的检验。在控制性别、年龄、教育状态、使用频次、使用时长的情况下,探讨状态焦虑在感知成本与间歇性中辍行为之间的中介效应。

上文已验证感知成本对间歇性中辍行为、状态焦虑具有显著的正向影响,放入中介变量状态焦虑后(表 12),感知成本对间歇性中辍行为的正向影响仍然显著(β=0.439),状态焦虑对间歇性中辍行为的正向影响也十分显著(β=0.349)。

表 12 状态焦虑在感知成本与间歇性中辍行为之间的中介效应检验

| 回归方程(N=379) | | 系数显著性 | |
|---|---|---|---|
| 结果变量 | 预测变量 | β | T |
| 间歇性中辍行为 | 性别 | -0.034 | -0.730 |
| | 年龄 | 0.074 | 1.858 |
| | 教育状态 | -0.070 | -1.702 |
| | 使用时长 | -0.025 | -0.557 |
| | 使用频次 | -0.072 | -1.457 |
| | 感知成本 | 0.439*** | 7.579 |
| | 状态焦虑 | 0.349*** | 5.677 |
| $R^2$ | 49.831 | F | 49.831 |

注:表格中 β 系数为标准化回归系数;* p<0.05,** p<0.01, *** p<0.001。

观察表 13 中介效应检验可知,感知成本不仅能够正向影响间歇性中辍行为,而且能够通过状态焦虑的中介作用影响间歇性中辍行为。该中介模型中的直接效应(0.439)与中介效应(0.196),分别占总效应(0.635)的 69.1%、30.9%。假设 7 成立。

表 13 总效应、直接效应及中介效应分解(感知成本)

| 影响路径 | 效应值 | BootSE | Bootstrap 95%CI | | 相对效应 |
|---|---|---|---|---|---|
| | | | 上限 | 下限 | |
| 总效应 | 0.635 | 0.048 | 0.540 | 0.730 | 100% |
| 直接效应 | 0.439 | 0.058 | 0.325 | 0.553 | 69.1% |
| 间接效应 | 0.196 | 0.041 | 0.118 | 0.278 | 30.9% |

至此,本文共有 7 个研究假设,且 7 个研究假设均成立。

## 五、结论与探讨

本文以在校大学生群体为调查对象,共收集 379 份有效问卷,在文献梳理与模型构建之后,对数据进行分析,深入了解该群体在使用短视频时的感知及情绪,综合探讨了感知与情绪对其间歇性中辍行为的影响,得出以下结论。

### （一）大学生以刷短视频为主，观看时间较长

提到短视频，人们脑海中的第一印象是刷短视频，不少学者的研究已有论述。根据上文关于使用方式的描述性统计，本文样本中 86.8%的大学生用户选择了“观看短视频”，而对平台中关于短视频的其他功能并不是很感兴趣。样本中有 76.5%用户认为自己使用短视频的次数比较多，持续 1 小时以上的用户比例达 78.4%。可见，大多数大学生用户使用短视频，主要是为了观看短视频，每天使用短视频的时间较长。

### （二）大学生用户“刷”短视频的感受是“先甜后苦”，能够感知到负向收益与成本，且会产生不同程度的间歇性中辍行为

大学生用手机“刷”短视频，满足了娱乐消遣需求。不少大学生在刷视频过程中处于“无脑放松”的状态，很难感知到时间的流逝。可是刷完视频之后，74.1%的大学生用户能够感知到负向收益，其中感知强烈的大学生用户占 32.2%，接近 1/3。83.4%的大学生用户能够感知到成本，其中能够明显感知到的用户有 40.4%，占四成。这说明，样本中多数用户均认为并没有获得有效信息（占比为 69.7%）、没有得到情感上的满足（占比为 57.8%），取而代之的是更大的空虚及时间精力的浪费。在感知真实成本中，付出的时间成本相较于精力、金钱成本被更多的用户所选择。在感知机会成本中，选择“使用短视频后，我认为我浪费了用来提升自身的时间和精力”的人数，多于选择“使用短视频后，我认为我浪费了用来休息的时间”“使用短视频后，我认为我浪费了和亲友交流的时间和精力”。可见该群体更希望时间被用来提升自我，而非浪费在刷短视频。

不难看出，大学生用户对其所使用的短视频有自身的认知，大部分认为无用、无聊、浪费时间精力等。已有调查结果显示，观看短视频除了耗费个体的时间成本，大学生群体没有获得实质性收获，短暂满足感之后反而增加了焦虑和空虚。有学生表示，“刷完后我会有空虚感”，“在刷短视频的时候觉得挺快乐，等刷够了之后又感觉时间被浪费了，自己却没有得到什么实质的东西，甚至有那么一丝负罪感”。

对均值的频率统计发现，84.2%的大学生用户有过间歇性中辍行为。上文的数据统计结果也验证了假设1“感知收益<负向>正向影响间歇性中辍行为”与假设2“感知成本正向影响间歇性中辍行为”。已有学者证实，当用户感知无用或感知成本较大时，会让其产生不持续使用的意向。尽管大学生用户或在刷视频时收获了精神上的放松，但快乐短暂，一旦进入理性思考，便会产生负面认知，而这种认知又使他们控制自己的使用时间和频次，或先暂时不使用。

为什么没有完全放弃？一方面是因为目前短视频无处不在。现在诸多平台已经看到短视频所带来的巨大收益，便通过开发新功能、优化精准投送等方式吸引流量。另一方面，短视频确实提供了即时的放松。这与一些学者的研究相符合，大学生群体主要观看幽默搞笑类短视频，当个体内在享乐动机得到满足时，他们更愿意继续这种行为。因此他们并不会完全放弃使用，只是在后续使用中注意自己的行为。

可见，刷短视频这一行为所带来的精神放松是不可忽视的，但刷完短视频所产生的感知及情绪也让用户无法忽视，于是用户便有了“采纳—放弃—再次采纳”的行为。样本中的大学生用户对移动短视频有自己的看法，大多数用户认为并没有获取到有效信息，且认为自己浪费了大量时间、精力，从而产生了间断中辍、节制中辍或暂停中辍行为。

### （三）状态焦虑在用户感知价值与间歇性中辍行为之间能够发挥“桥梁”作用

情绪体验其实是用户在使用网络产品中非常重要的部分，研究者已逐渐关注这一重要因素。用户的情感体验越高，移动社会化媒体的参与水平就越高。用户对信息的屏蔽意向主要由不良情绪所决定，负面情绪与回避行为有极大的联系，而情绪的程度影响着行为的强度。当情绪发生时，人会本能地做出调节的行为反应。

对均值的频率统计发现，17.9%的大学生用户的状态焦虑感并不明显，82.1%的大学生用户有状态焦虑感，其中，31.4%的大学生用户具有中度状态焦虑感，31.7%的状态焦虑感非常明显。这说明，大学生刷短视频之后绝大多数存在状态焦虑感,而状态焦虑作为一种短时间内的情绪反应,促使用户想要尽快摆脱并采取行动。本文通过数据验证,发现状态焦虑显著影响了间歇性中辍行为($\beta=0.627$, $p<0.001$)。大学生用户的状态焦虑程度越强烈,越想短暂逃离短视频以调节、减少焦虑情绪。

为什么会有焦虑情绪?"认知因素—情感因素—间歇性中辍行为"过程中的情感因素,实际上发挥着联系前因与结果的作用,存在具体的影响路径。使用短视频后,无论是信息的获取还是情感上的满足,多数大学生用户感知到的收益不多,再加上时间、精力的付出,便产生了状态焦虑情绪。数据证实感知收益<负向>、感知成本对状态焦虑具有正向影响($\beta=0.439$ 和 0.562)。同时,从中介效应占比数据可以看出,感知收益<负向>与感知成本通过状态焦虑影响间歇性中辍行为。大学生用户在刷视频过程中感知到负向收益和成本,由此引发的状态焦虑会让他们暂时逃离短视频、投入其他事情,或在下一次使用时规范自己的行为。显然,状态焦虑发挥着中介作用,联结了感知价值与间歇性中辍行为。

尽管本研究证实了大学生短视频用户的间歇性中辍行为,但也存在一些研究局限。比如样本集中在研究生群体,本科生群体较少,样本缺少代表性;抽样方法为非随机抽样,描述性统计结果仅具参考价值,不能全面推论。另外,本研究的结论对于不同的主体也具有不同的参考价值。对短视频生产者与运营者来说,如何让短视频发挥"可持续"影响力,让大学生在观看短视频中有所收获、消除焦虑情绪,是有待进一步深入研究的问题。对大学生群体而言,如何理性而适当地使用短视频,不被短视频"牵着鼻子走",从而更好地成长,也同样是有待进一步深入研究的问题。

## 参考文献

陈龙,陈小燕,2022.刷短视频何以成为一种媒介实践:基于短视频用户群体的民族志研究[J].新闻与写作,(4):33-45.

陈渝,黄亮峰,2019.理性选择理论视角下的电子书阅读客户端用户流失行为研究[J].图书馆论坛, 39(9):118-126.

程慧平,苏超,王建亚,2020.社交媒体用户不持续使用行为模型构建及实证研究[J].情报学报,39(9):963-978.

程慧平,闻心玥,苏超,2021.微信公众号用户取消关注意向研究[J].管理学报,18(6):904-911.

邓君,魏瑶,李蛟,等,2021.在线知识社区用户非持续使用意愿研究:以知乎为例[J].情报科学,39(5):138-145,155.

董庆兴,周欣,毛凤华,等,2019.在线健康社区用户持续使用意愿研究:基于感知价值理论[J].现代情报,39(3):3-14,156.

龚艳萍,曹玉,李见,2020.短视频应用的特性对用户参与行为的影响:心理参与的中介作用[J].情报科学,38(7):77-84.

光明网,2020.短视频平台真正"拥抱"大学生须从内容创新突破[EB/OL].https://news.gmw.cn/2020-03/19/content_33666105.html.

李君君,王金歌,曹园园,2021.间歇性中辍行为特征的探索性研究:以微博数据为例[J].现代情报,41(1):60-66.

李姗姗,雷天骄,崔遵康,2021.主我与客我理论视域下弱关系社交媒体用户中辍行为机理与模型[J].现代情报,41(3):52-59.

刘大正,2020.短视频时代的形象建构与用户审美满足研究:以抖音、快手等为例[J].文艺争鸣,(8):92-97.

刘鲁川,李旭,张冰倩,2018.社交媒体用户的负面情绪与消极使用行为研究评述[J].情报杂志,37(1):105-113,121.

卢新元,黄梦梅,卢泉,等,2020.基于时间特性的社交网络平台中用户消极使用行为规律分析[J].情报学报,39(4):419-426.

潘琪,2020.情绪视角下的移动短视频社交平台用户间歇性中辍行为研究[D].武汉:华中科技大学.

齐炳金, 武忠,2015.移动社会化媒体用户体验与知识共享的关系研究[J].情报理论与实践, 38(3):35-39.

邱佳青, 裴雷, 2016.社交网络背景下的用户信息屏蔽意向研究[J]. 情报理论与实践,(11):43-48.

沈校亮,厉洋军,2017.智能健康硬件用户间歇性中止行为影响因素研究[J].管理科学,30(1):31-42.

田彦英,杨东,DING C,等,2018.简版状态焦虑量表在大学生群体中的效度和信度[J].中国心理卫生杂志,32(10):886-888.

王建亚,张雅洁,程慧平,2020.大学生手机短视频过度使用行为影响因素研究[J].图书馆学研究,(13):84-95.

王力娟,2008.中小学教师状态焦虑研究[D].重庆:西南大学.

谢兴政,贾玉璇,2021."屏媒时代"青年群体短视频成瘾现象及对策分析 [J].编辑学刊,(1):30-35.

熊慧,郭倩,2019.朋友圈中辍行为的影响因素研究[J].新闻界(10):36-45.

晏青,陈柯伶,杨帆,2022."自我-技术"关系感知与调适:短视频观看中间歇性中辍行为研究[J].国际新闻界,44(11):100-119.

杨韶刚,1999.寻找存在的真谛:罗洛·梅的存在主义心理学[M].武汉:湖北教育出版社.

叶浩生,1998. 西方心理学的历史与体系[M ].北京:人民教育出版社.

叶志桂,2004.西方顾客价值研究理论综述[J].北京工商大学学报(社会科学版),(4):11-15,87.

张春兴,2009.现代心理学[M].上海:上海人民出版社:457-458.

张敏,孟蝶,张艳,2019.逃离还是回归?——用户社交网络间歇性中辍行为实证研究的影响因素综述[J].图书馆论坛,39(6):43-52.

张敏,薛云霄,罗梅芬,等,2019.移动社交网络用户间歇性中辍行为形成机理的概念模型:一项基于扎根理论的探索性研究[J].情报资料工作,40(4):84-90.

张明新,叶银娇,2014. 传播新技术采纳的"间歇性中辍"现象研究:来自东西方社会的经验证据 [J]. 新闻与传播研究,21 (6):78-98,127-128.

张宁,高冰洁,2021. CAC 范式下老年人在线健康信息服务的消极使用形成与影响因素研究[J].图书情报工作,65(19):96-104.

张亚军, 张金隆, 刘文兴,等,2015. 信息系统前实施阶段用户抵制影响因素的实证分析[J].管理评论, 27(5):82-91.

张艳虹,王诗乐,2020.大学生短视频平台使用状况及引导[J].高校辅导员学刊,12(2):84-87.

中国网络试听节目服务协会,2023.2023 中国网络试听发展研究报告[R].第十届网络视听大会,成都.

ARONFREED J,1973.Conduct and conscience: the socialization of internalized control over behavior[M]. New York: Academic Press.

BAEK Y M,BAE Y,JANG H,2013.Social and parasocial relationships on social network sites and their differential relationships with users' psychological well-being[J].Cyberpsychology, behavior, and social networking,16(7):512–517.

BECK A T,LAUDE R,BOHNERT M,1974.Ideational components of anxiety neurosis[J].Archives of general psychiatry,31(3):319–325.

CAO Y,QIN X,LI J,et al.,2022.Exploring seniors' continuance intention to use mobile social network sites in China: a cognitive–affective–conative model[J].Universal access in the information society,21(1):71–92.

CHOI K S,CHO W H,SUNHEE L,2005.The relationships among quality, value, satisfaction and behavioral intention in health care provider choice: a South Korean study[J].Quality control and applied statistics,50(1):107–108.

CHRISTINA S,GREITEMEYER T, 2014. Facebook's emotional consequences: why Facebook causes a decrease in mood and why people still use it[J]. Computers in human behavior ,35:359–363.

CROPANZANO R,ANTHONY E L,DANIELS S R,et al. 2017. Social exchange theory: a critical review with theoretical remedies[J].The academy of management annals, 11(1):479–516.

GUNTUKU S C, YADEN D B, KERN M L, et al.,2017. Detecting depression and mental illness on social media: an integrative review[J]. Current opinion in behavioral sciences ,18:43–49.

HAYES A F,2014.Introduction to mediation, moderation, and conditional process analysis:a regression–based approach[J].Journal of educational measurement,51(3):335–337.

HOLLY S,HEATHER C W,2019.Understanding links between social media use, sleep and mental health: recent progress and current challenges[J].Current sleep medicine reports,5(3):141–149.

HUANG Y,LOU S J,HUANG T C,et al.,2019.Middle–aged adults' attitudes toward health App usage: a comparison with the cognitive–affective–conative model[J].Universal access in the information society,18(4): 927–938.

KIM Y H,KIM D J,WACHTER K,2013.A study of mobile user engagement (MoEN): engagement motivations, perceived value, satisfaction, and continued engagement intention[J].Decision support systems,56(1):361–370.

LABRAGUE L J,2014.Facebook use and adolescents' emotional states of depression, anxiety, and stress[J].Health science journal,8(1):80–89.

LI C,2013.Persuasive messages on information system acceptance: a theoretical extension of elaboration likelihood model and social influence theory[J].Computers in human behavior, 29(1):264-275.

MANI Z,CHOUK I,2017.Drivers of consumers' resistance to smart products[J].Journal of marketing management,33(1/2): 76-97.

MARCHANT C,O'DONOHOE S,2019.Homo prostheticus? Intercorporeality and the emerging adult-smartphone assemblage[J].Information technology & people,32(2):453-474.

MARTEAU T M,BEKKER H,1992.The development of a six-item short-form of the state scale of the Spielberger State-Trait Anxiety Inventory (STAI)[J].British journal of clinical psychology,31(3):301-306.

RAINIE L,SMITH A,DUGGAN M,2013.Coming and going on facebook [EB/OL].http://www.pewinternet.org/2013/02/05/coming-and-going-on-facebook/.

RAVINDRAN T,ALTON C Y K,DION G H L,2014. Antecedents and effects of social network fatigue[J].Journal of the association for information science & technology, 65(11):2306-2320.

ROGERS E M,1983.Diffusion of innovations[M]. New York: The Free Press,161-162.

SAGIOGLOU C,GREITEMEYER T,2014.Facebook's emotional consequences: why Facebook causes a decrease in mood and why people still use it[J].Computers in human behavior, 359-363.

SEDIGHI M, SPLUNTER S V, BRAZIER F, et al., 2016. Exploration of multi-layered knowledge sharing participation: the roles of perceived benefits and costs[J].Journal of knowledge management,20(6):1247-1267.

SPIELBERGER C D, GORSUCH R, LUSHENE R, et al., 1983. Manual for the state-trait anxiety inventory (Form Y): self-evaluation questionnaire [M].Palo Alto: Consulting Psychologists Press Inc.

YORK C, TURCOTTE J, 2015. Vacationing from Facebook: adoption, temporary discontinuance, and readoption of an innovation[J].Communication research reports,32(1):54-62.

ZHANG G,MA L,ZHANG X, et al.,2019.Understanding social media users' unfollow intentions:take WeChat subscriptions as an example[J].Online information review,43(7):1081-1097.

ZHANG S W,ZHAO L,LU Y,et al.,2019.Do you get tired of socializing? An empirical explanation of discontinuous usage behaviour in social network services[J].Information & management,53(7):904-914.

# 电商主播特征对说服效果的影响研究*

## ——基于淘宝直播的计算传播分析

◇ 程萧潇　欧冬妮**

**摘要**:作为电商直播营销模式的核心,电商主播对直播说服效果具有重要影响。本文基于说服理论和视觉方法论,对52位电商主播的156个直播场次视频展开基于计算机视觉技术的内容分析。研究发现:电商主播的知名度和展示创新性正向影响电商直播的说服效果,专业度和空间呈现冲击性有负向影响。本研究所构建的电商主播特征之于直播说服效果的经验模型,不仅拓展了说服理论和意见领袖的适用情境和作用边界,而且在实践层面对电商直播营销具有重要启示:企业应将知名度作为选择电商主播合作的主要指标,电商主播应当在满足专业度、吸引力等行业要求的基础上增强展示创新性。

**关键词**:电商主播特征;说服理论;视觉分析;计算传播学

## 一、引言

受新冠疫情影响,人们的消费需求向线上转移,企业纷纷采取电商直播的营销形式吸引消费者,电商直播成为线上商业增长的重要动力。据《2021

---

* 基金项目:国家社会科学基金重点项目"5G时代新闻传播的格局变迁与研究范式转型"(编号:21AZD143)。

** 程萧潇,浙江大学传媒与国际文化学院特聘副研究员;欧冬妮,中山大学传播与设计学院硕士研究生。

年中国直播电商行业研究报告》,中国电商直播行业处于高速发展期,2020年行业市场规模高达1.2万亿元,电商直播已经成为常态化的营销方式。

电商直播的发展主要经历了萌芽期、探索期和爆发期三个阶段。2009年至2015年,以美丽说和蘑菇街为代表的导购社区出现,推动消费决策主动权向消费端转移,吸引更多人参与线上商业化运作。2016年至2018年,移动互联网在中国迅速普及,直播行业成为风口。在众多平台中,"淘宝直播"率先提出"主播带货"的"电商+直播"营销形式,凭借淘宝电商资源强势入局,在直播电商平台中具备天然优势,也最具代表性。2019年至今,现象级主播和疫情客观上推动了电商直播进入公众视野并迎来突飞猛进的发展。

通过电商主播推售产品成为企业线上渠道中新的增长点,电商主播作为新兴的网络意见领袖,是电商直播行业的主要推动力。目前,电商直播主要依靠达人主播,专职主播、明星等达人主播具备鲜明的个人特色,不同粉丝量级达人的带货和营销能力相差巨大,马太效应明显。

电商直播作为强销售导向的广告形式,重点在于说服消费者进行购买决策。而电商主播是电商直播中连接商品与消费者的核心枢纽,也是在广告说服过程中掌握控制权和主动权的主体,其特征对于吸引和维系消费者具有重要意义。对电商主播的既有研究往往仅通过实验或问卷的方式考察其个体影响效果,缺乏基于实际直播效果的实证。为了使研究结果更具有效性,本研究希望超越对态度的测量,观察消费者群体实际行为的变化,通过大样本视觉计算和人工编码相结合的内容分析验证关系假设,从而形成影响模型。同时,探讨电商主播特征对电商直播说服效果的内在影响机制,总结有效预测电商主播说服效果的可能公式,拓展网络意见领袖内涵,旨在为电商主播和企业提升电商营销效果提供路径支持。

## 二、文献综述

本文关注电商主播特征对电商直播说服效果的影响,从主题、理论框架和方法三个维度进行综述,探讨相关研究的近年成果,主要包含电商直播与电商主播研究、说服效果与精细可能性模型和多模态视觉内容分析与计算机视觉技术三个部分。

## (一)电商直播与电商主播研究

电商直播源起于2016年,是网络直播的一个分支,指网络意见领袖通过视频直播、短视频等形式推荐卖货并最终成交的电商营销形式(俞华、刘甜甜,2021)。根据《淘宝直播2021年度报告》,2020年电商直播用户规模达2.65亿人,淘宝直播成交额超4000亿元。电商直播已成为拉动消费的新引擎,是疫情下各大品牌的广告营销新阵地。与此同时,电商直播逐渐成为学术研究热点。

电商直播重点在于影响消费者的购买决策,该类研究目前集中在心理转向、购买意愿和购买行为等方面。刘平胜和石永东(2020)研究电商直播模式对消费者购买决策的影响机制,其中优质内容、网红个人魅力、高度互动性、激励机制和信任是关键要素。刘忠宇等人(2020)通过扎根理论,将消费者购买意愿的形成划分为"认知—情感—意动"三个阶段,网红层面的专业性、互动性、相似性与信任性和个体层面的自我效能与社会提升影响认知维度,存在感和认同感影响情感维度。李贞贞等人(2021)关注大学生群体,基于技术接受模型证实用户从众心理、交互性、商家信誉和信任度显著正向影响电商直播用户使用意愿。郑灿灿(2019)探讨了电商直播情境下用户冲动性购买行为,将感知交互性、促销折扣和冲动性特质作为自变量,将冲动性购买意愿作为中介变量,从而搭建解释模型。

电商主播是职业化、商业化的网络意见领袖,即"在直播平台上通过商品使用和经验分享为消费者提供商品展示,进而促进消费者点击购买商品"的职业群体,在促成直播销售中起关键作用(谢莹等,2019)。传统的意见领袖概念由拉扎斯菲尔德(Paul Lazarsfeld)提出,学界普遍认为该群体活跃在人际传播当中,具备相关专业知识,为他人提供信息建议并施加影响(朱洁,2010)。新媒体时代下,开放网络空间中的意见领袖成为"再中心化"后的网络节点,对受众的影响力呈指数级增长,在具备出色表现力的同时缺乏与受众的稳定关系(Lyons & Henderson,2005;陈然、莫茜,2011)。特别地,作为营销领域的网络意见领袖,电商主播呈现显著的商业化趋势,通过为消费者提供产品推荐完成影响力变现(Meng et al.,2018)。电商主播通过信息传递能够对消费者态度产生比大众营销更有说服力的影响效果,但不同电商主播特征的影响效果不同(Stern & Gould,1998)。综合既有研究(表1),电商主播可信性、吸引力、互动性和展示性是影响受众在线购买意愿的主要特征因素(韩箫亦、许正良,2020;刘凤军等,2020)。

**表1 影响电商直播效果的电商主播特征因素**

| 研究者 | 电商主播特征 | 研究发现 |
| --- | --- | --- |
| 刘凤军等(2020) | 可信性、专业性<br>吸引力、互动性 | 电商主播的可信性、专业性和互动性通过消费者认知路径的实用性购买价值感知正向影响购买意愿;电商主播的吸引力和互动性通过消费者情感路径的享乐性购买价值感知对购买意愿起正向作用 |
| 曾丽红等(2021) | 客观性(知名度、专业性、吸引力) | 均与受众购买意愿显著正相关 |
| 韩箫亦和许正良(2020) | 魅力性、推荐性<br>展示性、互动性 | 电商主播的魅力性、展示性和互动性正向影响消费者兴奋感;电商主播的推荐性、展示性、互动性正向影响消费者价值感,四个维度均正向影响消费者信任感 |
| 费鸿萍(2021) | 可信性(专业性、可靠性、吸引力) | KOL主播相比于传统明星主播的来源感知可信度更高,更能促使受众产生积极的品牌态度与购买意愿 |
| 赵大伟和冯家欣(2021) | 互动性、专业性<br>魅力性 | 均与受众购买意愿显著正相关 |

总体而言,电商直播研究重点集中在国内,尚处于起步阶段,于现象和理论层面反复探析,整体落后于营销实践,尤其缺少基于直播实践的实证研究。而电商主播是电商直播"人货场"体系下的核心,是网络意见领袖中的新兴群体,既有研究仅将电商主播作为众多影响电商直播效果的因素之一,缺乏对电商主播的深度分析。本研究从作为网络意见领袖的电商主播视角考察电商主播特征对直播效果的影响,基于说服效果理论和视觉分析方法对此进一步探析。

### (二)说服效果与精细可能性模型

人的传播具有目的性,电商直播的最终目的在于通过说服提高消费者的购买意愿从而产生购买行为。这个说服过程是一种信息传播的过程,信息发布者以某种形式表达信息并传递给说服对象,力图引起目标对象产生预期的心理变化，从而转变态度和行为（Burgoon et al.，1981）。

说服理论（persuasion theory）最初由霍夫兰（Hovland）提出。他的信息传递理论将信息传递过程视为一个被信息可信度、信息内容结构等因素影响的系统，社会判断理论则强调个体态度的改变效果受其态度形成的影响（董巍，2009）。说服理论基于该两种理论产生，研究主要分为传播者、传播内容、传播方式和受众四个部分，进一步系统化考量了态度改变中涉及的因素。

说服理论发展至今，学界普遍认为信息传播的主动权和控制权仍然掌握在信息发布者手中。在传播者方面，霍夫兰提出信源具有可信性假说和休眠效果，虽然信源对信息的影响会随着时间减弱，但一定时间内，信息传播者的专业性和可信性是提升说服效果的必要条件。近年的研究中，学界引入了一些新因素作为补充，例如传者的表达方式和匹配度等（拉森，2017）。有学者以商品类别和信源专业性为自变量，研究发现与商品相匹配的信息来源会促使消费者产生更积极的态度与购买意愿，为说服研究引入了信源与内容匹配度的因素（Till & Bulser，2000）。

电商直播的说服效果研究是与电商直播实践联系最紧密的议题，传播的说服效果指的是“受传者的态度沿传播者说服意图的方向发生的变化”（郭庆光，2011）。在广告领域研究中，众多学者在探究广告说服效果中采用说服效果模型的研究框架。童天玄（2018）利用说服理论，从四种影响因素的角度分别对比研究中国与泰国公益视频广告如何说服受众。胡振宇（2006）将说服理论引入名人广告研究，分析说服发生过程中名人广告的必要条件与应用方式，总结出实践性指南。Gaied 和 Rached（2010）比较了知名和非知名代言人在广告中的说服效果和态度变化，结果证明非名人代言更可信。Gopinath 等人（2013）收集了 75 部电影的票房、博客等数据集来验证博客数量与电影总体消费市场号召力的关系。李婷婷等人（2010）统计了 BBS 帖子点击数、回复数等实际指标，发现信息长度直接影响信息的说服效果。

尽管主流研究认为态度通常是行为的良好预测因子（Ajzen，1991），但事实情况并非完全如此。大多数研究是通过消费者态度改变衡量说服效果，主要包括产品态度、品牌态度、购买意愿等（刘世雄等，2019；陈秀丽等，2021；张蕾，2021）。但是，Reich 和 Soule（2016）认为基于 MTurk 样本的在线调查限制了结论的外部效度。类似地，Kover（1995）认为基于 20 秒强制广告曝光的研究无法准确反映消费者被动观看广告的现实。因为实验和问卷形式本身具有一定局限性，难以模拟真实的广告营销环境，研究结论也会受到研究者主观判断等的干扰，所以基于实际环境的集体行为考察同样重要。

说服效果的经典模型包括精细可能性模型（information processing model）等。麦奎尔（McQuail）提出了关于说服过程输入输出矩阵的信息处理模式，认为受众任何态度的变化都是“理性”过程（郭庆光，2011）。信息处理模式将受众视为在信息接收过程中会积极参与并深思熟虑的个体，但这个假设并不完全成立，Petty 等人（1983）所提出的 ELM 模型为其做了很好的补充。

ELM 模型将态度改变的途径分为中枢路径和边缘路径。中枢路径是指个体深度加工信息并通过考察信源、搜索体验等方式做出决策，边缘路径是指个体浅层加工信息并根据信源可靠性、传播者魅力等边缘线索做出决策，二者的差别在于个体思考可能性的高低（金志成、周象贤，2007）。而影响受众路径选择最重要的因素之一是卷入度。卷入度的定义主要分为两类：一种是根据注意水平高低或者主观唤起程度分类，卷入度被定义为购买者在消费行为的搜索、评估和决策过程中所投入的时间和精力（Hsu & Lee，2003）；另一种是根据产品潜在价值高低分类，卷入度是产品和服务拥有的潜在价值连续体，连续体低端是价格低廉的商品，连续体高端是价格高昂、消费者陌生的商品（Vaughn，1986）。一方面，由于时间压力、互动体验等行为因素和具有吸引力的产品价格、主播等情境因素，电商直播中冲动性购买行为是一种普遍的现象，消费者缺乏时间展开详细评估（沈燕、赵红梅，2018）；另一方面，电商直播的商品品类以服装、美妆、食品为主，价格较为平易近人。所以电商直播的卷入度整体较低。因此，基于 ELM 模型，电商直播对消费者态度改变的影响方式应当被视作一种边缘路径，边缘线索对说服效果的影响效果更大，信源可靠性、传播者魅力等因素更易被感知，并通过情感迁移等机制转移到产品态度中。

综上所述，电商主播作为拥有网络意见领袖身份的传播者，对电商直播说服效果起主要作用，说服机制作用沿着边缘路径进行，信源可靠性、传播者魅力等属性更易被感知。尽管衡量消费数据将是一项相当具有挑战性的工作，而为了使研究结果更具有效性，研究应该超越对态度的测量，观察到集合行为层面的变化。

### （三）多模态视觉内容分析与计算机视觉技术

本研究综合使用计算机视觉技术与人工编码，以更加客观地量化电商主播的直播内容。电商直播作为一种新媒体广告形式，是图像、声音等多种符号资源的有机组合，各种模态共同构成了话语空间。多模态话语（multimodal discourse）是“运用听觉、视觉、触觉等多种感觉，通过语言、图像、声音、动作等多重手段和符号资源进行交际的现象”（张德禄，2009）。话语最终通过媒体在物质世界中表现，多模态话语的非语言模态可分为身体和非身体两类。

**表2　多媒体话语模态系统**

| 模态 | 分类 | 项目 |
|---|---|---|
| 语言 | 伴语言 | 音响、音调、字体、布局 |
| | 纯语言 | 声音、文字 |
| 非语言 | 身体 | 动作（移动）、比拟、面容、肢体 |
| | 非身体 | 工具、环境 |

相较于文本信息，人们对于视觉材料的感知和处理速度更快（Maurer，2016），对视觉材料的分析在深入研究信息传播机制中起着关键作用。罗斯（2017）的视觉方法论中详细叙述了基于内容分析如何解读视觉材料，这种方式能够避免主观判断或牵制于理论而导致的偏误（bias）。基于对可重复性与效度的考量，视觉材料的内容分析依旧遵循一般的内容分析操作步骤。

近年来，计算机视觉技术不断发展，为视觉符号研究提供技术支撑。Haim 和 Jungblut（2021）基于来自 28 个国家的政治候选人图片的视觉计算，分析候选人在自我描述与新闻描述中的形象传播差异，并肯定了视觉计算内容分析具有可靠的工具效度。Peng Jemmott Ⅲ（2018）将视觉计算引入食物照片美学吸引力分析，对图片的色彩占比、视觉复杂性等因变量进行客观测量，较好地避免了编码人员主观阐释造成的数据误差。

视觉内容分析存在一定缺陷，影像经过内容分析肢解后变得零碎，分析无法准确说明影像所表达的整体内容,所以影像与内容往往不可避免地交织在一起。而对多模态的综合考量为视频内容的全面评估提供可能(Royce,2002)。吴晔等人(2021)通过对抖音《主播说联播》栏目中非语言符号和语言符号的分析,肯定了语言符号和空间呈现的人格化对传播效果的提升作用,是国内较早引入视觉内容分析方法的研究。也有学者基于多模态话语分析方法,对企业形象电视广告进行转录分析,阐释听觉模态与视觉模态在广告的语篇意义建构中所发挥的作用,将多模态视频语篇分析方法引入广告研究(姚银燕、陈晓燕,2013)。

基于综述,视觉内容分析和计算机视觉技术都仍处于发展阶段,具备一定工具效度,但较少应用于实证研究。目前多模态分析主要用于语言学领域,跨学科应用正在兴起。从媒体系统层面看,视频内容可以分为语言和非语言两种类型,计算机视觉技术与文本挖掘技术的发展为视频内容的量化提供了解决路径。本文旨在结合计算机视觉技术与人工编码,对大样本直播内容进行量化,将研究视野从单一信息模态转向多模态的综合说服效果。

## 三、假设提出与分析

结合对电商主播及说服效果的文献综述,本文将可信度、吸引力、互动性和展示性作为电商主播的特征因素。

### (一)主播可信度

信源可信度(information source credibility)是信源的一种品质,即对传播者是否可信的判断。在信息传播交流中,可信性信源通常被认为具备相关知识并能够提供可靠信息(McCracken,1989),可信度会影响消费者对于相关产品及服务的态度,是影响说服有效性的主要因素(Gunther,1992)。受众在接收信息过程中的态度发生变化时,信源可信度的高低对说服效果有显著影响(Lee,2012)。

构成可信度的要素主要包括可靠性(trust worthiness)与专业性(expertness)(Flanagin & Metzger,2003)。Carritore 等人(2003)在前人研究基础上,

引入声望(reputation)因素,认为如果传播者过去的成绩得到认可,受者会认为其具有可信性。在电商直播的语境下,本研究采用专业度与知名度作为电商主播可信度的衡量维度。

专业度是传播者所被感知到的理解能力、技能和知识的程度(Halder et al.,2021)。在突出高科技产品专业性的广告中,消费者对相关产品的风险感知度显著下降(Biswas et al.,2006)。电商主播在直播过程中,经常对商品进行长时间介绍,介绍中会体现材质、工艺等客观属性。同时,匹配假说(match-up hypothesis)表明,当代言人与被代言产品之间存在匹配时,代言人更有效(Till & Busler,2000)。Flanagin 和 Metzger(2003)通过实验研究产品和代言人类型的专业领域匹配度对说服效果的影响,证明了代言人专业性在增强消费者购买意愿及品牌信念中的重要作用。知名度(popularity)表示一个组织或个人被公众了解的程度以及社会影响的广度和深度,是评价名气大小的尺度(梦非,2012)。电商主播的知名度主要表现在被公众所熟知且拥有较高曝光量,特别体现为直播间粉丝数量,知名度越高代表其在直播带货领域内的影响力越大。故提出以下假设:

H1a:电商主播的专业度正向影响电商直播的说服效果。

H1b:电商主播的知名度正向影响电商直播的说服效果。

### (二)主播吸引力

依据人际吸引力理论(interpersonal attraction theory),吸引力被用来衡量一个人以积极或消极的方式评价另一个人的倾向,即对其他人的能力和身体属性的最初印象与评价(Shen et al.,2019)。信息来源的吸引力影响信息说服力(Shankar et al.,2001),近年的研究也进一步表明,吸引力在电商环境中是用户态度与行为的重要驱动因素(Campbell et al.,2013),是建立用户关系的首要步骤。

McCroskey 与 McCain(1974)将吸引力划分为三个不同维度,即任务吸引力(task attraction)、社会吸引力(social attraction)和身体吸引力(physical attraction)。任务吸引力指主体能够提供有价值且准确的信息以帮助用户完成社交任务的吸引力,社会吸引力指主体能够有效支持用户间社交互动的能力所产生的吸引力，身体吸引力指主体面部和身材等外表令人赏心悦目的程度。电商直播空间中，用户没有完成社交任务或进行深度社交互动的需求，故在本次研究中，将身体吸引力作为吸引力因素的研究维度。

移动互联网时代，消费语境中呈现出明显的身体景观。网络直播所呈现的即时图像传播的媒介真实性特点，使得主播身体在网络直播过程中实现虚拟在场，即主播的身体由原来线上符号互动中的隐身缺席状态发展为身体图像的在线呈现（余富强、胡鹏辉，2018）。对身体吸引力的判断往往基于身高、外貌、体型等具体的体貌线索（龚潇潇等，2021），而体貌线索经过直播语境的中介化在线传播过滤（拜厄姆，2020）使得电商主播形成以外貌为主的身体呈现。身体审美化的社会思潮推动身体成为可供消费的商品（张小强、李双，2020），主播的身体吸引用户在直播带货中的参与和购买。故提出以下假设：

H2：电商主播的吸引力正向影响电商直播的说服效果。

### （三）主播互动性

互动（inter-activity）是双方沟通与信息交换的过程。互动性是双方在沟通交流中有所接触并形成反馈，再据反馈信息进行多次及时反馈的能力（Ghose & Dou，1998）。电商直播实现了信息的实时呈现和交互传播，电商主播与消费者之间消除时间与空间的障碍形成直接的交流互动。陈剑（2018）和严小芳（2016）分别从符号互动论和场景传播理论角度，提出网络直播通过深度交互体验构筑了一种情景，主播和用户在这种共通的意义空间中形成情感联结与集体狂欢，这种特征同样存在于电商直播领域中（谭婵，2020）。

基于互动内容特征，有学者将在线互动分为关系导向与任务导向两种类型（Köler et al.，2011）。关系导向型互动是指主播以建立和维护与受众间关系为目的开展互动，任务导向型互动是指主播以完成某个任务为目的开展互动（范钧 等，2021），电商直播更关注带货这一根本任务，所以主播互动呈现任务导向型。在任务导向型网络直播场景中，受众更青睐采取示强互动策略的主播，认为他们有着较高任务完成度。

电商直播的传播主要基于移动设备，在以往 PC 端互动性维度研究的基础上，将移动视频直播互动性分为同步性、响应度、互动频率和去中心性四个维度（范小军等，2020）。而电商直播以电商主播为传播场的中心节点（陈雪娇、喻国明，2021），与受众的互动主要通过“一对一”或者“一对多”的反馈形式，双方话语权不平等，故本研究采取其他三个维度。互动同步性是指受众对信息输入与收到响应的同步程度；互动响应度是指电商主播反馈信息与受众发送的信息的关联程度；互动频率是指电商主播与受众之间互动发生的时间间隔。故提出以下假设：

H3：电商主播的互动性正向影响电商直播的说服效果。

### （四）主播展示性

在电商直播中，展示性是在电商主播展示商品功能用途时所呈现的特征，电商主播的直播行为是一种在电商直播特定场景与空间下、在受众的注视下所进行的表演（戈夫曼，1989），但电商直播中的在线表演通常面临技术隔离感与展示同质化的双重挑战。直播给受众带来小屏观看所产生的隔离感（彭松等，2022），电商主播需要破除观众的“他者凝视”，获得在信息传播中的主动权，才能推动受众进入其构造的虚拟空间。同时，受限于所售商品属性，电商主播的表演具有框架范式（朱逸、尹卫华，2021），整体呈现出模式化、同质化的特征。

有学者将展示冲击性与展示创新性作为讨论主播展示性的两个维度（韩箫亦，2020），电商主播在直播中增加边缘线索会加强受众的认知与感受。电商直播的视频形式将主播的说服与表达诉诸视觉，非语言符号在展示冲击性中起主要作用，其中主要是“空间呈现”和“体态语”发挥作用。空间呈现是指人物在媒介中的空间展现形式，主要指镜头距离；体态语是指人物使用的姿势和动作，包括面部表情和手势语言等（吴晔等，2021）。为了更好地展示商品以及满足用户的观看需求，主播需要调整身体与直播设备的距离，使用更丰富的体态语。展示创新性要求主播以富有创意、别出心裁、极具生动性的方式进行商品展示与角色表演。赵占波等人（2014）和尤春智（2016）的研究均表明丰富多彩的展示形式会给受众带来更多的刺激因素与内心的愉悦感，从而影响其态度与行为。故提出以下假设：

H4a：电商主播的体态语冲击性正向影响电商直播的说服效果。

H4b：电商主播的空间呈现冲击性正向影响电商直播的说服效果。

H4c：电商主播的展示创新性正向影响电商直播的说服效果。

至此，本文提出如图 1 所示的研究模型。

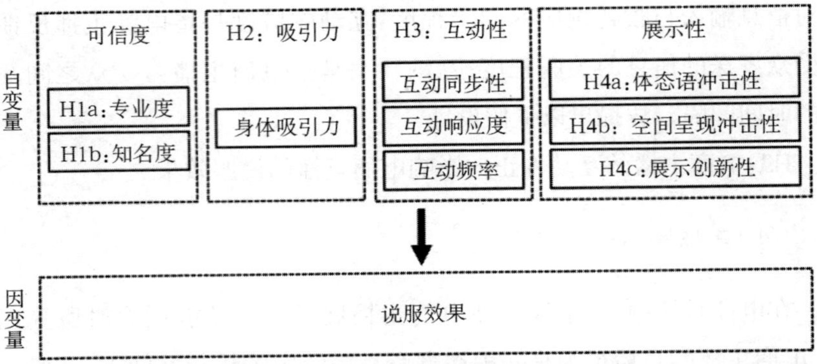


**图 1　电商主播特征对直播说服效果的影响假设模型**

## 四、数据获取与研究方法

### （一）数据来源

本研究以淘宝直播的达人主播为研究对象，运用第三方数据监测平台锚定具体对象，获取 2022 年某月内产生直播记录的主播名单。依照电商主播的直播间粉丝数对电商主播进行分层，参考各层所占比例（2 ∶ 6 ∶ 11 ∶ 26）分层抽样，共计抽取 90 人。

对 90 位电商主播的直播视频信息进行采集，遵循随机性、同期性、即时性原则，随机选定截止日期（非平台活动周期内），采集向前倒推 7 天内的近 3 次视频信息。具体采集方法：90 位主播中有 52 位满足直播时间限制，人工下载或于平台观看直播视频 156 个，共计 45894 分钟，构成本研究的样本总体。使用第三方数据监测平台获取视频信息及对应的播放量、点赞数、购买量等数据。至此，本研究通过多阶段分层抽样获取电商主播样本及数据信息。

### （二）变量测量

本文以电商主播特征为自变量，以说服效果为因变量。电商直播具有强销售导向，受众以购买产品的需求为前提观看电商直播，并且电商直播中产品销售量受到产品价格波动等多因素影响，故将直播播放量作为说服效果的衡量指标。具体变量如表 3 所示。

**表 3　主要变量操作化定义与测量**

<table>
<tr><th></th><th colspan="3">变量</th><th colspan="2">操作化定义</th><th>变量类别</th><th>测量方法</th></tr>
<tr><td rowspan="11">自变量</td><td rowspan="3">可信度</td><td rowspan="2">专业度</td><td>产品关联度</td><td colspan="2">电商主播带货类目与当场直播主题或出现频次最高的商品类目一致化程度</td><td>定距</td><td>人工编码</td></tr>
<tr><td>描述客观度</td><td colspan="2">电商主播在带货过程中对于商品成分、性能等客观属性的描述程度</td><td>定距</td><td>人工编码</td></tr>
<tr><td colspan="2">知名度</td><td colspan="2">电商主播直播间粉丝数</td><td>定量</td><td>电商主播直播间粉丝数</td></tr>
<tr><td>吸引力</td><td colspan="2">身体吸引力</td><td colspan="2">男性与女性对于主播外貌的整体评分</td><td>定量</td><td>自动化编码：计算外貌评分均值</td></tr>
<tr><td rowspan="3">互动性</td><td colspan="2">互动同步性</td><td colspan="2">电商主播反馈与评论的时间同步程度</td><td>定距</td><td>人工编码</td></tr>
<tr><td colspan="2">互动响应度</td><td colspan="2">电商主播反馈的问题解决效果</td><td>定距</td><td>人工编码</td></tr>
<tr><td colspan="2">互动频率</td><td colspan="2">电商主播对用户评论的回应频率</td><td>定距</td><td>人工编码</td></tr>
<tr><td rowspan="4">展示性</td><td rowspan="3">展示冲击性</td><td>空间呈现冲击性</td><td colspan="2">直播视频中人物的景别大小，即距离镜头的距离</td><td>定量</td><td>自动化编码：计算脸与图像的大小比值的均值</td></tr>
<tr><td rowspan="2">体态语冲击性</td><td>人物表情</td><td>表情丰富度：电商主播表情的出现占比<br>情感效价：积极与消极情绪的出现占比</td><td>定量</td><td>自动化编码：识别面部表情类别，选择置信程度最高的表情类型</td></tr>
<tr><td>人物手势</td><td>手势丰富度：电商主播手势的出现占比<br>手势种类：电商主播手势使用的种类占比</td><td>定量</td><td>自动化编码：识别手势类别，选择置信程度最高的手势类型</td></tr>
<tr><td colspan="2">展示创新性</td><td colspan="2">电商主播在展示商品时对多屏、多空间直播等创新手段的采用程度</td><td>定距</td><td>人工编码</td></tr>
</table>

续表

| | 变量 | 操作化定义 | 变量类别 | 测量方法 |
|---|---|---|---|---|
| 控制变量 | 主播性别 | 电商主播的视觉性别 | 定类 | 自动化编码:性别识别的多数类别 |
| | 主播年龄 | 电商主播的视觉年龄 | 定量 | 自动化编码:计算主播年龄均值 |
| | 主播职业 | 电商主播的主要职业 | 定类 | 人工编码 |
| | 主播领域 | 电商主播的主要带货商品领域 | 定类 | 人工编码 |
| 因变量 | 说服效果 | 电商主播直播的每分钟观看量 | 定量 | 直播观看量除以直播时间的均值 |

(三)编码与信度检验

采用内容分析法定量描述电商主播的特征,结合计算机视觉技术与人工完成研究编码。

1.计算机视觉自动编码

为便于对视频进行内容分析,参照直播视频的平均时长及内容,去除视频始末各10分钟片段后,采用随机数表法选择读取第1张图片所对应的视频时间,将156个直播视频依照5分钟的时间间隔输出为图片形式。由于平台对视频采集的限制,图片输出主要通过人工截取,小部分使用python 3.6通过计算机视觉库opencv处理,共获得图片4680张。借助人工智能开放平台Face++处理输出的图片集,使用python 3.6分别调用对应的平台API,分析结果包括性别、年龄、情绪、人脸位置、手势信息等视觉指标。分别自动剔除未检测到视觉指标和手势信息的图像后,共获得5481条有效面部识别数据和5304条有效手势识别数据。

2.人工编码

根据研究假设,对电商主播的主要职业、专业度、互动同步性、互动响应度、互动频率及展示创新性进行人工编码。

研究招募的两位编码员为传播学专业高年级本科学生,观看电商直播的频次每周高于3次，编码员对电商直播较高的熟悉度与相似的学术背景有利于编码信度达成。为保证编码结果的科学性与客观性，采用同等形式法，从电商主播直播视频样本中简单随机抽取10%，对分析单元进行独立的试点编码。编码过程中，研究者根据编码无歧义、指标互斥等要求对编码手册的指标与概念进一步修改。本次编码的Holsti's信度为0.96，Kappa信度为0.95，说明编码结果具有较高一致性，信度良好。

### （四）分析方法

电商主播的说服效果受到复杂因素的影响。为解释多个相关自变量的作用强度，本文采用多元线性回归分析数据，并形成预测模型，将直播观看次数作为因变量，专业度、知名度、吸引力、互动同步性、互动响应度、互动频率、空间呈现冲击性、体态语冲击性与展示创新性作为自变量，主播性别、主播年龄、主播职业、主播领域作为控制变量。

## 五、研究发现

本研究以52位电商主播的156次直播为研究样本，其中女性占78.8%，男性占21.2%，由于从事电商主播行业的人员以女性为主，所以研究样本的性别比例基本合理。基于粉丝量划分的主播各层级占比分别为7.6%、15.4%、26.9%和51.9%，符合金字塔结构与长尾理论。主播职业主要包括六种类别，专职主播所占比重最大、达31.1%，其次是明星与主持人、所占比例均为9.6%，最后是助理主播与服装搭配师等强相关职业、所占比例均为3.8%。视频样本的直播时间中，有79.5%位于3月的连续三天，其余样本直播时间为截止日期前7天的其余天数，视频样本具有高度同期性，能较好地减少外部环境对研究的影响。电商直播视频时长整体较长，时长位于180—360分钟区间的高达76.3%，整体标准差为76.6，具体视频间的时长离散程度高。各电商主播所售卖的商品领域主要包括非母婴服装、食品和美妆护肤，分别占比39.1%、45.0%和32.0%，此类商品的价格较低，均为低卷入度商品。

表4呈现了本研究核心变量的描述性统计结果。总体来看，电商主播具

有较高的专业度($M$ = 7.67, $SD$ = 1.31)和吸引力($M$ = 66.21, $SD$ = 4.96)。电商主播体态语冲击性整体相对一致($M$ = 4.87, $SD$ = 2.43),并多与镜头保持一定距离($M$ = 0.05, $SD$ = 0.56)。电商主播间的较大差异主要体现在直播间知名度(粉丝量)($M$ = 2604600.23, $SD$ = 8961002.23)和播放量($M$ = 2975.46, $SD$ = 9223.37)。

**表 4 自变量与因变量的描述性统计**

| | 极小值 | 极大值 | 平均值 | 标准误 | 标准偏差 |
|---|---|---|---|---|---|
| 专业度 | 4.00 | 10.00 | 7.67 | .11 | 1.31 |
| 知名度 | 1462 | 62438905 | 2604600.23 | 719765.02 | 8961002.23 |
| 吸引力 | 44.91 | 78.52 | 66.21 | .398 | 4.96 |
| 互动性 | 7 | 15 | 11.07 | .175 | 2.18 |
| 体态语冲击性 | 3.49 | 31.21 | 4.87 | .195 | 2.43 |
| 空间呈现冲击性 | .01 | 0.34 | .05 | .045 | .56 |
| 展示创新性 | 1 | 5 | 3.07 | .074 | .92 |
| 播放量 | 5.57 | 9223.37 | 2975.46 | 807.60 | 9223.37 |

表 5 呈现了电商主播特征变量间及其与说服效果变量的相关分析结果。直播的播放量对数与主播的展示创新性和知名度对数有显著的正相关,相关系数分别为 0.206 和 0.807。这说明电商主播的展示创新性和知名度特征越显著,直播的说服效果越佳。直播的播放量对数与专业度、互动性和空间呈现冲击性呈负相关关系,相关系数分别为-0.206、-0.369 和-0.405。这说明一般而言,主播的专业度、互动性、空间呈现冲击性越强,直播的平均播放量反而越差。直播的播放量对数与其余变量之间没有显著相关关系。

**表 5 电商主播在直播视频中的特征变量的相关分析**

| | 专业度 | 互动性 | 吸引力 | 空间呈现冲击性 | 体态语冲击性 | 展示创新性 | 播放量对数 | 知名度对数 |
|---|---|---|---|---|---|---|---|---|
| 专业度 | 1 | | | | | | | |
| 互动性 | .249** | 1 | | | | | | |
| 吸引力 | -.152 | .064 | 1 | | | | | |

续表

| | 专业度 | 互动性 | 吸引力 | 空间呈现冲击性 | 体态语冲击性 | 展示创新性 | 播放量对数 | 知名度对数 |
|---|---|---|---|---|---|---|---|---|
| 空间呈现冲击性 | .072 | .411 ** | .225 ** | 1 | | | | |
| 体态语冲击性 | .001 | .100 | −.055 | .216 ** | 1 | | | |
| 展示创新性 | .030 | .006 | −.110 | .066 | .088 | 1 | | |
| 播放量对数 | −.206 * | −.369 ** | .098 | −.405 ** | −.007 | .206 ** | 1 | |
| 知名度对数 | −.144 | −.322 ** | .244 ** | −.212 ** | −.025 | .062 | .807 ** | 1 |

注：** $p < .01$， * $p < .05$。

本研究进一步建立了电商主播特征对说服效果的回归模型(表6)。研究发现,在电商主播特征对说服效果的影响方面,影响较大的分别是知名度、展示创新性、专业度和空间呈现冲击性4个变量,其他变量对说服效果没有显著影响,故采用模型二。模型最终的$R^2$为0.741,意味着自变量知名度、空间呈现冲击性、展示创新性和专业度能够解释因变量说服效果的74.1%。主播的知名度对直播的说服效果有显著的正向影响($\beta$ =0.908,$p$ <0.001),即当其他变量不发生改变时,知名度极大程度上决定着电商直播的说服效果,假设H1b成立。主播的展示创新性同样正向影响说服效果,主播在直播中采取更多创新性的展示策略会增强直播的说服效果($\beta$ =0.152,$p$ <0.001,假设H4c成立)。主播的专业度与空间呈现冲击性负向影响直播的说服效果($\beta$ =−0.051,$p$ =0.038<0.05;$\beta$ =−3.545,$p$ <0.001),假设H1a不成立。在其他变量不变的情况下,主播对商品材质、成分等客观属性的描述在一定程度上削弱说服效果,主播与镜头的距离越近,说服效果越差。

**表6 电商主播特征对说服效果的回归分析**

| 变量 | 模型一 | 模型二 |
|---|---|---|
| 专业度 | −.050 * | −.051 * |
| 知名度 | .907 *** | .908 *** |
| 吸引力 | −.002 | |
| 互动性 | −.005 | |
| 体态语冲击性 | .017 | |

续表

| 变量 | 模型一 | 模型二 |
|---|---|---|
| 空间呈现冲击性 | −3.581 *** | −3.545 *** |
| 展示创新性 | .147 *** | .152 *** |
| 常数 | −2.371 | −2.473 |
| 样本量 | 156 | 156 |
| DW | 1.817 | 1.820 |
| 调整后$R^2$ | 0.739 | 0.741 |

注：*** $p < .001$，** $p < .01$，* $p < .05$。

## 六、结论与展望

本研究以 52 位电商主播的 156 次直播视频作为分析对象,基于说服理论,探究可信度、吸引力、互动性和展示性等电商主播特征对直播说服效果的影响。结合视觉分析方法,本研究发现电商主播的可信度、空间呈现冲击性和展示创新性对直播说服效果具有显著影响。

具体而言,电商主播的知名度对说服效果具有显著的正向影响,而主播的专业度负向影响直播的说服效果。电商直播中,受众无法直接感知产品,需要依靠电商主播形成产品认知,且产品整体卷入度较低,所以受众往往基于边缘路径做出决策。因此,电商主播的知名度越高,越能为产品背书,更容易激发受众兴趣与购买欲望,这也印证了学者的既有研究。与前人研究大相径庭的是,本研究认为理性客观的说服方式更适合具有理性品质的产品,如科技产品等,但电商直播产品中以生活用品为主,更适合通过感性的叙述提升受众的情绪体验,从而推动受众的冲动型消费。

此外,研究发现电商主播的吸引力与直播说服效果无显著影响。根据拟剧理论,电商直播从业者扮演前台表演的角色,对电商主播姣好身体外表的要求是必然的行业门槛。除此之外,电商主播前台展现的形象也经过后台的精心处理以满足受众凝视的审美需求,一般是通过修图软件等手段修饰,且进行了严格的自我身体规训。虽然身体吸引力是对电商主播的基本要求,但该群体整体较高的身体吸引力难以让电商主播凭借吸引力特性脱颖而出。

电商主播的互动性对直播说服效果无显著影响。受众对于产品的了解并不必然依赖与电商主播的互动,电商主播对产品的详尽介绍基本能满足受众的信息需求。若电商主播与受众之间的互动过多,会将直播中一对多的传播转变为一对一的传播,在满足了少数受众需求的同时,牺牲了另一部分受众的观看体验。除此之外,电商直播时间受限、节奏较快,过多的互动会阻碍直播原有进程,让直播变得冗长。但过少的互动也会完全剥削受众的参与权,受众的需求无法得到反馈,双向互动被迫中止,极大降低了受众的参与感与积极性。有学者也得出类似结论,方超(2018)通过问卷对电商主播特征对消费者态度影响效果进行研究,认为互动不能有效提升消费者的满意度。

就电商主播的展示性对直播说服效果的影响而言,其中空间呈现冲击性对直播观看量产生显著的负向影响,展示创新性则呈现出正向影响。空间呈现冲击性,即电商主播与镜头的距离,对于说服效果的影响作用较为显著。霍尔(2010)的“空间关系学”指出,人们在人际传播中的所采取的相对距离决定着传播的方式与效果。而陈力丹(2009)对于大众传播中“距离”的讨论进一步论述了该观点,认为大众传播的空间距离与社会距离最终落在心理距离上,在以传者为主导的距离观中,传者通过改变大众传播的距离能够实现传播效果最大化。在电商直播中,电商主播与镜头的适当距离有利于产品的展示与直播间整体氛围的打造,在避免压迫感的同时能够削弱与受众之间的隔离感。展示创新性对直播的说服效果具有显著正向影响。直播带货中产品的同质化决定了直播内容的同质化,电商主播需要借助辅助手段提高信息的丰富性、生动性、独特性,输出与众不同的直播内容,更好地增强受众对产品的认知。

由于淘宝直播数据及视频文件因后台加密而较难获取,本研究在收集电商直播平台数据与直播画面时遇到较大困难,最终通过多阶段分层抽样的方式仅分析了156个场次的直播视频,研究样本量的限制使得本研究具有一定的局限性。此外,本研究将直播观看次数/播放量作为衡量说服效果的变量,并未将受众由观看到商品购买行为的转化过程考虑在内,后续研究将进一步考察主播特征对观众商品购买行为的说服效果。最后,本研究调用商业计算机视觉 API 对大规模图像进行自动化内容分析,预先训练好的检测模型不仅限制了可供分析的维度,商业 API 的"黑箱化"过程还意味着分析工具的版本更新可能对研究的可复制性构成挑战。后续研究将考虑采用多种不同的计算机视觉工具和预训练图像分析模型,对其结果进行交叉验证(Araujo et al.,2020),以进一步提升研究结果的稳健性。

## 参考文献


拜厄姆,2020.交往在云端:数字时代的人际关系[M].董晨宇,译.北京:中国人民大学出版社.

曾丽红,黄蝶,2021.是什么在主导网络直播购物意愿:说服理论视域下对直播购物受众购买意愿的影响因素研究[J].新闻与写作,(7):50-57.

陈剑,2018.符号互动论视角下的网络直播研究[J].新闻采编,(6):24-27.

陈力丹,2009."距离"在传播学中的概念及应用:关于大众传播中"距离"的讨论[J].国际新闻界,(6):33-37,90.

陈然,莫茜,2011.网络意见领袖的来源、类型及其特征[J].新闻爱好者,(24):6-7.

陈秀丽,张言彩,陈娇,2021.社交电商消费者态度改变的实验:基于霍夫兰说服模型的研究[J].淮阴师范学院学报(哲学社会科学版),43(5):531-536.

陈雪娇,喻国明,2021.技术迭代视角下直播电商的发展逻辑、动力模型与操作要点[J].新闻爱好者,(1):9-14.

董巍,2009.态度改变:说服模型的理论传承及其简化[J].黑龙江教育学院学报,28(5):75-76.

范钧,陈婷婷,张情,2021.不同互动类型直播场景下主播互动策略对受众打赏意愿的影响[J].南开管理评论,24(6):195-204.

范小军,蒋欣羽,倪蓉蓉,等,2020.移动视频直播的互动性对持续使用意愿的影响[J].系统管理学报,29(2):294-307.

方超,2018. 电商网络主播特征对消费者态度影响研究:基于交互性的调节作用[D].合肥:安徽大学.

费鸿萍,周成臣,2021.主播类型与品牌态度及购买意愿:基于网络直播购物场景的实验研究[J].河南师范大学学报(哲学社会科学版),48(3):80-89.

戈夫曼,1989.日常生活中的自我呈现[M].冯钢,译. 北京:北京大学出版社.

龚潇潇,叶作亮,玉胜贤,2021.Vlogger吸引力与消费者购买意愿的关系:准社会互动与错失恐惧的作用[J].财经论丛,(12):92-102.

郭庆光,2011.传播学教程[M].北京:中国人民大学出版社.

韩箫亦,2020.电商主播属性对消费者在线行为意向的作用机理研究[D].长春:吉林大学.

韩箫亦,许正良,2020.电商主播属性对消费者在线购买意愿的影响:基于扎根理论方法的研究[J].外国经济与管理,42(10):62-75.

胡振宇,2006.名人广告说服传播研究[D].广州:暨南大学.

霍尔,2010.无声的语言[M].何道宽,译.北京: 北京大学出版社.

金志成,周象贤,2007.受众卷入及其对广告传播效果的影响[J].心理科学进展,(1):154-162.

拉森,2017.说服:接受与责任[M].董璐,等译.北京:北京大学出版社.

李婷婷,魏辅轶,叶超,等,2010.网络群体传播中非正式信息长度对传播效果影响研究[J].现代情报,30(12):36-40.

李贞贞,肖宛如,赵雪芹,2021.大学生使用电商直播平台影响因素研究:以淘宝直播为例[J].情报探索,(1):72-78.

刘凤军,孟陆,陈斯允,等,2020.网红直播对消费者购买意愿的影响及其机制研究[J].管理学报,17(1):94-104.

刘海龙,2004.大众传播理论:范式与流派[M].北京:中国人民大学出版社.

刘平胜,石永东,2020.直播带货营销模式对消费者购买决策的影响机制[J].中国流通经济,34(10):38-47.

刘世雄,陈鹏艳,丁庚,2019.产品卷入度与网络语言态度对网络语言广告说服效果的影响[J].心理科学,42(1):124-129.

刘忠宇,赵向豪,龙蔚,2020.网红直播带货下消费者购买意愿的形成机制:基于扎根理论的分析[J].中国流通经济,34(8):48-57.

罗斯,2017.观看的方法:如何解读视觉材料[M].肖伟胜,译.重庆: 重庆大学出版社.

马向阳,徐富明,吴修良,等,2012.说服效应的理论模型、影响因素与应对策略[J].心理科学进展,20(5):735-744.

梦非,2012. 社会化商务环境下意见领袖对购买意愿的影响研究[D].南京:南京大学.

米歇尔,2021.图像理论[M]. 兰丽英,译.重庆: 重庆大学出版社.

彭松,龚凌轩,江虹,2022.新闻主播的网络媒介形象建构机制探析:以朱广权的跨界直播带货为例[J].当代电视,(3):76-78.

沈燕,赵红梅,2018.基于情境理论的消费者冲动性购买行为分析:以淘宝直播秒杀为例[J].经营与管理,(8):124-130.

谭婵,2020.符号互动理论视域下的电商直播研究[J].新媒体研究,6(10):40-41.

童天玄,2018. 说服性框架下的中泰公益视频广告比较研究[D].武汉:华中师范大学.

吴晔,樊嘉,张伦,2021.主流媒体短视频人格化的传播效果考察:基于《主播说联播》栏目的视觉内容分析[J].西安交通大学学报(社会科学版),41(2):131-139.

谢莹,李纯青,高鹏,等,2019.直播营销中社会临场感对线上从众消费的影响及作用机理研究:行为与神经生理视角[J].心理科学进展,27(6):990-1004.

严小芳,2016.场景传播视阈下的网络直播探析[J].新闻界,(15):51-54.

姚银燕,陈晓燕,2013.对视频语篇的多模态话语分析:以一则企业形象电视广告为例[J].外国语文,29(1):86-91.

尤春智,2016. 网络环境下产品展示生动性对高科技产品购买意愿的影响研究[D].马鞍山:安徽工业大学.

余富强,胡鹏辉,2018.拟真、身体与情感:消费社会中的网络直播探析[J].中国青年研究,(7):5-12,32.

俞华,刘甜甜,2021.我国直播电商发展现状[J].中国国情国力,(6):33-40.

张德禄,2009.多模态话语分析综合理论框架探索[J].中国外语,6(1):24-30.

张蕾,2021. 电商直播平台的说服信息对消费者态度的影响研究[D].济南:山东财经大学.

张小强,李双,2020.网红直播带货:身体、消费与媒介关系在技术平台的多维度重构[J].新闻与写作,(6):54-60.

赵大伟,冯家欣,2021.电商主播关键意见领袖特性对消费者购买的影响研究[J].商业研究,(4):1-9.

赵占波,杜晓梦,陈凯,2014.网络强迫性购买倾向的影响机制及应对措施研究[J].管理评论,26(4):130-141.

郑灿灿,2019. 基于网络购物直播情境的消费者冲动性购买行为影响因素研究[D].合肥:安徽大学.

朱洁,2010.中西方"意见领袖"理论研究综述[J].当代传播,(6):34-37.

朱逸,尹卫华,2021.网络直播购物情境下的拟剧化营销:基于抖音直播平台的分析与诠释[J].上海对外经贸大学学报,28(2):114-124.

AJZEN I,1991.The theory of planned behavior[J].Organizational behavior and human decision processes, 50(2): 179-211.

ARAUJO T,LOCK I,VAN DE VELDE B,2020. Automated visual content analysis (AVCA) in communication research: a protocol for large scale image classification with pre-trained computer vision models[J].Communication methods and measures, 14(4):239-265.

BISWAS D,BISWAS A, DAS N,2006. The differential effects of celebrity and expert endorsements on consumer risk perceptions:the role of consumer knowledge, perceived congruency, and product technology orientation[J].Journal of advertising, 35(2):17-31.

BURGOON J K,BURGOON M,MILLER G R,et al.,1981. Learning theory approaches to persuasion[J].Human communication research, 7(2):161-179.

CAMPBELL D E,WELLS J D,VALACICH J S,2013. Breaking the ice in B2C relationships: understanding pre-adoption e-commerce attraction[J].Information systems research, 24(2):219-238.

CORRITORE C L,KRACHER B,WIEDENBECK S,2003. On-line trust: concepts, evolving themes, a model[J]. International journal of human-computer studies, 58(6):737.

FLANAGIN A J, METZGER M J,2003.The perceived credibility of personal Web page information as influenced by the sex of the source[J].Computers in human behavior, 19(6): 683-701.

GAIED A M, RACHED K S B,2010.The persuasive effectiveness of famous and non famous endorsers in advertising[J]. IBIMA business review.

GHOSE S,DOU W,1998. Interactive functions and their impacts on the appeal of Internet presence sites[J].Journal of advertising research, 38(2):29-43.

GOPINATH S, CHINTAGUNTA P K, VENKATARAMAN S, 2013. Blogs, advertising, and local-market movie box office performance[J].Management science, 59(12):1-35.

GUNTHER A C,1992.Biased press or biased public? Attitudes toward media coverage of social groups[J].Public opinion quarterly, 56(2):147-167.

HAIM M,JUNGBLUT M,2021. Politicians' self-depiction and their news portrayal: evidence from 28 countries using visual computational analysis[J]. Political communication, 38(1-2):55-74.

HALDER D,PRADHAN D,CHAUDHURI H R,2021. Forty-five years of celebrity credibility and endorsement literature: review and learnings[J]. Journal of business research, 125: 397-415.

HSU T H, LEE M, 2003. The refinement of measuring consumer involvement: an empirical study [J]. Competitiveness review, 13(1): 56-65.

KOVER A J, 1995. Copywriters' implicit theories of communication: an exploration[J]. Journal of consumer research, 21(4): 596-611.

KÖHLER C F, ROHM A J, DE RUYTER K, et al., 2011. Return on interactivity: the impact of online agents on newcomer adjustment[J]. Journal of marketing, 75(2): 93-108.

LEE W K, 2012. An elaboration likelihood model based longitudinal analysis of attitude change during the process of IT acceptance via education program[J]. Behaviour & information technology, 31(12): 1161-1171.

LYONS B, HENDERSON K, 2005. Opinion leadership in a computer-mediated environment [J]. Journal of consumer behaviour, 4(5): 319-329.

MAURER M, 2016. Nonverbale politische Kommunikation[M]. Springer-Verlag.

MCCRACKEN G, 1989. Who is the celebrity endorser? Cultural foundations of the endorsement process[J]. Journal of consumer research, 16(3): 310-321.

MCCROSKEY J C, MCCAIN T A, 1974. The measurement of interpersonal attraction[J]. Speech monographs, 41(3), 261-266.

MENG F, WEI J, ZHU Q, 2011. Study on the impacts of opinion leader in online consuming decision[C]//2011 International Joint Conference on Service Sciences, IEEE, 140-144.

PENG Y, JEMMOTT Ⅲ J B, 2018. Feast for the eyes: effects of food perceptions and computer vision features on food photo popularity[J]. International journal of communication, (12): 313-316.

PETTY R E, CACIOPPO J T, SCHUMANN D, 1983. Central and peripheral routes to advertising effectiveness: the moderating role of involvement[J]. Journal of consumer research, 10 (2): 135-146.

REICH B J, SOULE C A A, 2016. Green demarketing in advertisements: comparing "buy green" and "buy less" appeals in product and institutional advertising contexts[J]. Journal of advertising, 45(4): 441-458.

ROYCE T, 2002. Multimodality in the TESOL classroom: exploringvisual-verbal synergy[J]. TESOL quarterly, 36(2): 191-205.

SHANKAR A, ELLIOTT R, GOULDING C, 2001. Understanding consumption: contributions from a narrative perspective[J].Journal of marketing management, 17(3/4):429-453.

SHEN X, LI Y, SUN Y, et al., 2019. Understanding the role of technology attractiveness in promoting social commerce engagement: moderating effect of personal interest[J].Information & management, 56(2):294-305.

STERN B B, GOULD S J, 1988. The consumer as financial opinion leader[J].Journal of retail banking, 10(2):43-52.

TILL B D, BUSLER M, 2000. The match-up hypothesis: physical attractiveness, expertise, and the role of fit on brand attitude, purchase intent and brand beliefs[J].Journal of advertising, 29(3):1-13.

VAUGHN R, 1986. How advertising works: a planning model[J]. Journal of advertising research, 26(1):57-66.

# 农村居民网络虚假信息甄别行为意向影响因素研究*

## ——基于河南省 Y 县的调查

◎ 褚建勋 王晨阳**

**摘要**:激发农村居民积极主动的网络虚假信息甄别行为意向,是抵御虚假信息侵害的重要手段。本文通过在河南省 Y 县 16 个行政村的实地问卷调查和实证分析发现,甄别态度、主观规范、知觉行为控制、个人规范、风险感知、惩罚确定性、惩罚严厉性均正向影响农村居民网络虚假信息甄别行为意向。在个体特征方面,女性的甄别行为意向强于男性,这与现有研究相反,受访农村地区和村民的社会文化结构和个体心理特质或是导致这一结果的原因。此外,受教育程度越高、社交网络密度越大,甄别行为意向越强烈。研究认为,应探索建立网络虚假信息协同化防范机制和技术平台,大力开展防范网络虚假信息宣传进农村活动,鼓励家庭中的年轻成员增强对中老年成员的"数字反哺",重视乡村书屋建设,提升村民信息素养。

**关键词**:网络虚假信息;虚假信息甄别;社交媒体;行为意向;风险感知;数字化生存;数字素养

* 基金项目:中国科学技术协会 2022 年度研究生科普能力提升项目"伦理风险型技术的科普解读与社会感知研究——以人工智能医疗技术为例"(编号:KXYJS2022070);合肥市 2023 年度哲学社会科学规划项目"突发公共事件中的网络谣言治理策略研究"(编号:HFSKQN 202302)。

** 褚建勋,中国科学技术大学人文与社会科学学院教授、博士生导师、党委书记,中国科学技术大学计算社会科学与融媒体研究所所长,中国科学院科学传播研究中心前沿科普首席专家;王晨阳(通讯作者),中国科学技术大学人文与社会科学学院博士研究生,中国科学技术大学计算社会科学与融媒体研究所、中国科学院科学传播研究中心研究助理。

## 一、研究缘起

在线社会网络(OSN)在便利信息生产与消费方式的同时,也滋生了层出不穷的虚假信息。仅在2020年,网络虚假信息的传播数量就增长了2倍(Sharot, 2021)。虚假信息泛滥对公众理解现实世界造成了极大的负面影响。皮尤研究中心调查显示,64%的受访者称虚假新闻对社会事件和问题的基本事实造成了相当大的混淆(Mitchell et al., 2016)。更值得忧虑的是,虚假信息已成为社会舆论撕裂、极端主义、种族主义、气候变化"阴谋论"等诸多社会弊病的重要诱因(Sharot, 2021)。正因如此,世界经济论坛将虚假信息的快速传播列为首要全球性风险(World Economic Forum, 2013),世界卫生组织则将"信息疫情"作为优先研究的议题(Solomon et al., 2020)。为了抵御虚假信息侵害,个人必须意识到自己已经接触到不准确的信息,并且需要产生明显的甄别行为意向。因此,甄别虚假信息是防止沦为虚假信息牺牲品的第一步(Xiao et al., 2021)。

截至2021年12月,我国农村网民规模已达2.84亿人。纷繁复杂的网络虚假信息、不断增长的农村网民规模和脆弱的信息素养,对农村居民网络虚假信息甄别能力和相关社会管理部门的应变能力提出了极大考验。在全面推进乡村振兴的背景下,增强农村居民抵御网络虚假信息的意向和能力既是提升其数字化生存能力的重要途径,更是国家层面的重要关切。2019年,中共中央办公厅、国务院办公厅印发《数字乡村发展战略纲要》,指出要"加强对农村留守儿童和妇女、老年人网络知识普及……加强农民信息素养培训,增强农民网络安全防护意识和技能"。因此,通过深入分析农村居民网络虚假信息甄别行为意向影响因素,提出有针对性的建议,具有现实意义。

## 二、文献综述

### (一)虚假信息及甄别行为意向的概念辨析

广义的虚假信息是一个具有诸多表现形式的宏观概念。虚假或误导性(false or misleading)的新闻报道、骗局(hoaxes)、阴谋论(conspiracy theories)、标题党(click-bait headlines)、伪科学(junk science)、偏离事实的讽刺作品(satire)等均属于广义虚假信息(Caled & Silva, 2021)。传播虚假信息的动机不一定是主观欺骗,也有可能是因为缺乏对事实的全面了解,甚至出于幽默、讽刺等目的,这些都有可能导致虚假信息的滋生和传播(刘海龙、于瀛, 2021)。前述概念既有联系,又有区别,其关系如图 1 所示。

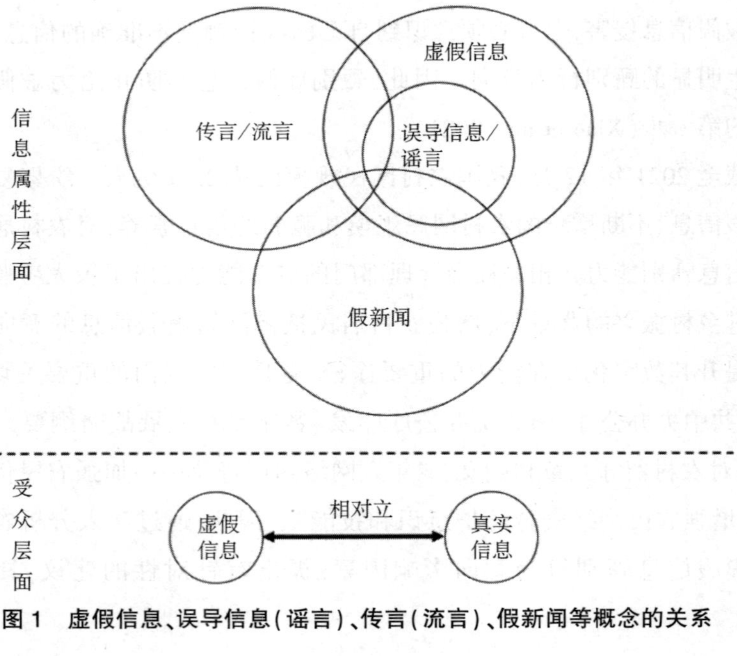


**图 1 虚假信息、误导信息(谣言)、传言(流言)、假新闻等概念的关系**

从信息属性层面看,首先,“谣言”通常包含信息的非真实性和主观恶意,与误导信息更为接近。如果仅考虑“谣言”的信息非真实性,则与虚假信息这一概念存在交叉(Caled & Silva, 2022)。而称不具有主观恶意的谣言为中性的“传言”或“流言”更合适。其次,虚假信息与误导信息的主要区别在于信源和传播意图:一方面,虚假信息的发布者更为多元且层级通常较低,而误导信息常是国家层面的特定信息活动,具有明确的政治、军事目的;另一方面,传播虚假信息既可能是故意的,也可能是无意的,而误导信息具有明确的主观欺骗性质。最后,假新闻概念的内涵则更为复杂,如果从假新闻的非真实性和传播意图出发,这一概念与虚假信息、误导信息、谣言均存在交叉部分。但假新闻在特别语境中也被用作政治纷争的标签化工具,即“假新闻标签”,这已脱离了假新闻的信息属性层面(刘海龙、于瀛, 2021)。

让受众判断其接触到的每一条不实信息属于虚假信息、误导信息、谣言、假新闻中的哪一类是困难且不切实际的,因此,从受众的角度出发,无论是何种类型的虚假信息,只要是虚假的、错误的、误导性的信息,都有可能在传播过程中给受众带来危害,都属于虚假信息的范畴(Wang et al., 2020)。为了对网络虚假信息进行全面、系统的研究,需要将虚假的、错误的、误导性的、无法证实的、阴谋论的信息统称为虚假信息(邵成成, 2018)。因此,本研究将网络空间传播的虚假的、错误的、误导性的及与事实不符的信息统称为网络虚假信息。

行为意向指行为主体在实施某种特定行为前的动机、计划或倾向。行为的发生需经历动机阶段和执行阶段,行为意向是促使意愿向行为发生转化的关键一步(Gollwitzer, 1999)。依循先前研究(张会平等, 2017; 张会平等, 2016),本文将农村居民网络虚假信息甄别行为意向定义为:农村居民基于主客观因素形成的对网络信息真伪性采取甄别行为的心理倾向。

### (二)虚假信息甄别行为意向影响因素研究

目前,有关虚假信息甄别行为意向的研究相对较少,计划行为理论、规范激活理论和风险感知理论是现有研究的主要理论框架。先前研究发现,惩罚机制正向影响网民的网络谣言识别意愿,网民的态度、社会资本,惩罚的确定性、严厉性和敏捷性显著正向影响突发事件中网络谣言识别意愿。研究发现,主观规范、知觉行为控制和不良后果意识等显著影响网民的网络虚假信息甄别行为意向（Zhao et al., 2016）。进一步的研究证实，态度、知觉行为控制、主观规范等对公众网络虚假信息甄别行为意向具有显著的正向影响（Alwreikat, 2022；Islam et al., 2020）。

一些学者着重研究了风险感知对于公众网络虚假信息甄别行为意向的影响和作用机制。在这类研究中，风险感知理论和第三人效应理论是学者常用的理论框架。对虚假信息危害的风险感知会使公众产生内疚感和责任感，进而激发网络虚假信息甄别行为意向（Sun et al., 2022）。公众网络虚假信息甄别行为意向直接受到主观规范、利他主义、社会关系和知识的影响，间接受到风险感知的影响（Tang et al., 2022）。风险感知则在时间框架、渠道类型和网络虚假信息甄别行为意向之间发挥着中介作用。性别、收入、受教育程度、社交网络密度等个体特征对网络虚假信息甄别行为意向具有不同程度的影响，因而，需要将个人特征纳入控制变量之中予以系统性研究（Kim et al., 2021）。

综上所述，现有研究表明，计划行为理论、规范激活理论、风险感知理论、威慑理论等，可以为研究公众的网络虚假信息甄别行为意向提供良好的理论支撑。收入、受教育程度、性别、年龄、社交网络密度也是影响公众网络虚假信息甄别行为意向的重要因素。但上述研究大多通过网络问卷形式对青年学生群体或中青年网民群体进行调查，年龄结构和学历层次与我国网民的实际分布严重不符，样本的代表性不足，尤其是缺乏对农村居民网络虚假信息甄别行为意向的关注，这脱离了我国农村网民规模迅速扩大的现实。因此，有必要通过实地调研的方式，深入了解影响农村居民网络虚假信息甄别行为意向的因素，以便为加强网络治理、提升农村居民抵御网络虚假信息侵害能力提供参考和借鉴。

## 三、理论基础与研究假设

### （一）计划行为理论

计划行为理论解释了不同领域中信息和动机对个体特定行为的影响。依据该理论，实际行为主要由态度、主观规范、知觉行为控制和行为意向四个变量来解释。态度会显著影响人们在社交媒体上采取甄别虚假信息等特定行为的意愿(Taneja et al., 2014；张会平等, 2017)。主观规范会显著正向影响社交媒体用户甄别网络谣言的意愿(Zhao et al., 2016)。知觉行为控制指农村居民感知到的甄别网络虚假信息的难易程度,以及甄别网络虚假信息所需的能力、资源和机会。社交媒体用户只会在他们觉得自己有能力的情况下甄别网络谣言(Baker & Walsh, 2022)。如果个体拥有分辨谣言的技能、资源和机会,获得可信的信息,可能会变得更加自信,更愿意打击谣言(Oh et al., 2013)。基于此,本文提出如下研究假设:

H1:甄别态度正向影响农村居民网络虚假信息甄别行为意向。

H2:主观规范正向影响农村居民网络虚假信息甄别行为意向。

H3:知觉行为控制正向影响农村居民网络虚假信息甄别行为意向。

### (二)规范激活理论

计划行为理论着重研究个体的理性行为,并非穷尽模型,尤其是对个体道德层面的因素缺乏关注(闫岩, 2014)。由于缺乏对道德因素的考量,计划行为理论在解释个体的亲社会行为时存在不足,需要引入规范激活理论进行补充。计划行为理论着重研究理性的作用,强调利己主义;规范激活理论着重研究道德的作用,强调利他主义。两者结合有助于弥补各自的理论缺憾,更好解释公众的亲社会行为(Shin & Valente, 2020)。

规范激活模型最初通过不良后果意识、责任归因和个人规范三个主要变量,解释亲社会意图和行为的形成机制。甄别和应对网络谣言是典型亲社会行为(Alexander, 2014)。规范激活理论可以有效地用于研究社交媒体用户在辨识谣言方面的亲社会行为(Zhao et al., 2016)。依循被广泛采用的规范激活理论序列模型,即"后果认知—责任归因—个人规范—行为意图",研究农村居民网络虚假信息甄别行为意向(He & Zhan, 2018)。当危机发生时,许多社交媒体用户意识到谣言会加剧情况恶化,会努力辨别和反驳谣言,并呼吁所有网民参与其中(Alexander, 2014)。换言之,意识到不良后果的个体更有可能将甄别网络虚假信息作为自己的责任和义务。

计划行为理论和规范激活理论的结合及各变量之间的关系,相关研究已逐渐达成共识。先前研究发现,危害后果认知、责任归因正向影响个人规范,进而影响个体的行为意向,且结果意识和个人规范均正向影响行为意向(吕荣胜等, 2016)。此外,主观规范对个人规范同样具有正向影响(Bamberg et al., 2007)。后果认知直接影响态度和主观规范,主观规范直接影响个人规范(Kim & Han, 2010),后果认知则正向影响甄别态度(Park & Ha, 2014)。基于此,本文提出如下研究假设:

H4:后果认知正向影响农村居民的责任归因。

H5:后果认知正向影响农村居民的主观规范。

H6:后果认知正向影响农村居民的甄别态度。

H7:主观规范正向影响农村居民的个人规范。

H8:责任归因正向影响农村居民的个人规范。

H9:个人规范正向影响农村居民网络虚假信息甄别行为意向。

### (三)风险感知理论

风险感知是个体在有限和不确定性的信息环境下,对于客观存在的风险的严重性和受侵害可能性的直觉判断和行为回应。对社交媒体信息的盲目信任会让公众对潜在的风险产生忽视和麻木,进而导致其被网络虚假信息侵害(Xiao et al., 2021)。因此,增强农村居民抵御网络虚假信息侵害的能力,必须提升其风险感知水平。风险感知是预测个体自我保护行为意向的重要指标。风险感知水平的提高,意味着个体安全感的降低和不确定性的增加,使得个体产生焦虑、恐惧等负面心理,进而触发自我保护动机,以减少或避免风险侵害。王涵(2019)将计划行为理论、风险感知理论和威慑理论等予以整合,发现风险感知正向影响个体的安全保密行为意向。张会平等人(2017)整合计划行为理论、风险感知理论和威慑理论发现,网民的风险感知正向影响其对网络谣言的识别意愿。基于此,本文提出如下研究假设:

H10:风险感知正向影响农村居民网络虚假信息甄别行为意向。

### (四)威慑理论

为了抑制网络虚假信息的滋生和蔓延,需要使一般网民做到"不造谣、不信谣、不传谣”。因此,必须发挥惩罚机制的威慑作用(张会平等, 2016)。威慑理论源于刑罚效用的测量研究,现被广泛应用于信息系统安全研究领域。威慑包含三个维度:惩罚确定性、惩罚严厉性和惩罚敏捷性。惩罚确定性指违规行为被发现并处理的可能性;惩罚严厉性是指违规行为被惩罚的程度;惩罚敏捷性指惩罚实施的执行速度。研究发现,惩罚确定性和严厉性通过影响违规代价进而影响信息安全策略遵守意愿(林润辉等, 2015)。惩罚机制也会显著影响网民的谣言辨识意愿,惩罚确定性、严厉性和敏捷性均正向影响网民的谣言辨识意愿(张会平等, 2016)。威慑感知能够提升个体对谣言的识别意愿,降低个体对他人行为的模仿,进而抑制个体的传谣意愿(吕途等, 2020)。随着《刑法修正案(九)》等法律法规对于散布网络谣言等网络虚假信息惩罚措施的明确,法律威慑力逐步显现,媒体也报道了诸多未经甄别导致网络虚假信息扩散而被处罚的案例,公众对传播网络虚假信息可能面临的严重惩罚的认识不断明晰。当农村居民怀疑接触到的信息可能是虚假信息时,由于顾忌传播网络虚假信息可能面临的严重后果,很有可能在评论或转发相关信息前对其真伪性进行甄别。基于此,本文提出如下研究假设:

H11:惩罚确定性正向影响农村居民网络虚假信息甄别行为意向。

H12:惩罚严厉性正向影响农村居民网络虚假信息甄别行为意向。

H13:惩罚敏捷性正向影响农村居民网络虚假信息甄别行为意向。

### (五)个体特征对农村居民网络虚假信息甄别行为意向的影响

网络虚假信息甄别行为意向同样受到个体特征的影响。性别方面,研究发现,男性相比女性对于微信谣言更容易产生第三人效果(何鸿雁、韩鸿, 2021)。年龄方面,调查发现,65 岁以上的美国人最容易传播网络虚假信息,65 岁以上 Facebook 用户网络虚假信息传播量是 18—29 岁用户的 6 倍多,是 45—65 岁用户的 2 倍多(杨博、欧文, 2019)。在我国,调查发现,中老年群体对谣言的真实性鉴别力更低,更愿意传播网络谣言,尤其是 50 岁以上的中老年群体,是主要的谣言“搬运工”(李彪、喻国明, 2018)。此外,研究表明,受教育程度与网民的虚假健康信息扩散意向和行为呈负相关(何艺璇、闫文捷, 2021)。以强关系社交媒体微信好友数量为表征的社交网络密度,对个体的谣言辨别意愿和能力具有显著影响(刘鸣筝、孔泽鸣, 2017)。收入水平越高,对于谣言的信任程度越低(于晓华等, 2022)。因此,本文在结构方程模型基础上,同步研究个体特征变量对农村居民网络虚假信息甄别行为意向的影响。

综上所述,通过整合计划行为理论、规范激活理论、风险感知理论和威慑理论,本文构建农村居民网络虚假信息甄别行为意向模型(图 2)。

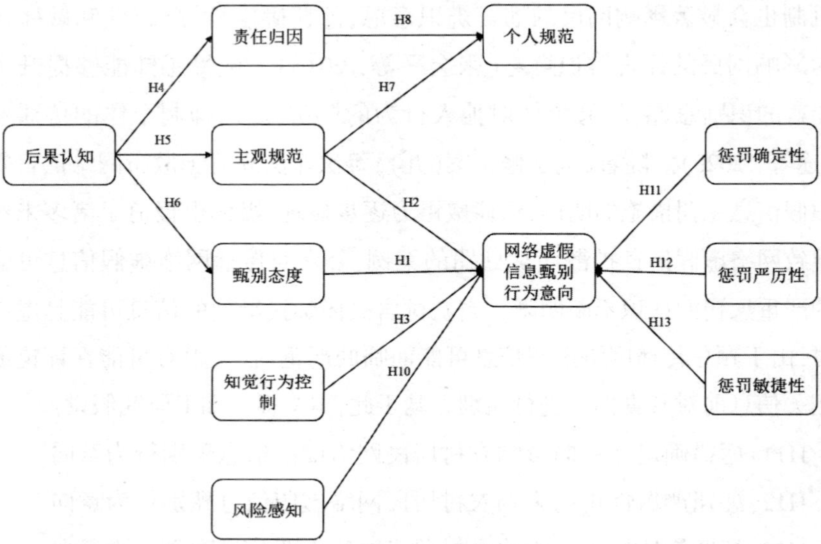


**图 2 农村居民网络虚假信息甄别行为意向影响因素模型**

## 四、研究方法

### (一)研究样本与数据收集

为确保抽样调查的科学性、可靠性和可操作性,本文借鉴《中国农村观察》相关论文的抽样方式(高帅等, 2020),根据"确定县域—确定乡镇—确定行政村—确定村内抽样人数"步骤,参考《中国县域统计年鉴 2020》《2020 年河南省国民经济和社会发展统计公报》等资料,选择河南省 Y 县作为调查县域。根据 2020 年 Y 县官方统计公报,在县内选取 4 个乡镇(经济发展水平较高和较低各2个乡镇),每个乡镇选取4个村(距乡镇较近和较远各2个村),共抽选16个村作为问卷调查走访地。根据每个村组的人口规模、面积、地理分布,以及本研究所需的问卷数量,在村内进行随机入户抽样调查。2021年7月初至9月底,通过实地调研,共计发放问卷624份,经逐一筛选,回收有效问卷528份。被访村民的性别分布较为均衡,以中年群体为主,受教育程度多为初中及以下(表1)。

**表1 被访村民的一般资料概况**

| 变量类别 | 变量名称 | 人数(人) | 占比(%) |
|---|---|---|---|
| 性别 | 男 | 230 | 43.6 |
| | 女 | 298 | 56.4 |
| 年龄 | 20岁及以下(Min=18岁) | 17 | 3.2 |
| | 21至30岁 | 54 | 10.1 |
| | 31至40岁 | 76 | 14.2 |
| | 41至50岁 | 161 | 30.8 |
| | 51至60岁 | 123 | 23.3 |
| | 61岁及以上(Max=64岁) | 97 | 18.5 |
| 受教育程度 | 小学及以下 | 163 | 30.9 |
| | 初中 | 225 | 42.7 |
| | 普通高中/职业高中/中专 | 74 | 14.1 |
| | 大学专科 | 33 | 6.2 |
| | 大学本科 | 30 | 5.6 |
| | 研究生及以上 | 3 | 0.6 |
| 政治面貌 | 群众 | 467 | 88.4 |
| | 共青团员 | 21 | 4.0 |
| | 共产党员 | 40 | 7.6 |
| 上年度家庭总收入 | 3万元及以下 | 268 | 50.7 |
| | 4万至6万元 | 220 | 41.7 |
| | 7万至9万元 | 23 | 4.4 |
| | 10万至12万元 | 17 | 3.2 |

续表

| 变量类别 | 变量名称 | 人数(人) | 占比(%) |
|---|---|---|---|
| 过去 12 个月主要生活区域 | 乡村(含乡镇) | 317 | 60.1 |
| | 城市(县及以上) | 211 | 39.9 |
| 社交网络密度(微信好友数量) | 50 人及以下 | 176 | 33.3 |
| | 51 至 100 人 | 139 | 26.3 |
| | 101 至 150 人 | 95 | 18.0 |
| | 151 至 200 人 | 89 | 16.9 |
| | 201 人及以上 | 29 | 5.5 |

(二)变量操作化定义及测量

借鉴相关学者的研究(Taneja et al., 2014; Zhao et al., 2016; 张会平等, 2017; 张会平等, 2016),确定各变量的测量题目和方式,并由两名博士生导师对问卷进行审定(表 2)。

**表 2 变量的可操作化定义及来源**

| 变量 | 测量项 | 来源 |
|---|---|---|
| 甄别态度 | 对我而言,辨别接触到的网络信息是虚假的还是真实的,是一种 XXX 的行为? | Taneja 等(2014) |
| | 不明智的(1)~明智的(5) | |
| | 坏的(1)~好的(5) | |
| | 有用的(1)~无用的(5) | |
| | 有益的(1)~无益的(5) | |
| 主观规范 | 我的朋友认为我应该辨别网络虚假信息 | |
| | 我的家人认为我应该辨别网络虚假信息 | |
| | 对我很重要的人认为我应该辨别网络虚假信息 | |
| | 非常不同意(1)~非常同意(5) | |
| 知觉行为控制 | 对我而言,辨别网络虚假信息是容易的 | |
| | 我相信,只要我想,我就能够辨别网络虚假信息 | |
| | 我有时间、资源和知识去辨别网络虚假信息 | |
| | 非常不同意(1)~非常同意(5) | |

续表

| 变量 | 测量项 | 来源 |
|---|---|---|
| 后果认知 | 网络虚假信息是很常见的 | Zhao 等（2016） |
| | 网络虚假信息可能会使人们怀疑甚至不相信任何真实信息 | |
| | 网络虚假信息会对社会产生不好影响 | |
| | 网络虚假信息可能会给个人带来不好影响 | |
| | 非常不同意(1)～非常同意(5) | |
| 责任归因 | 每个人都有责任辨别网络虚假信息 | |
| | 每个人都有责任不转发网络虚假信息 | |
| | 每个人都有责任参与网络虚假信息治理 | |
| | 非常不同意(1)～非常同意(5) | |
| 个人规范 | 我觉得有义务辨别网络虚假信息 | |
| | 我认为要对自己在网络发布信息的真实性负责 | |
| | 对我来说，应尽自己所能去辨别网络虚假信息 | |
| | 非常不同意(1)～非常同意(5) | |
| 风险感知 | 网络虚假信息很可能会给我的个人利益造成严重影响 | 张会平等（2016）；张会平等（2017） |
| | 网络虚假信息很可能会给我的个人生活造成严重影响 | |
| | 网络虚假信息很可能会给我的信息安全造成严重影响 | |
| | 非常不同意(1)～非常同意(5) | |
| 惩罚确定性 | 当我因未经辨别而造成网络虚假信息扩散时，很有可能会受到法律惩罚 | |
| | 当我因未经辨别而造成网络虚假信息扩散时，会有明确的法律惩罚措施 | |
| | 当我因未经辨别而造成网络虚假信息扩散时，受到法律惩罚的概率很高 | |
| | 非常不同意(1)～非常同意(5) | |
| 惩罚严厉性 | 当我因未经辨别而造成网络虚假信息扩散时，会受到严厉的法律惩罚 | |
| | 当我因未经辨别而造成网络虚假信息扩散时，将会受到严重影响生活的法律惩罚 | |
| | 因为害怕被法律惩罚，我不敢不经辨别就去评论、传播网络信息 | |
| | 非常不同意(1)～非常同意(5) | |
| 惩罚敏捷性 | 当我因未经辨别而造成网络虚假信息扩散时，很快就会受到惩罚 | |
| | 当我因未经辨别而造成网络虚假信息扩散时，有关部门很快就会查到我 | |
| | 当我因未经辨别而造成网络虚假信息扩散时，我的生活会很快面临负面影响 | |
| | 非常不同意(1)～非常同意(5) | |
| 网络虚假信息甄别行为意向 | 当觉得网络信息不真实时，我会验证信息的来源 | |
| | 当觉得网络信息不真实时，我会向别人求证 | |
| | 当觉得网络信息不真实时，我会参与讨论验证其真实性 | |
| | 当觉得网络信息不真实时，我会选择先不转发 | |
| | 非常不同意(1)～非常同意(5) | |

## 五、模型分析与假设检验

采用 SPSS 26.0 软件和 Smart-PLS 3.0.8 软件进行模型分析和假设检验。PLS-SEM(偏最小二乘法结构方程模型)具有几乎不受样本规模和样本形态限制的特点,尤为适合社会科学领域的预测分析和理论拓展(Sarstedt et al., 2014)。

### (一)问卷信效度和测量模型可靠性检验

如表 3 所示,问卷各维度 α 系数值均高于 0.8,问卷信度良好。Outer loading 值均大于 0.7,CR 值均大于 0.6,AVE 值均大于 0.5,模型结构信度良好。VIF 值均小于 3,适合进行回归分析(Henseler et al., 2015)。

**表 3 问卷信度和模型结构信度检验结果**

| 维度 | 题项 | α 系数 | VIF 值 | Outer loading | CR | AVE |
|---|---|---|---|---|---|---|
| 主观规范 | SN1 | 0.872 | 1.544 | 0.770 | 0.874 | 0.699 |
| | SN2 | | | 0.922 | | |
| | SN3 | | | 0.809 | | |
| 知觉行为控制 | PBC1 | 0.871 | 1.446 | 0.937 | 0.915 | 0.782 |
| | PBC2 | | | 0.891 | | |
| | PBC3 | | | 0.821 | | |
| 责任归因 | AR1 | 0.913 | 1.541 | 0.834 | 0.873 | 0.695 |
| | AR2 | | | 0.812 | | |
| | AR3 | | | 0.855 | | |
| 个人规范 | PN1 | 0.918 | 2.887 | 0.868 | 0.919 | 0.790 |
| | PN2 | | | 0.924 | | |
| | PN3 | | | 0.874 | | |
| 甄别态度 | AT1 | 0.916 | 1.751 | 0.874 | 0.916 | 0.733 |
| | AT2 | | | 0.875 | | |
| | AT3 | | | 0.823 | | |
| | AT4 | | | 0.850 | | |

续表

| 维度 | 题项 | α 系数 | VIF 值 | Outer loading | CR | AVE |
|---|---|---|---|---|---|---|
| 后果认知 | AC1 | 0.923 | 1.481 | 0.843 | 0.924 | 0.753 |
| | AC2 | | | 0.907 | | |
| | AC3 | | | 0.913 | | |
| | AC4 | | | 0.802 | | |
| 风险感知 | PR1 | 0.948 | 1.572 | 0.862 | 0.899 | 0.746 |
| | PR2 | | | 0.964 | | |
| | PR3 | | | 0.759 | | |
| 惩罚确定性 | CER1 | 0.939 | 2.216 | 0.862 | 0.916 | 0.704 |
| | CER2 | | | 0.815 | | |
| | CER3 | | | 0.839 | | |
| 惩罚严厉性 | SEV1 | 0.864 | 2.135 | 0.903 | 0.897 | 0.744 |
| | SEV2 | | | 0.827 | | |
| | SEV3 | | | 0.866 | | |
| 惩罚敏捷性 | CEL1 | 0.857 | 1.810 | 0.893 | 0.881 | 0.712 |
| | CEL2 | | | 0.822 | | |
| | CEL3 | | | 0.842 | | |
| 网络虚假信息甄别行为意向 | BI1 | 0.912 | 1.570 | 0.867 | 0.875 | 0.700 |
| | BI2 | | | 0.875 | | |
| | BI3 | | | 0.798 | | |
| | BI4 | | | 0.836 | | |

在 PLS-SEM 中,因子载荷量值会被高估,导致各个维度的平均方差萃取量(AVE)值及 AVE 的平方根相应升高。与此同时,各维度之间的皮尔森相关系数则通常会被低估。因此,模型的区别效度检验会比较容易满足要求。为此,本文提出基于多特征-多方法矩阵的替代方法来评估区分有效性,即相关性的异质-单性比(HTMT)。HTMT 值小于 0.85 表明测量模型具有良好的区别效度(Henseler et al., 2015)。如表 4 所示,模型区别效度良好。

表4 HTMT 检验结果

| | PN | SN | PBC | BI | AT | AR | PR | PC | CER | SEV | CEL |
|---|---|---|---|---|---|---|---|---|---|---|---|
| PN | **0.889** | | | | | | | | | | |
| SN | 0.747 | **0.836** | | | | | | | | | |
| PBC | 0.805 | 0.791 | **0.884** | | | | | | | | |
| BI | 0.728 | 0.773 | 0.766 | **0.868** | | | | | | | |
| AT | 0.740 | 0.684 | 0.732 | 0.838 | **0.856** | | | | | | |
| AR | 0.623 | 0.684 | 0.656 | 0.626 | 0.679 | **0.834** | | | | | |
| PR | 0.485 | 0.621 | 0.598 | 0.483 | 0.558 | 0.359 | **0.864** | | | | |
| AC | 0.544 | 0.422 | 0.593 | 0.585 | 0.513 | 0.092 | 0.625 | **0.839** | | | |
| CER | 0.069 | 0.394 | 0.572 | 0.387 | 0.270 | 0.149 | 0.313 | 0.177 | **0.863** | | |
| SEV | 0.382 | 0.596 | 0.601 | 0.621 | 0.146 | 0.628 | 0.325 | 0.719 | 0.683 | **0.844** | |
| CEL | 0.125 | 0.239 | 0.564 | 0.516 | 0.219 | 0.538 | 0.170 | 0.571 | 0.362 | 0.591 | **0.837** |

注:表中加粗部分为 AVE 的平方根。

问卷效度分析表明效度良好。其中,累计方差解释率>50%、KMO 值>0.6、$p<0.05$。按照 Harman 单一因子检验法,共提取 4 个因子,第 1 个因子累计解释了 19.25%的方差量,占总方差解释量的 26.98%,远小于 50%。因此,问卷数据结构良好,不存在严重的共同方法偏差问题。

GoF(Goodness of Fit)值是 PLS-SEM 最初的模型拟合度指标,该指标由 Tenenhaus 等学者于 2005 年提出。GoF 的计算方法是,AVE 和 $R^2$ 平均值的乘积的根号值。GoF 值越大,表明模型的拟合度越高。具体而言,GoF 值≤0.1,表明模型拟合度较低;0.1<GoF 值≤0.25,表明模型拟合度中等;GoF 值≥0.36,表明模型拟合度良好(Tenenhaus et al., 2005)。然而,相关学者后续研究发现,GoF 值并不是一个理想的模型拟合度指标。Henseler 和 Sarstedt 研究发现,GoF 值的计算方式忽略了过度参数化的负面影响,存在过度拟合的问题,无法区分有效模型和无效模型,因此不适合作为模型拟合度的测量指标,也不适用于衡量形成性模型的结构(Henseler & Sarstedt, 2013)。有鉴于此,近年来相关领域的学者提出以拟合度指标替代 GoF 值。目前,

SmartPLS 3.0.8 软件提供的模型拟合度指标包括：标准化残差均方根（SRMR）、欧式距离平方（d_ULS）、地理距离（d_G）、卡方值（$Chi^2$）、规范适配指标（NFI）、均方根残差协方差矩阵（RMS-theta）。

需要指出的是，也有学者质疑 SRMR、d_ULS 等 CB-SEM（基于协方差的结构方程模型）的拟合度指标在 PLS-SEM 中是否仍然具有应用价值。Hair 等提醒，在 PLS-SEM 中使用前述模型拟合度指标必须十分谨慎。首先，拟合度检验也称为样本内检验，旨在评估模型的拟合程度。但这些拟合度指标并不能保证模型对另一个新数据集的拟合程度，即同一模型在面对不同数据集时，其拟合度指标存在不稳定性。其次，迄今为止尚未有相关研究对前述模型拟合度指标进行全面系统的评估。因此，文献中提倡的任何模型拟合度指标都应该被视为试验性的，而非强制性的。最后，由于 PLS-SEM 和 CB-SEM 在计算原理上存在较大差异，因此，适用于 CB-SEM 中的模型拟合度指标并不太适合于 PLS-SEM。具体而言，CB-SEM 是通过样本矩阵和模型期望协方差矩阵之间的对比进行分析，而 PLS-SEM 追求内生变量的被解释力（即 $R^2$）最大（Hair & Sarstedt, 2019）。

综上所述，Sarstedt 等学者指出，可以将 GoF、SRMR、d_ULS 等指标作为 PLS-SEM 的建议性指标，而非强制性指标，相关结果仅供 PLS-SEM 的研究者进行参考和讨论（Sarstedt et al., 2016）。如表 5 和表 6 所示，本研究所建构的模型具有良好的拟合度。

**表 5　测量模型的部分拟合度指标检验结果**

| 指标 | 饱和模型 | 估计模型 | 模型拟合情况 |
|---|---|---|---|
| GoF 值 | | 0.487 | 良好 |
| SRMR | 0.069 | 0.077 | 良好 |
| $Chi^2$ | 118.368 | 124.221 | 良好 |
| NFI | 0.912 | 0.904 | 良好 |
| RMS-theta | | 0.011 | 良好 |

表 6　测量模型的 d_ULS 和 d_G 指标拟合检验结果

| 指标 | 类别 | 初始样本 | 样本均值 | 95%置信区间 | 99%置信区间 | 模型拟合情况 |
|---|---|---|---|---|---|---|
| d_ULS | 饱和模型 | 0.367 | 0.257 | 0.378 | 0.524 | 良好 |
|  | 估计模型 | 0.394 | 0.281 | 0.343 | 0.529 |  |
| d_G | 饱和模型 | 0.215 | 0.217 | 0.289 | 0.331 | 良好 |
|  | 估计模型 | 0.227 | 0.214 | 0.280 | 0.335 |  |

(二)结构模型假设检验结果

本研究假设检验结果如表 7 所示,除 H5、H6 和 H13 外,其余研究假设均成立。具体而言,在计划行为理论变量中,主观规范对农村居民网络虚假信息甄别行为意向的影响最大。其中,甄别态度对农村居民网络虚假信息甄别行为意向具有显著的正向影响($\beta=0.169, p<0.01$),因此,H1 成立;主观规范对农村居民网络虚假信息甄别行为意向具有显著的正向影响($\beta=0.347, p<0.001$),因此,H2 成立;知觉行为控制对农村居民网络虚假信息甄别行为意向具有显著的正向影响($\beta=0.176, p<0.05$),因此,H3 成立。在规范激活理论变量中,后果认知正向影响农村居民的责任归因($\beta=0.342, p<0.001$),因此,H4 成立;但是,后果认知对农村居民的主观规范和甄别态度无显著影响,因此,H5 和 H6 均不成立;主观规范($\beta=0.639, p<0.001$)和责任归因($\beta=0.198, p<0.001$)均正向影响个人规范,因此,H7 和 H8 成立;个人规范正向影响农村居民网络虚假信息甄别行为意向($\beta=0.466, p<0.05$),因此,H9 成立。在风险感知理论变量中,风险感知正向影响农村居民网络虚假信息甄别行为意向($\beta=0.280, p<0.05$),因此,H10 成立。在威慑感知理论中,惩罚确定性($\beta=0.246, p<0.05$)和惩罚严厉性($\beta=0.286, p<0.001$)正向影响农村居民网络虚假信息甄别行为意向,因此,H11 和 H12 成立;但惩罚敏捷性和农村居民网络虚假信息甄别行为意向之间无显著关系,因此,H13 不成立。

表7 模型假设检验结果

| 研究假设 | 路径系数(β) | t值 | p值 | 假设成立与否 |
|---|---|---|---|---|
| H1:甄别态度→甄别行为意向 | 0.169 | 4.941 | 0.007 | 是 |
| H2:主观规范→甄别行为意向 | 0.347 | 3.778 | *** | 是 |
| H3:知觉行为控制→甄别行为意向 | 0.176 | 3.176 | 0.034 | 是 |
| H4:后果认知→责任归因 | 0.342 | 5.003 | *** | 是 |
| H5:后果认知→主观规范 | 0.015 | 0.556 | 0.697 | 否 |
| H6:后果认知→甄别态度 | 0.071 | 0.632 | 0.528 | 否 |
| H7:主观规范→个人规范 | 0.639 | 11.025 | *** | 是 |
| H8:责任归因→个人规范 | 0.198 | 3.297 | *** | 是 |
| H9:个人规范→甄别行为意向 | 0.466 | 4.401 | 0.016 | 是 |
| H10:风险感知→甄别行为意向 | 0.280 | 3.329 | 0.028 | 是 |
| H11:惩罚确定性→甄别行为意向 | 0.246 | 2.617 | 0.032 | 是 |
| H12:惩罚严厉性→甄别行为意向 | 0.286 | 5.311 | *** | 是 |
| H13:惩罚敏捷性→甄别行为意向 | 0.033 | 0.602 | 0.547 | 否 |

注:* 表示 $p<0.05$,** 表示 $p<0.01$,*** 表示 $p<0.001$,下同。

## (三)多元线性回归检验结果

为进一步验证性别、年龄、受教育程度等一般资料对农村居民网络虚假信息甄别行为意向的影响,通过 SPSS 26.0 软件进行多元线性回归分析(表8)。结果表明,性别、受教育程度、社交网络密度是影响农村居民网络虚假信息甄别行为意向的主要因素。女性的甄别行为意向强于男性,受教育程度越高、社交网络密度越大,甄别行为意向越强烈。

表8 多元线性回归检验结果

| | 个人规范 | | 甄别行为意向 | |
|---|---|---|---|---|
| 性别(男=0) | 0.046 | 0.037* | 0.022* | 0.136* |
| 年龄(20岁及以下=0) | 0.055 | 0.013 | 0.052 | 0.034 |
| 受教育程度(小学及以下=0) | -0.075 | 0.048 | 0.035** | 0.022** |
| 政治面貌(群众=0) | 0.011 | 0.004 | -0.035 | 0.022 |
| 上年度家庭总收入(3万元及以下=0) | 0.101 | 0.015 | 0.046 | 0.083 |

续表

| | 个人规范 | | 甄别行为意向 | |
|---|---|---|---|---|
| 过去 12 个月主要生活区域(乡村=0) | 0.022 | 0.093 | 0.021 | 0.033 |
| 社交网络密度(微信好友 50 人及以下=0) | 0.113 ** | 0.191 ** | 0.057 * | 0.108 ** |
| 责任归因 | | 0.188 *** | | |
| 主观规范 | | 0.612 *** | | 0.314 *** |
| 个人规范 | | | | 0.446 * |
| 甄别态度 | | | | 0.155 ** |
| 知觉行为控制 | | | | 0.171 * |
| 感知风险 | | | | 0.254 ** |
| 惩罚确定性 | | | | 0.217 ** |
| 惩罚严厉性 | | | | 0.265 ** |
| 惩罚敏捷性 | | | | 0.017 |
| N | 528 | 528 | 528 | 528 |
| $R^2$ | 0.085 | 0.587 | 0.085 | 0.533 |
| $\Delta R^2$ | 0.069 | 0.476 | 0.069 | 0.525 |
| F | 5.244 ** | 52.787 ** | 5.154 ** | 79.909 ** |

## 六、结论与讨论

### (一)研究结论

本文旨在研究农村居民网络虚假信息甄别行为意向影响因素,主要研究结论如下:

一是甄别态度、主观规范和知觉行为控制均显著正向影响农村居民网络虚假信息甄别行为意向,且主观规范对农村居民网络虚假信息甄别行为意向的影响最大。主观规范在农村居民网络虚假信息甄别行为意向形成的过程中起到重要作用,知觉行为控制对甄别行为意向的影响次之,甄别态度的影响最弱。在初始的计划行为理论中,态度被视为影响行为意向最重要的因素,而主观规范对行为意向的影响相对较弱,但本文研究结果与此相反。这一结果与本文的研究主题密切相关。许多研究发现,在亲社会行为中,主观规范是触发个体行为意向不可或缺的重要影响因素,其重要性显著提升,而态度对亲社会行为意向的影响相对较弱甚至不成立。主观规范可以通过产生良好的态度和强烈的责任感来影响社交媒体用户的谣言甄别行为意向(Zhao et al., 2016),而与主观规范和知觉行为控制相比,态度的预测能力最弱(Carfora et al., 2019)。本研究是对亲社会行为研究中计划行为理论的进一步证实。

二是后果认知通过正向影响责任归因和个人规范,进而对农村居民网络虚假信息甄别行为意向产生显著的正向影响。换言之,从后果认知到甄别行为意向有1条路径成立,即"后果认知—责任归因—个人规范—甄别行为意向",路径内均呈显著正向影响,表明高度的后果认知将会强化个体的责任归因,进而激活个人规范,最终激发个体的亲社会行为意向。此外,主观规范正向影响个人规范,进而正向影响甄别行为意向。而后果认知与主观规范和甄别态度之间无显著关系。该发现进一步佐证了主观规范是个人规范的前置变量。主观规范可以验证个体特定行为的社会正确性,引导个体判断自己的信念是否有益于自身,进而促进个体行为意向的生成(Teisl et al., 2009)。与此同时,后果认知对主观规范和甄别态度的影响不成立。

三是惩罚机制对增强农村居民网络虚假信息甄别行为意向具有促进作用。具体而言,除惩罚敏捷性外,惩罚确定性、严厉性均正向影响农村居民网络虚假信息甄别行为意向。需要指出的是,惩罚严厉性的路径系数比惩罚确定性更高。这表明,加大对编造、传播网络虚假信息的惩罚力度,有助于形成强大的震慑力,从而促使农村居民提升网络虚假信息甄别行为意向。当农村居民意识到对于网络信息不加辨别就随意传播可能会受到严厉的惩罚时,其遇到网络虚假信息时进行甄别的意愿就会提升,而非盲目信任、评论、转发相关信息,避免成为网络虚假信息的生产者和传播者。调研发现,农村居民对于编造和传播网络虚假信息惩罚力度的认知,不仅来源于法律法规,更来源于其在日常生活中对于惩罚力度和惩戒后果的所见所闻。当农村居民看到其他人尤其是身边熟知的人因为编造、传播网络虚假信息受到法律的惩处时,会产生巨大的冲击,进而激发强烈的网络虚假信息甄别行为意向和行为规范。

四是性别、受教育程度、社交网络密度等变量对农村居民网络虚假信息甄别行为意向具有显著的正向影响。首先,女性对网络虚假信息的风险感知更强,甄别行为意向显著强于男性。而此前进行的不少研究发现,男性对虚假信息的甄别意愿显著高于女性(何鸿雁、韩鸿, 2021; 宗乾进等, 2017)。何以导致本文的研究结果?这与受访农村地区和农村居民的社会文化结构和心理特质密切相关。一方面,通过访谈发现,受访农村地区普遍存在"男主外、女主内"的现象,即男性劳动力普遍选择外出务工,一些女性则选择留守家中照顾孩子,出于家庭责任、角色规范,以及维持亲子关系尤其是婆媳关系的考虑,受访农村中老年女性对各类网络虚假信息尤为警惕,因而拥有更为强烈的网络虚假信息甄别行为意向。另一方面,由于生理结构、认知差异等,女性对风险危害往往具有更强烈的应激反应和共情能力,因而对网络虚假信息的甄别行为意向更强烈。值得注意的是,农村地区的女性大学生和青年群体对于家中长辈的关怀也更悉心体贴,这促使该群体更关注虚假信息甄别问题,并通过"数字反哺"的方式关怀家中长辈。因为性别特征,女性也相对更容易参与和接受"数字反哺"(赵庆婷、高昊, 2021)。其次,受教育程度越高,网络虚假信息甄别行为意向越强。受教育程度高,通常意味着拥有更强的认知能力、接受能力和学习能力,媒介素养也往往更高,具备更强的网络虚假信息甄别行为意向。最后,农村居民社交网络密度越高,越容易产生网络虚假信息甄别行为意向。高密度社交网络信息流转的数量多、速度快,对网络更为熟知,甄别网络虚假信息的预期阻碍也会更小,且在以微信为代表的强关系社交媒体中,处于其中节点的个体往往出于维护自身名誉等的考虑,对于所传播的信息也会更为慎重,因而具有更强烈的网络虚假信息甄别行为意向(刘鸣筝、孔泽鸣, 2017)。

### (二)研究建议

为提升农村居民网络虚假信息甄别行为意向,本文认为可以从如下几个方面入手:

一是社交媒体平台要切实承担起主体责任,通过技术手段构建高效的网络虚假信息自动甄别和消除机制。针对农村居民网络信息素养普遍不高,网络虚假信息甄别行为意向和甄别能力亟待提升的现状,网络平台要严格遵照《网络安全法》《互联网信息服务管理办法》《网络信息内容生态治理规定》等法律法规的要求,切实落实主体责任,及时、迅速给处于传播中的网络虚假信息打上"不实信息"的标签,并予以限流、屏蔽、删除、封禁账号等处理措施,最大限度遏制网络虚假信息的滋生和蔓延。此外,可探索在中国互联网联合辟谣平台的基础上,聚合政府、传统媒体、网络平台、科学共同体、非营利组织、普通网民等多方力量,建立高效的网络虚假信息协同防范机制和技术平台,并尽可能实现在主流社交媒体应用的内置。

二是大力开展防范网络虚假信息宣传进农村活动,创新宣讲形式。在实地走访中发现,由于诸多限制,防范网络虚假信息宣传成效有限。为此,一方面,应创新宣传手段,丰富宣传内容,扩展宣传渠道,提升宣传效能,挖掘乡村新媒体传播能人,以农村居民喜闻乐见的方式,在微信、抖音、快手等新媒体平台开展宣传,引导群众不造谣、不传谣、不信谣,自觉抵制各种网络虚假信息,为构建清朗的网络空间打下良好的群众基础。另一方面,要提高村干部对于防范网络虚假信息宣传工作重要性的认识,相关部门可探索设立相关的荣誉和奖励措施,提升村干部防范网络虚假信息宣传工作的积极性。

三是鼓励家庭中的年轻成员增强对中老年成员的"数字反哺",增强中老年成员网络虚假信息甄别行为意向。我国互联网应用扩散存在严重的"双重滞后"现象,即互联网在农村地区的扩散严重滞后于城市、在中老年群体中的扩散严重滞后于年轻群体(崔凯, 2019)。家庭代际互动的"数字反哺"为消除数字代沟提供了一条救济渠道。在"数字反哺"的过程中,除了传授基本的互联网设备使用技能之外,年轻一代还应关注双方代际差异,将"数字反哺"的重点放在提高亲代数字文化观念和新媒体素养上,通过信息共享、交流互动、共同学习,实现亲代媒介素养的提升,耐心细致地消除老一辈对数字世界的不确定性认知,帮助亲代更好地认识网络信息的真实性、媒体技术的安全性,调动中老年成员的网络虚假信息甄别行为意向。

四是重视发挥图书馆在治理虚假信息方面的作用(王晨阳等, 2023),加强乡村书屋建设,提升乡村公共文化服务水平,发挥乡村书屋在提升留守村民文化素养、信息素养等方面的作用,为提升农村居民网络虚假信息甄别行为意向和甄别能力提供文化滋养。对我国广大农村地区而言,乡村书屋是提升农村居民文化素养、媒介素养和信息素养的重要渠道,但其作用尚未得到充分发挥(游祥斌等, 2013)。为此,可探索实行"大馆"带"小屋"模式,将乡村书屋纳入公共图书馆服务体系,由公共图书馆编写网络虚假信息识别指南,并开通在线学习平台,通过乡村书屋供广大农村居民学习、使用,推动共建共享,开展主题性和常态化阅读活动,提升农村居民的信息素养和媒介素养。

### (三)研究展望

本文创新点在于通过选取河南省 Y 县 16 个村进行实地问卷调查,弥补了现有研究缺乏对农村居民关注的不足,并且通过整合计划行为理论、规范激活理论、风险感知理论和威慑理论,构建综合理论模型,为分析农村居民网络虚假信息甄别影响因素提供了有益视角。本文为横断面调查,未来可采取纵向研究以更深刻地探索农村居民网络虚假信息甄别行为意向影响因素。

## 参考文献

崔凯,2019. 后喻文化与双重滞后:中国互联网的十年扩散历程(2005—2015)——基于 4 组 CGSS 数据的 APC 模型分析[J].现代传播(中国传媒大学学报), 41(2): 159-166.

高帅,史婵,唐建军,2020. 基于增能赋权视角的农户贫困脆弱性缓解研究:以太行山连片特困地区为例[J].中国农村观察,(1):61-75.

何鸿雁,韩鸿,2021. 突发公共卫生事件中的微信谣言传播与第三人效果影响研究[J].传媒观察,(4):83-92.

何艺璇,闫文捷,2021. 谁在社交媒体扩散虚假健康信息?——健康素养与分析性思维的作用[J].新闻记者,(7):72-85.

李彪,喻国明,2018. "后真相"时代网络谣言的话语空间与传播场域研究:基于微信朋友圈 4160 条谣言的分析[J].新闻大学,(2):103-112,121,153.

林润辉,谢宗晓,吴波,等,2015. 处罚对信息安全策略遵守的影响研究:威慑理论与理性选择理论的整合视角[J]. 南开管理评论, 18(4):151-160.

刘海龙,于瀛,2021. 概念的政治与概念的连接:谣言、传言、误导信息、虚假信息与假新闻的概念的重构[J].新闻界,(12):23-40.

刘鸣筝,孔泽鸣,2017. 媒介素养视阈下公众谣言辨别能力及其影响因素的实证研究[J].新闻大学,(4):102-109,151.

吕荣胜,卢会宁,洪帅,2016. 基于规范激活理论节能行为影响因素研究[J].干旱区资源与环境, 30(9):14-18.

吕途,陈昊,林欢,等,2020. 突发公共事件下网络谣言治理策略对谣言传播意愿的影响研究[J].情报杂志, 39(7):87-93.

邵成成,2018.在线社会网络中虚假信息传播的研究[D]. 长沙:国防科技大学.

王晨阳,陈登航,张宇,2023. 世界知名高校图书馆虚假信息治理实践与启示[J].数字图书馆论坛, 19(1):18-25.

王涵,2019. 基于风险感知的个人安全保密行为模型[J].经济研究导刊,(12):196-199.

闫岩,2014. 计划行为理论的产生、发展和评述[J].国际新闻界, 36(7):113-129.

杨博, 欧文,2019. 谁是社交媒体虚假信息的传播主力[J].青年记者,(4):85.

游祥斌,杨薇,郭昱青,2013. 需求视角下的农村公共文化服务体系建设研究:基于 H 省 B 市的调查[J].中国行政管理,(7):68-73.

于晓华,喻智健,郑适,2022. 风险、信任与消费者购买意愿恢复:以新发地疫情食品谣言事件为例[J]. 农业技术经济,(1):4-18.

张会平,郭昕昊,郭宁,2017. 突发事件中网络谣言识别行为意向的影响因素研究[J].现代情报, 37(7):60-65.

张会平,郭昕昊,汤志伟,2016. 惩罚机制对网络谣言识别行为的影响研究[J].情报杂志, 35(12):47-51,5.

赵庆婷,高昊,2021. 农村地区老年人短视频使用的数字反哺现象研究:基于山西省中上达村的考察[J]. 传媒观察,(9):75-82.

宗乾进,黄子风,沈洪洲,2017. 基于性别视角的社交媒体用户造谣传谣和举报谣言行为研究[J].现代情报, 37(7):25-29,34.

ALEXANDER D E,2014. Social media in disaster risk reduction and crisis management[J]. Science and engineering ethics, 20(3):717-733.

ALWREIKAT A,2022. Sharing of misinformation during COVID-19 pandemic: applying the theory of planned behavior with the integration of perceived severity[J].Science & technology libraries, 41(2):133-151.

BAKER S A,WALSH M J,2022. "A mother's intuition: it's real and we have to believe in it": how the maternal is used to promote vaccine refusal on Instagram[J].Information, communication & society,26(8):1675-1692.

BAMBERG S, HUNECKE M, BLÖBAUM A,2007. Social context, personal norms and the use of public transportation: two field studies[J]. Journal of environmental psychology, 27(3):190-203.

MITCHELL A , HOLCOMB J, BARTHEL M,2016.Many Americans believe fake news is sowing confusion[EB/OL].https://www.journalism.org/2016/12/15/many-americans-believe-fake-news-is-sowing-confusion/.

CALED D,SILVA M J,2021. Digital media and misinformation: an outlook on multidisciplinary strategies against manipulation[J].Journal of computational social science, 5:123-159.

CARFORA V, CAVALLO C, CASO D,et al.,2019. Explaining consumer purchase behavior for organic milk: including trust and green self-identity within the theory of planned behavior[J].Food quality and preference, 76:1-9.

GOLLWITZER P M,1999. Implementation intentions: strong effects of simple plans[J].American psychologist, 54(7):493-503.

HAIR J F, SARSTEDT M,2019. Factors versus composites: guidelines for choosing the right structural equation modeling method[J].Project management journal, 50(6):619-624.

HE X,ZHAN W,2018. How to activate moral norm to adopt electric vehicles in China? An empirical study based on extended norm activation theory[J].Journal of cleaner production, 172: 3546-3556.

HENSELER J, RINGLE C M,SARSTEDT M,2015. A new criterion for assessing discriminant validity in variance-based structural equation modeling[J].Journal of the academy of marketing science, 43(1):115-135.

HENSELER J,SARSTEDT M, 2013. Goodness-of-fit indices for partial least squares path modeling[J]. Computational statistics, 28(2):565-580.

ISLAM T, MAHMOOD K, SADIQ M,et al.,2020. Understanding knowledgeable workers' behavior toward COVID-19 information sharing through WhatsApp in pakistan[J]. Frontiers in psychology, (11): 1-11.

KIM M, PAEK H, HOVE T, 2021. Roles of temporal message framing and digital channel type in perception and dissemination of food risk rumors[J]. Asian communication research, 18 (2): 89-106.

KIM Y, HAN H, 2010. Intention to pay conventional - hotel prices at a green hotel: a modification of the theory of planned behavior[J]. Journal of sustainable tourism, 18(8): 997-1014.

OH O, AGRAWAL M, RAO H R, 2013. Community intelligence and social media services: a rumor theoretic analysis of tweets during social crises [J]. MIS quarterly, 37 (2): 407-426.

PARK J, HA S, 2014. Understanding consumer recycling behavior: combining the theory of planned behavior and the norm activation model [J]. Family and consumer sciences research journal, 42(3): 278-291.

SARSTEDT M, HAIR J F, RINGLE C M, et al., 2016. Estimation issues with PLS and CB-SEM: where the bias lies! [J]. Journal of business research, 69(10): 3998-4010.

SARSTEDT M, RINGLE C M, HAIR J F, 2014. PLS-SEM: looking back and moving forward [J]. Long range planning, 47(3): 132-137.

SHAROT T, 2021. To quell misinformation, use carrots—not just sticks [J]. Nature, 591 (7850): 347.

SHIN J, VALENTE T, 2020. Algorithms and health misinformation: a case study of vaccine books on Amazon[J]. Journal of health communication, 25(5): 394-401.

SOLOMON D H, BUCALA R, KAPLAN M J, et al., 2020. The "Infodemic" of COVID-19[J]. Arthritis & rheumatology, (72) 11: 1806-1808.

SUN Y, OKTAVIANUS J, WANG S, et al., 2022. The role of influence of presumed influence and anticipated guilt in evoking social correction of COVID-19 misinformation[J]. Health communication, 37(11): 1368-1377.

TANEJA A, VITRANO J, GENGO N J, 2014. Rationality-based beliefs affecting individual's attitude and intention to use privacy controls on Facebook: an empirical investigation[J]. Computers in human behavior, 38: 159-173.

TANG Z, MILLER A S, ZHOU Z, et al., 2022. Understanding rumor combating behavior on social media[J]. Journal of computer information systems, 62(6): 1112-1124.

TEISL M F, NOBLET C L, RUBIN J, 2009. The psychology of eco-consumption[J]. Journal of agricultural & food industrial organization, 7(2).

TENENHAUS M, VINZI V E, CHATELIN Y, et al., 2005. PLS path modeling[J]. Computational statistics & data analysis, 48(1): 159-205.

WANG R, HE Y, XU J, et al., 2020. Fake news or bad news? Toward an emotion-driven cognitive dissonance model of misinformation diffusion[J]. Asian journal of communication, 30(5): 317-342.

World Economic Forum, 2013. Global risks 2013[R]. World Economic Forum, Geneva.

XIAO X, BORAH P, SU Y, 2021. The dangers of blind trust: examining the interplay among social media news use, misinformation identification, and news trust on conspiracy beliefs [J]. Public understanding of science, 30(8): 977-992.

ZHAO L, YIN J, SONG Y, 2016. An exploration of rumor combating behavior on social media in the context of social crises[J]. Computers in human behavior, 58: 25-36.

# 网络趣缘社群自治规则的形成与演化：对一个知识趣缘微信群的考察

◈ 李佳瑞　黄梦霞*

**摘要**：网络趣缘社群生活已成为网民的一种日常经验。然而，社群自治规则如何形成及网民如何开展自我治理仍有待研究。不同于深受亲缘、业缘等既有社会关系影响的网络群组，网络趣缘社群凸显了兴趣共识，暂时隐去了现实差异，打开了社群自治的新面向，也为观察网络社群自治规则的形成与演化提供了新可能。本文以某知识趣缘微信群为个案，通过在线网络观察和访谈，揭示了中小型网络趣缘社群自治规则形成与演化的一种可能进程。研究发现，技术支持和“兴趣”吸引是个体聚集成群的基础，在互动中，角色权限的不同及个体参与的差异使得社群发生了层级分化。初始自治规则主要受社群兴趣、外部规范和社群管理员考量影响。关键事件下的群组协商、越轨认定及“例外”调用构成了三种规则演化的触发机制，社群管理员在这三种触发机制的推进过程中扮演了重要角色。此外，社群自治规则的演化也影响了群组的成员更迭、活跃情况以及层级结构。网络趣缘社群自治规则的演化过程为人们提供了网络空间中的自治经验，亦有助于反思网络社群自治的过程与可能。

**关键词**：趣缘社群；自治规则；层级结构；群组协商；越轨行为

* 李佳瑞，广西大学新闻与传播学院助理教授，浙江大学、美国威斯康星大学麦迪逊校区联合培养博士；黄梦霞（通讯作者），南洋理工大学黄金辉传播与信息学院博士研究生。

## 一、引言

2019 年 7 月 29 日,中国首起"群主将成员移出群聊后被起诉"案[①](简称"踢群第一案")尘埃落定。审理方认为,被告"刘某使用了互联网平台赋予群主的功能权限",将原告群成员柳某移出群组是对"谁建群谁负责、谁管理谁负责"这一自治规则的运用,驳回原告诉讼请求,对该案不予受理。对于日益增多的"微信群所引发的侵权案件",2021 年 8 月 18 日《检察日报》刊发了《群主"不作为",就要担主责》的评论。

"踢群"事小,群组"自治规则"可谓"兹事体大"。据统计,微信在中国社交产品使用市场的占有率在 90%以上,截至 2021 年 12 月 31 日,微信(含 WeChat)拥有 12.68 亿个活跃账户(腾讯,2022)。一项基于 2019 年中国社会状况综合调查的研究显示,仅有 5.5%的受访者未加入任何网络群组(夏倩芳、仲野,2021)。微信极高的市场占有率和公众不低的群组参与经验,使得担任群主或被"移出群聊"的经历已成为中国网民日常媒介经验的一部分,影响着网民对群组自治的感知。通常,被踢者"因言获罪"被开除群籍,踢人者在晓情动理后"出此下策",请人出群。可是,群主(管理员)踢人依照何规?判决书中的"自治规则"又从何说起?自治效力的边界在哪里?在媒体助推下,这些问题一时成为热门话题,引发了公众对网络空间秩序维护、网络群组如何开展自治的讨论。

在日常生活中,公民虽然有机会参与基层民主自治实践,但由于周期较长等原因,公众的相关自治经验还处于积累过程中。随着社交媒体的发展,一些基于线下亲缘、业缘关系的线上群组形成了公民自治过程的有益补

① 此案中,原告柳某(群成员)和被告刘某(群主)同在一个法律知识交流群,群内主要成员为律师及法律工作者。群主发布的"群公告",系法院认定的"自治规则"。其内容为"实名入群、旨在交流与诉讼立案有关的知识、不准发红包、言论要发扬正能量,维护司法权威,违者,一次警告,二次踢群"。原告在群内先后发布"某司法鉴定所的视频及相关评论""公安机关存在执法不规范行为的微博截图", 又与另一名群成员发生争执,被群主认定"违反群规"。被告因原告不理会警告多次违反群规,将原告"移出群聊"。事后,原告柳某不服,将被告刘某诉至法院,成为中国互联网"踢群第一案"。

充（牛耀红，2018；王栋，2018）。然而，既有社会关系对以亲缘、业缘为核心的网络社群自治有特殊影响，在弱化协商的同时，也使这些“自治社群”甫一成立，便不甚平等。相较而言，网络趣缘社群，特别是完全经线上联结的趣缘群组为网络社群自治的开展提供了新可能。这类社群多因兴趣而聚，成员背景多元，较少受既有身份地位影响，群内参与机会平等，这为缺乏自治经验的人们提供了交流协商、展开自治的实践空间。此外，相较于规模较大、开放参与的趣缘群组（王国华等，2015），相对封闭、规模适中且兼具同步（异步）通信属性的微信群，为群组讨论提供了一个舒适的空间（Tu，2016），也为观察中小规模网络趣缘社群的自治规则演化提供了独特窗口。

由此出发，在对多个趣缘微信群进行对比后，本文选取某交往活跃、自治规则形成过程完整的知识趣缘微信群为研究个案，通过在线网络观察和访谈，探讨在基层群众网络自治群（牛耀红，2018；王栋，2018）之外的网络社群自治规则演化的新可能。

具体而言，本文以一个完全由线上渠道聚集而成的知识趣缘社群为例，希望回答中小型网络趣缘社群的自治规则是如何生成与演化的，其过程受哪些因素影响等问题，以期弥补现有研究对网络社群自治规则动态发展理解不足之缺口，并为社群用户、互联网平台和行政管理机构参与制定更完善的社群规则、探索多元社群自治途径提供实践参考。

## 二、自治的虚拟社群：如何可能、自治实际与内部关系

### （一）网络趣缘社群是如何可能的

关于趣缘社群的研究由来已久（Rheingold，1993/2000；蔡骐，2014；王国华等，2015）。滕尼斯在讨论社区（Gemeinschaft）这一概念时，就依其形成路径区分了亲缘社区（community by blood）、地缘社区（community of place）及精神社区（community of spirit）（Tönnies，1974/2012）。其中，意指共享同一信仰并且为共同目标合作的“精神社区”概念为网络社群概念的界定奠定了基础（Li，2004；Rothaermel & Sugiyima，2001）。

网络趣缘社群,即互联网上以某个或多个兴趣为核心而形成的虚拟社群,是网民“藉由网络”进行信息交流、情感分享和身份认同而构建的趣缘“共同体”(罗自文,2013b)。在网络趣缘社群的形成中,网络是技术基础,趣缘是成群动因,互动、情感、规范则是社群延续之关键。基于对人、物、活动,或是媒体文本的共同兴趣,依托并受限于平台技术,人们在贴吧、论坛、QQ、微信,以及游戏平台上聚集成少则几人、多则上万人的趣缘群组(罗自文,2014a/2014b)。

由于网络趣缘社群较血缘、地缘、业缘、生活等社群在文化及结构上的特殊性,国内外学者重点从行为实践、社群文化、身份认同及其传播模式等面向展开了研究。例如,Jenkins(2002)和Baker(2012)探讨了现实中的趣缘社群在网络中的发展路径及成员实践和凝聚力问题。从文化群体的角度,邓惟佳(2009)和黄淑贞(2012)解读了网络趣缘社群中的社会认同、新的社会建构,以及抵抗与反收编现象。趣缘社群文化中所呈现的性别建构、民族主义的意识形态及粉丝社群对主流文化的抵抗也颇受关注(王艺璇,2019;杨国斌,2016;朱丽丽、赵婷婷,2015)。此外,也有研究基于结构主义视角,探究了网络趣缘社群的传播模式及演化模型(蔡骐,2014;罗自文,2013a/2013b;杨江华、陈玲,2019)。

大体而言,若从罗自文(2013b)提到的网络趣缘社群之特征来看,既有研究已从不同面向对构成网络趣缘社群主要特点的趣缘、互动、情感等要素的前因后果及其社群发展机制提供了有益见解。然而,在趣缘社群自治规则的特点方面,除了散见于对趣缘社群形成与发展演化过程(杨江华、陈玲,2019)、趣缘社群内及群际关系逻辑(王国华等,2015)等的整体性探讨,以及对趣缘群组规范(罗自文,2013b/2014b)、群组自治可能(周恒,2020b)的描述性讨论外,有关网络趣缘社群自治规则如何演化的研究尚不多见。

### (二)网络社群的管理和自治

管理机构、互联网平台、网民(包括社群管理员及成员)构成了网络社群管治的重要节点,理顺其间的关系是实现互联网及其社群管理与自治的重要路径(彭兰,2017)。其中,立法机关及行政监管部门制定法律法规以打击不当的互联网行为;互联网平台则参照法律法规和实践经验,通过“平台公约”“用户须知”“平台干预”等方式规范网民行为;在网络社群内,则可能会形成外部管理主导、社群管理员主导、参与式自治等多元管治模式。一般而言,网络社群的规则不会违反“上位”平台规则及法律法规,社群管理员会强调或详述特定规则,提请成员遵守,以确保信息正常发布和流通(Barzilai-Nahon & Neumann, 2005)。此外,社群管理员常拥有较多技术权限,例如,他们可以采用审查信息、编辑公告、删除成员等多种方式协调社群行为(Barzilai-Nahon, 2004)。

就中国网络社群的治理实际而言,针对互联网空间及其社群的管理规则日益成熟,群组自治的必要性也得到认可。国家互联网信息办公室分别于2017年和2019年审议通过了《互联网群组信息服务管理规定》《网络信息内容生态治理规定》,体现了中国在互联网群组管理上日趋成熟并走上法治化轨道(张海燕,2020)。此外,2020年5月25日,《最高人民法院工作报告》中指出:“审理‘微信群主踢群第一案’,支持群组内正当管理行为,不让网络社区成为法外之地。”这表明,在司法实践层面,互联网空间及其群组已被视为公共空间的一部分,群组内正当的自我管理亦得到司法机构的支持。

作为中国最大的社交网络平台之一,微信不仅是网络社群治理的重要实践场所,也是观察网络趣缘社群自治形成与规则演化的窗口。由于微信群外的人无法看到群内信息,而群内所有成员都可以接收到群聊信息,这样兼具公共性和私密性的特质可能会让群成员在线上表达时更主动、直接和随意,继而使微信群形成一个相对平等、宽松的群聊环境(Tu, 2016;兰甲云、曾思怡,2016;朱宏淼等,2019)。在微信群的管理自治中,群组规则和人际互动发挥了重要作用(张爱军、秦小琪,2019)。为了维系成员间关系、实现建群宗旨并保障群组生活,微信群等网络社群也常通过自治规则形塑某种相对稳定的内部秩序(周恒,2020b)。其中,保障成员正当权利、维护群组秩序常作为首要考量。相应地,告知群成员“应当做什么、禁止做什么,并通过禁言、开除等手段作为追责机制”(周恒,2020a)构成了群组自治的代表性规则。

(三)网络趣缘社群的互动与分化

社群的维系离不开成员间的持续互动,其实质在于人际互动和关系纽带的稳定化与制度化(杨江华、陈玲,2019)。在互动中,成员间彼此的知识、能力、社群影响力得到校准与认可,网络中的社会资本也不断生成。Lin(1999)将“社会资本”定义为嵌入一种社会结构中、可以在有目的的行动中涉取和(或)动员(accessed and/or mobilized)的资源。在测量方面,Lin(1999)指出了网络资本和关系资本两种测量方法。前者指嵌入一个人的自我网络中可涉取的资源,后者指特定行动中的关系人或帮助者所拥有的有价值资源,如财富、权力和地位特征(张文宏,2003)。相应地,嵌入网络趣缘社群之中,成员可以汲取或动用的管理权限、话语权力、表达机会、社群声望等有价值的资源亦可被视为一种社会资本。

虽然网络趣缘群体的成员在表达机会上平等,在交流中亦呈现为一种扁平化结构,但其内部依然因个体间的社会资本差异而存在分化。例如,互动中产生的精英和意见领袖或会因其更高社群声望而具有更高的社会资本,而社群管理员在互动中展现出更多管理权限上的社会资本,两者都可能对群组的互动和分化产生影响(罗自文,2013b)。无独有偶,王国华等人(2015)在关于百度贴吧的研究中,指出群组成员在互动中存在制度化的显性层级分化和非制度化的隐性层级分化。此外,王国华等人(2015)采用了“虚拟社会资本”的概念,认为人们在贴吧中形成了一个动态虚拟场域,其关系集合构成了虚拟社会资本,这种社会资本会随着群内与群际关系的形成、冲突和作用得到积累、博弈和溢出。

由此出发,社会资本这一理论资源为研究微信趣缘社群中的成员关系及可能的层级分化提供了具有启发性的解释。在微信趣缘社群中,社会资本在不断互动中得到积累、展现和校准,并通过群组层级结构和成员地位显现出来。其中,群主和管理员掌握着引导群组规则、设置进群方式、编辑群公告、踢出群成员等权限(万晨、靖鸣,2018),展现出较普通成员更高的地位。同时,小部分活跃成员,通过频繁互动展示能力、积累声望,与群主和管理员一起构成了整个群组的核心节点。这些成员会主动引导群聊、教育新成员,有时还扮演监管者的角色,协助维持和执行群内规则(Barzilai-Nahon & Neumann, 2005)。而大多数群成员可能地位边缘化,拥有较小的话语权,并可能随时间而流动(万晨、靖鸣,2018)。

## 三、研究设计

本文从“踢群第一案”出发,旨在探究网络趣缘社群自治规则的形成与演化过程。为完整理解这一过程,本文主要采用在线网络观察的方式(Kozinets, 2002;卜玉梅,2012)对一个名为“复杂科学交流群”的微信群进行了为期128天的观察(2020年2月26日至7月4日)。此外,根据需要,本文也对社群管理员进行了访谈。为保护隐私,文中所涉的组织名、人名都已匿名化处理,对可能被识别的谈话内容,本文参考(Berry et al., 2017)的做法,对内容进行了改述,“复杂科学交流群”亦为代称。

选择该群的考量有三:第一,网络趣缘社群数量大、类型多,聚焦单一趣缘微信群便于观察内部互动,获得深入理解;第二,基于文献指向、经验判断,以及与不同类型趣缘微信群的比较,“复杂科学交流群”中的自治规则演化过程完整、数据丰富,有助于回答研究问题;第三,类似于“踢群第一案”中的法律趣缘社群,“复杂科学交流群”的成员对规则实践较真、背景多元,互动也颇具张力。这虽可能损害其代表性,但其特殊性也为回应“网络趣缘自治有何可能”提供了差异化答案(Siggelkow,2007;毛基业、李亮,2018)。因此,不论是与研究问题的相关程度,还是考虑到社群积极性、成员异质性、数据丰富性等特征(库兹奈特,2010/2016;杨江华、陈玲,2019),选择“复杂科学交流群”来理解网络趣缘社群自治规则的形成与演化过程,继而理解网络社群自治还可能有何种新面向是比较合适的。

在分析思路上,本文先通过对群聊文本进行数据分析以描述群组整体特征。随后,围绕自治规则的形成和演化分析相关影响因素。同时,以群组观察中几个协商与冲突的节点,来阐释网络趣缘社群自治规则可能的演化过程。

## 四、研究发现

### (一)自治规则的起点:一个富有活力的知识趣缘社群

“复杂科学交流群”的入群门槛不高,完成三个步骤即可入群。首先,潜在成员通过“主动搜索”或“信息偶遇”发现群二维码;接着,他们需要决定是否扫描“群聊助手”的微信二维码,并成为好友;最后,“群聊助手”会发送邀请入群的链接,点击即可入群。笔者入群时,已有群成员 208 人(含作者共 209 人)。截至 2020 年 7 月 4 日,共有 275 次新成员入群提醒,理论群成员数为 484 人,实际群成员数为 460 人,理论成员与实际成员数相差 24 人。结合数据检索,可判断有 24 人主动离群或被踢出群,说明群组出现了成员更迭。

1. 陌生人的相聚:共同的兴趣

网络趣缘社群的形成,网络是技术基础,趣缘是成群动因(罗自文,2014a/2014b)。在“复杂科学交流群”中,知识兴趣是使成员聚合在一起的重要因素。例如,成员章圆表示“我也不知道自己为啥会进群,我一开始研究石头土壤,然后到遥感影像,现在对大数据和人工智能很感兴趣”。成员柒柒说道:“我虽然不在学术圈工作,但对复杂科学非常感兴趣。”

群组活跃度在一定程度上说明了成员因兴趣而行动。如图 1 所示,在观察期间,群内除 5 月下旬及 6 月中旬略显平静外,每隔几天便有几次活跃峰值。从信息发布数量和参与人数来看,群活跃度较高,累计活跃天数达 108 天。

2. 成员的构成:多元的背景

群组活跃背后,异质性或许是重要因素。一方面,因成员间互不熟悉,新成员的自我介绍保持了群组的活跃氛围。另一方面,多元的成员背景带来了多元的思考视角,有助于群组活跃,如成员“小盛”所说“复杂了才会涌现”。群聊中不乏这样的发言:

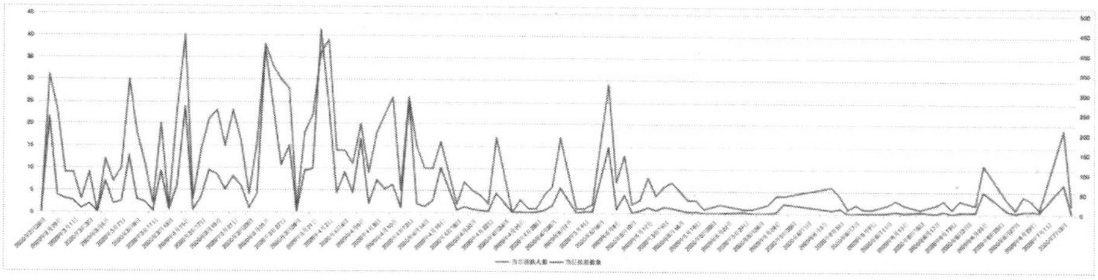

图 1 “复杂科学交流群”整体活跃情况

> 我就是一普通退休大妈,平时比较关注环境和生态问题,所以开始学习复杂科学。我之前教过自然辩证法,具备一定学习能力和开阔的视野,对于人类和地球命运很担忧。目前已经年过六旬,还在照顾卧病在床的老母亲,虽做不了什么事,但还可以一起思考出路……

根据成员在群聊中的自我披露及群昵称,群组中既有来自高校或科研单位的学者、学生,也有计算机、金融、工业工程等行业的从业人员,还有部分中学教师和个体经营者……多元的成员背景构成了彼此开放交流的基础。

3. 丰富的交往:活动引领与自发讨论

在高频互动、多元背景下,“复杂科学交流群”涌现了大量信息。在群活跃的 108 天内,共产出信息 5423 条,日均超过 50 条,有些日子达几百条。信息以文本、图片及表情为主,音视频较少。另外,除入群提醒、消息撤回提醒、文件上传外,有效文本累计 153188 字,日均 1418 字。

进一步分析显示,共同的活动及话题讨论是群组保持较高活跃度的重要因素。其中,有些与社群管理者组织的直播或读书活动有关,有些则是成员针对“复杂科学”相关话题的讨论。如图 2 所示,局部活跃峰值所标注的节点与相关活动重合度较高,聊天记录表明该日群内交流内容确实与活动有关。另外,对 a-h 这八个交流活跃的非“活动日”的分析显示,这些日期的交流均是围绕复杂科学相关的争议话题所展开的。

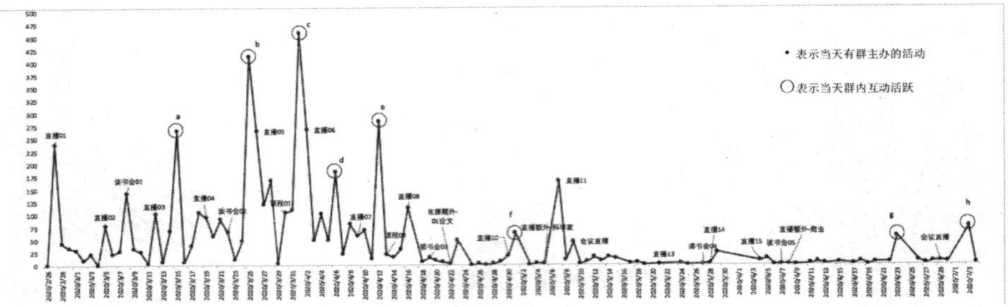


**图 2 “复杂科学交流群”活跃热点分布情况**

## (二)自治规则的形成:“软规则”“硬规则”与层级结构

### 1. 作为“软规则”的兴趣

“兴趣”在使潜在成员相聚成群时,也成为群组交往及自治的“软规则”。不进行“主题无关”的讨论、不发布未经批准的商业信息、倡导“回归主题”的讨论,是成员对于交流规范的基本共识。

3 月 14 日,成员“王悟”说道:“我们读书社建了一个书籍分享互助群,感兴趣的话可加好友。”随后,有成员问:“这样打广告是否经管理员批准。”“王悟”回复:“这算广告?”2 小时后,群主发言“已踢”,“王悟”成为笔者入群后首个被踢的成员。如果说上述消息还算与“知识”相关,4 月 9 日和 10 日出现的两则货真价实的广告引起了更多关注。先后有三位成员自发维护群秩序,请群主将广告发布者踢出群聊。将广告发布者移除后,群主表示“希望大家共同监督群聊内容”,同时也提出“本群没有设置门槛,对复杂科学感兴趣的都可加入并发布信息,但不要发布和主题无关的内容,也不要发布广告”。可见,此时群内虽尚未有约束讨论边界的成文群规,但不论是群主还是群成员,都将不发布商业广告及与“主题无关”的信息(Barzilai-Nahon & Neumann, 2005)视为交流的边界。

总的来说,在观察期间,成员大体都在围绕复杂科学及其延伸话题展开交流,无关内容的交流并不多。可见,身处群组之中,人们自我呈现和网络互动行为,是在遵循自身兴趣和意愿的情况下进行的(蔡骐,2014)。成员在互动中形成某种共识并不断加以确认,兴趣也因而不仅成为个体聚集的动因,也成为网络趣缘社群自治的“软规则”。

2. 作为“硬规则”的外部规范

自笔者入群至2020年7月4日,“复杂科学交流群”都未有成文群规,但这并不意味着在兴趣这一“软规则”外没有其他规则。事实上,外部强制规范不常以群规的形式存在,而主要经由“技术监管”“司法实践”等方式出现,通过成员日常的接触、理解而内化,最终在事实上成为影响群组自治规则的“硬规则”。

这些“硬规则”既包括法律法规、用户协议及平台公约等成文的规章制度,也包括社会道德、政治因素等不成文规范。例如,平台可通过“群违规提醒”让成员直接感受到“技术监管”的在场。现实中的司法实践也会对群组管理产生影响。管理员C提到“现在群主要负法律责任的”,因此他会格外留心讨论内容是否存在越界风险。在法律的权责要求和维系群组交流顺畅的角色责任下,社群管理员会基于对外部规范的理解,引导成员了解外部规范,并采取不同的方式,主导或与成员共建群规。因此,网络社群的具体规则通常不会与平台的政策规范冲突,而是在其基础上强调特定规则,提供更有针对性的管理机制(Barzilai-Nahon & Neumann, 2005)。

“复杂科学交流群”呈现了三种群规确立类型。一是开放型,即群内无成文群规时,主要依靠成员在互动中形成默会的群组规范,并加以遵守。二是限制型,即通过“不要发广告”“不要刷屏”“私下聊”等限制性话语进行规范。管理员C还提及了两种群内严禁出现的信息:与政治相关的敏感信息和出格言论,以及病毒和诈骗信息。三是混合型,即设定规范,但具体边界仍较模糊。例如前文群主所发布的“本群没有设置门槛……但不要发布和主题无关的内容……”这些不同的群规类型相互组合,事实上构成了群组自治规则。

外部规则的压力、平台监管的“在场”,以及社群管理员等对外部规则的理解和内部管理的考量,构成了“软规则”之外的“硬规则”,为群内交流设置了界限。可见,即使是在一个结构简单微信群组中,其运行也受到内外部力量的动态形塑(Bourdieu, 2005)。

### 3. 趣缘社群自治中的层级结构

在理论上，互联网空间具有开放、扁平、去中心化的特征，各成员身份地位是平等的，但是在法律层面，则是“谁建群谁负责、谁管理谁负责”。此外，群组成员不同的权限与层级结构，与平台的技术设定有关。具体而言，微信群呈现为一种集中管理的技术逻辑，不同成员依其权限形成了层级结构。如表1所示，群主享有完全的群组管理权限，同时还与管理员一并完全享有群组信息发布和入群审核的权限。在发言机会和提及他人方面，所有成员则拥有一致的权限。

**表1　微信群组的成员构成及其权限**

| 微信群组身份类型 | 人数 | 微信群组管理权限 | | | 微信群组信息发布权限 | | | | 微信入群审核权限 | | 追责权限 |
|---|---|---|---|---|---|---|---|---|---|---|---|
| | | 群组所有权 | 设置他人为管理员 | 转让群主 | 编辑群名 | 编辑群公告（@所有人） | 群内发布消息 | 提及@其他人 | 邀请入群/扫码入群<br>批准/发出入群申请 | 设置仅限邀请入群 | 将他人移除群聊 |
| ①群主 | 1人 | 完全 | 完全 | 完全 | 完全 | 完全 | 完全 | 完全 | 完全 | 完全 | 完全 |
| ②管理员 | 0-3人 | —— | —— | —— | 完全 | 完全 | 完全 | 完全 | 完全 | 完全 | 部分 |
| ③一般成员 | 与①②之和不超过500人 | —— | —— | —— | <100人时可编辑 | —— | 完全 | 完全 | 有邀请权无批准权 | —— | —— |

不过，微信群成员虽然在信息发布上享有同等权限，但由于个体的参与差异，群组内也会逐渐形成隐性层级。尽管微信不像其他平台（如贴吧、QQ等）那样能以ID等级等标签的形式呈现成员活跃度，但是基于对成员的活跃度感知，“复杂科学交流群”大体也形成了意见领袖、活跃成员、普通成员、潜水成员等隐性层级。

如图3所示，“复杂科学交流群”内224名成员发布的5047条发言展现出近似“二八分布”的状态，前20%的成员（约45名）贡献了79.6%的群聊发言。其中，意见领袖及活跃成员基于知识积累和（或）较高的参与意愿，发言频繁，有时还扮演了维系群组规则的监管者角色（Barzilai－Nahon & Neumann, 2005）。两者的区别在于是否形成声望并经常性地引领讨论走向。相较而言，普通成员和潜水成员的数量众多，但发言较少。普通成员只是偶尔参与讨论，而许多潜水成员仅在入群时“打过招呼”。

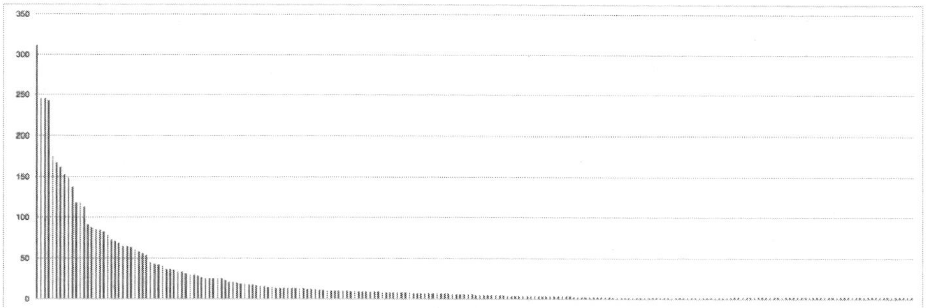


**图3 “复杂科学交流群”成员发言分布情况**

上述现象表明,网络社群理论上的去中心化层级结构,会在现实中受到法律、技术等因素的影响。同时,即便法律和技术都赋予了社群成员平等表达的机会,也并不必然导致均质的参与结果。个体在知识积累、参与意愿、沟通技能等方面的差异也以不同的方式形塑着群组的层级结构。个体交往过程中形成发言数量、影响力的分化,呈现了趣缘社群去中心化交往网络的技术设想与具有“主导节点”和“基本节点”且近似无标度网络的交往现实间的张力(蔡骐,2014)。

### (三)自治规则的演化:协商、越轨及“例外”调用

#### 1. 关键事件是规则商议的契机

如前所述,软硬规则其实已经为群组设定了“初始规则”,而在互动中形成的一些引发争议或广泛讨论的关键事件构成了助推规则商议的契机。与此同时,社群管理员对关键事件的重视程度以及成员的参与程度则是影响规则商议能否成功展开的重要因素。例如,在一场有38人参与的关于“什么是科学”“官科和民科”“中医与中医黑”的激烈讨论后,次日早晨8点,管理员B在群里对事件表示关注,并提道:

我们(社群管理员)在思考,是否要限制群内的发言。若限制,只有我们发布信息,大家就会觉得群很无聊。若不限制,有些“民科”爱好者就会发布信息,其他人就会觉得这个群是一个“民科”

群,可能会退群。我们到底该不该限制发言,怎么管,真的很为难,想征求大家的意见。

之后,管理员 B 还贴出了其参与管理的同类 QQ 群的成文群规(见图 4)供成员参考。

**群公告**

新成员入群请认真阅读群规:

1. 新成员入群需回答一个和复杂科学有关的问题;
2. 新成员进群后需要以“昵称 - 专 / 行业 - 城市”格式更改群名片。提醒后仍不修改的话,将被移出群聊;
3. 新成员入群后需要做自我介绍,以便相互熟悉;
4. 群内原则上不允许发广告。可以分享自己的书和文章,但是不得霸屏;讲座或研讨会需要提交管理员审核,审核通过之后由管理员发布;商业广告发布也通过管理员审核,审核通过后,需要先在群中发１００元红包再发布广告。未经审核而发布讲座、研讨会等信息和广告,一律移出群聊;
5. 群聊内容以复杂科学、数理编程、人工智能为主,以学术交流为目的,不允许交流政治、宗教、神学、玄学等话题,禁说脏话。违背聊天内容规定者,一律移出群聊;
6. 聊天内容仅代表个人观点,不代表＊＊＊的观点;
7. 本群解释权归管理员所有,若有建议或不同意见,欢迎交流。

图 4　管理员分享的供群成员协商参考的群规

可以看到,对自治规则进行公开商讨并非因社群管理员缺乏设立群规的经验,而是出于对前一日讨论的关切,以及对成员需求和利益的考量。其中,讨论边界(“是否要限制群内的发言”)、群聊信息丰富性(避免大家“觉得这个群很无聊”)、协调成员差异(其他人的感受)等构成了社群管理员对“自治规则”的几个关键考量。上述表态,引来许多成员共同参与规则协商,并提出了一些建议。这些建议主要分为三类。

一是认为应维持现状。例如,成员“聪敏”认为“我觉得现在这样就不错”。

二是认为应适当管理。例如,成员“山谷”说:“(虽然)管理成本有点大,不过还是需要管的。如果是各类群成员发布信息,可以在名称前面加一个标记,遇到冒充的就踢出群聊。”成员“路 Apple”提出:“我有两个建议:一是在微信群公告里发布规定,二是当有新成员入群时,助手可以先把群规发给新成员,认可群规方能入群。细化入群条件能够降低后面管理的成本,你们看如何?”

三是认为没必要进行管理，认为复杂科学群就应更加开放。例如，成员“不怕辣”说：“我觉得没必要管，懂规则的人不需要群规。”成员“小盛”认为：“作为复杂科学爱好者，我们应该可以消化这样的冲突。发言内容复杂了大家才能够畅所欲言嘛……”

对于上述提议，成员之间也进行了协商和交流，社群管理员亦逐一进行了回应并提出：“根据以上意见，我们还是决定不增加其他规则，让大家自由发言。如果有严重争执或刷屏，我们还是会管理的。”可以看到，围绕关键事件所引发的讨论，社群管理员协调了三类建议，实现了在维持现状基础上的混合型管理：既保留了限制型规则（如不进行与“主题无关”的讨论等），也明确了将进行干预的“例外”情况。

2. “越轨”认定、“例外”调用与规则演化

在上述围绕关键事件而展开的规则商议之外，对新“越轨”[①]行为的认定与追责过程则展现了影响规则演化的另一类触发机制。除去前文提到的因“发布广告”和“进行与‘主题无关’的讨论”而被移出群聊的例子，图 2 点 g 展现了“越轨”认定、“例外”调用对规则演化的影响。

事件始于成员“Lanma”分别于 6 月 18 日、20 日、23 日所分享的自己对西方哲学、真理趋势及复杂科学的思考。该内容分 2—3 条发送，每条均超过 1000 字，有 3 位成员进行了简单互动，无其他成员提出异议。转变发生在 6 月 23 日下午，群内出现了以群主“@ Lanma，请不要继续发了”为代表的反对方，以成员“泰勒斯”等为代表的支持方“搞个哲学群，把我也拉进去，这些东西很有意思”及成员“伯德”等调解方“我觉得 Lanma 发布这些没有什么不妥”。

其后，“Lanma”选择了接受群主和其他成员的建议，进行了道歉并表示“下不为例”。但“Lanma”也表达了委屈，认为“讨论理科底层的内容有什么不可以呢……难道这种内容是被禁止的？”这得到了“泰勒斯”和“伯德”的

① 本文讨论的“越轨”行为有三层意涵：一是突破法律法规所明文禁止的行为；二是“群规”禁止的行为；三是除了一和二所指涉之外的，其他不被群主（管理员）认可的行为。需要说明的是，本文无意讨论这些“越轨”行为的好坏对错，只是通过对其行为过程的分析，来呈现“越轨”行为如何被区分以及自治规则如何被实践。

认同。不过，管理员 B 以“关键是没人和你展开讨论。你刷屏的内容没有引起关注和回应，就说明你的信息不被认可”对 Lanma 的行为进行了定性。值得一提的是，在之前的群聊中，也曾多次出现成员分享感受但无人回复的情况，彼时群管理员未出面干预，类似情形亦未被视为“越轨”行为。

此外，管理员 B 还表示“这是我们建的群，是我们发布文章、活动信息用的”以强调其正当性。这一对于群组使用权的排他性规则，之前未曾发布，亦可被视为“例外”规则的调用。之后，虽有新调停者出现，但未能实现调停，最终仍有部分成员被移出群聊。至此，“越轨”行为被认定，并受到了“追责”。通过成员检索，所有参与讨论的群成员中，“越轨”行为人“Lanma”、支持者“泰勒斯”及另一位支持者被移出群聊。

对比王国华等人（2015）在贴吧观察到的“相互间言语冲突”“发帖行为方式不当”“消极回复”“飙脏话”等“越轨”行为，“复杂科学交流群”呈现了“未引发讨论，不被群认可”这样一种新“越轨”行为如何被界定、追责，以及“例外”规则如何被调用的过程。不同于贴吧、论坛等如“内容审查和编辑”“删除冲突帖”“违规用户禁言”“关小黑屋”（Barzilai-Nahon，2004；王国华等，2015）的多层次技术管理手段，微信群管理员在技术层面可使用的手段单一，即移出群聊。不过，这也为微信群通过协商形成差异化自治规则留下了空间。比较而言，“踢群第一案”所涉的群组自治规则允许行为人“越轨”三次，而“复杂科学交流群”则未明确说明；在具体追责方式及范围方面，“踢群第一案”所涉群规明确说明先对“越轨”行为提出警告，若不理会则将“越轨”行为人移出群聊，而在“复杂科学交流群”，追责执行相对简单，追责范围也不确定。

可以看到，在微信趣缘社群中，拥有更多技术权限的社群管理员在是否以及如何进行干预方面有着较大的“自由裁量权”。这又与群组规则的规范及细化程度有关。此外，社群管理员的“例外”调用不仅是一种正当性话语表达，也对最终的“越轨”行为界定和自治规则的协商过程产生了实质影响。

### 3. 网络趣缘社群自治的可能模型

通过对前述经验材料的归纳，本文提出了一个涵盖影响社群自治规则要素及其形成演化机制的中小规模网络趣缘社群自治模型，具体模型如图5所示。

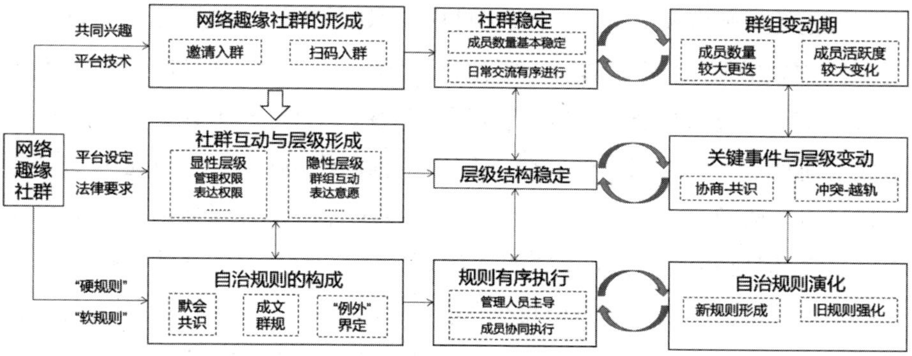


**图5　网络趣缘社群自治规则的形成与演化模型**

模型左侧展示了网络趣缘社群的一种可能“初始”状态。首先，社群成员以兴趣为纽带，通过邀请或者扫码的方式入群，实现群组聚合。在此基础上，随着社群的互动，法律及平台对社群管理员与一般成员在权责上的差异化设定被感知，两者间的显性层级得以显现。同时，虽然所有成员有平等表达的机会，但是成员间表达意愿、知识背景等方面的差异也在互动中逐渐显现，形成了意见领袖、活跃成员、普通成员、潜水成员这样的隐性层级。与社群互动和层级形成相伴的是自治规则的形成。其中，兴趣是聚合动因，也是交流内容的软性边界，并与其他外部规范一同构成了包括默会共识、成文群规及“例外”规则等在内的自治规则。不过，这些规则是由外部主导（如平台）、内部社群管理员主导，还是成员与社群管理员共同商讨，则会因管理思维、社群文化和实际语境而异（Barzilai-Nahon & Neumann，2005；彭兰，2017）。

社群“初始化”后，随着互动的进一步展开，层级分化逐渐固定，当成员基于个人参与和角色感知逐渐熟悉了社群自治规则与层级结构时，社群便进入了模型中间部分所示的状态。在这一状态下，层级结构基本保持动态平衡，而自治规则构成了日常交流的社群规范。同时，在内外部的压力与共识下，群成员对于稳定有较高期待，并使得自治规则被有序执行，形成一种相对稳定的状态。

然而，社群内部的自治状态并非一成不变，模型右侧展示了引发社群在成员、结构及规则等方面变动的可能动力。这些动力既包括关键事件引起广泛讨论的规则协商，也包括冲突事件中的“越轨”认定，还包括上述过程中“例外”规则的调用。具体来看，“应该讨论什么”“应该如何进行互动”不仅是自治规则构成的基础，也是自治规则作何变动的核心，上述问题在社群中形成了何种解答则受到显性和隐性层级结构的影响。其中，意见领袖可能会通过引导话题走向而在规则变动中产生影响，社群管理员则既可能扮演协调关系、促成共识并颁布规则的角色，也可能扮演调用“例外”规则、主导规则结果的角色。不论是协商得到的共识，还是对“越轨”行为的认定和惩戒，“什么不被允许”的边界得以明确，并推动新规则形成或旧规则强化。进一步地，自治规则的演化与执行会引起社群成员的更迭（如不认同规则就主动离开，或是依照新规则被移出群聊），进而影响社群成员活跃度的新一轮变化，直至又形成一个相对稳定的状态。

## 五、总结与讨论

聚焦网络趣缘社群自治规则的形成与演化，本文对一个互动活跃、规则成形、具有协商过程的知识趣缘微信群展开了观察和分析，以探讨中小规模网络趣缘社群的自治过程。就自治规则的形成而言，兴趣和平台技术是网络趣缘社群的组建基础，也是形塑社群初始规则的重要因素。同时，群成员及社群管理员对“软硬规则”的接触、理解、内化与强调，构成了社群自治规则的基本框架，也设定了互动的内容边界。就规则演化而言，层级结构、关键事件下的协商与“越轨”认定，以及社群管理员对“例外”规则的调用，共同影响了自治规则演化。值得一提的是，虽然网络趣缘社群在建群之初的既有身份约束较少，成员也都拥有平等的表达机会，但是由于参与意愿、知识背景等差异，仍逐渐形成了层级分化，并与成员间显性层级一起影响了社群的自治过程。此外，拥有更多“社会资本”和管理权限（罗自文，2013a）的社群管理员在规则执行中的“自由裁量”也对自治规则的发展有着重要影响。

上述发现展现了当前网络趣缘社群自治规则形成的主要影响因素及演

化过程，这既与“话题事件”（杨江华、陈玲，2019）、“主导节点”（蔡骐，2014）等非微信群组的社群演化研究形成了印证，也显现了在亲缘、地缘型基层群众自治群（牛耀红，2018；王栋，2018）之外的网络社群自治的另一种可能。同时，通过对微信群技术权限逻辑的梳理，本文对微信群组成员的权限差异、管理员的影响、成员关系结构、关键事件等要素的总结，也为后续微信群自治规则研究提供了一种分析路径。此外，虽然本文聚焦中小规模趣缘社群自治，但是对于理解大规模社群自治，特别是以中小规模社群为基本单元而组成的大规模社群自治（例如许多微信群、QQ 群的组织化连接）也有一定参考价值。

不过，虽然本文归纳的网络趣缘社群自治规则的形成演化模型能在一定程度上解释其他知识趣缘微信群的自治过程，但由于网络趣缘社群本身受社群文化、所在语境（Barzilai-Nahon & Neumann, 2005）、成员背景等方面的影响，本文能在多大程度上解释其他类型的趣缘微信群，乃至不同平台网络趣缘社群在规则形成与演化方面的自治过程还有待进一步探究。

值得一提的是，不论群组讨论热度如何，成员对社群自治规则兴致寥寥（牛耀红，2018；夏倩芳、仲野，2021）似乎才是多数微信群的常态。但这也恰恰说明，平台的技术设定、法律法规、内外部的“软硬规则”，特别是个体的消极参与对网络社群自治如何展开有着深刻影响。在这个意义上，若要形成一个开放、包容、自由、平等的网络趣缘自治社群，则既有赖于技术和外部规范的适度“松绑”，也离不开成员的积极参与、理性讨论，还与社群管理员开放的特质、组织协调能力，及其对权限的善用息息相关。

网络趣缘社群毕竟是一种有待发展的自治空间，大量网络趣缘社群的交往实践也正影响着人们对自治的感知与自治能力。当然，自治能力并非社会成员所与生俱来的，“甚至也不是主要经由来自官方或他人的传授习得的，而是在一种自治生活中逐渐养成的”（周恒，2020b）。因此，社群自治生活的形成，需要国家监管者、互联网平台、社群管理员及成员共同推动。可以想象，在一个开放、理性的协商空间中，群组成员能够更好地形成社群共识，平等地进行商讨并制定自治规则，自愿遵守规则，展开有序互动，协同惩戒“越轨”，并不断完善自治规则。我们也期待人们在交往实践中不断地发展新的自治经验,在互联网空间中形成“明亮的对话”。[①]

## 参考文献

卜玉梅,2012.虚拟民族志:田野、方法与伦理[J].社会学研究,(6):217-236,246.

蔡骐,2014.网络虚拟社区中的趣缘文化传播[J].新闻与传播研究,21(9):5-23,126.

邓惟佳,2009.能动的“迷”:媒介使用中的身份认同建构——以“伊甸园美剧论坛”为例的中国美剧网上迷群研究[D].上海:复旦大学.

黄淑贞,2012.文化资本与身份认同:以美剧在中国的传播为例[J].江苏行政学院学报,(3):45-50.

库兹奈特,2016.如何研究网络人群和社区:网络民族志方法实践指导[M].叶韦明,译.重庆:重庆大学出版社.

兰甲云,曾思怡,2016.微信公共领域里的失范行为及其法治规范建设[J].湖南大学学报(社会科学版),(2):154-160.

罗自文,2013a.青年网络趣缘群体的结构和功能研究:基于6个典型青年网络趣缘群体的实证分析[J].中国青年政治学院学报,32(6):46-50.

罗自文,2013b.网络趣缘群体的基本特征与传播模式研究:基于6个典型网络趣缘群体的实证分析[J].新闻与传播研究,20(4):101-111,128.

罗自文,2014a.青年网络趣缘群体的类型和成因分析:以6个典型青年网络趣缘群体访谈为例[J].中国青年政治学院学报,33(5):132-136.

罗自文,2014b.网络趣缘群体中传播效果的价值转向:传播过程刍论[J].现代传播(中国传媒大学学报),36(8):116-119.

毛基业,李亮,2018.管理学质性研究的回顾、反思与展望[J].南开管理评论,21(6):12-16.

牛耀红,2018.建构乡村内生秩序的数字“社区公共领域”:一个西部乡村的移动互联网实践[J].新闻与传播研究,25(4):39-56,126-127.

彭兰,2017.自组织与网络治理理论视角下的互联网治理[J].社会科学战线,(4):168-175.

腾讯,2022. 腾讯控股有限公司二零二一年年报[R/OL].https://static.www.tencent.com/

① 感谢匿名审稿专家以及潘忠党老师、冯强老师、王蔚老师、涂方静、韩婕等师友在本文修改过程中提出的宝贵意见。此外,本文初期的部分内容亦曾在科教望潮 · 2020 Remix 教育大会中获得交流,此处一并表示感谢。笔者文责自负。

uploads/2022/04/07/7fb064d564c26f7f0391836ab8b8bd05.pdf.

万晨,靖鸣,2018.微信群表达失范及其边界[J].新闻爱好者,(3):22-26.

王栋,2018.基层群众网络社群自治:现状、困境与突破[J].电子政务,(12):54-66.

王国华,熊挺,钟声扬,2015.网络趣缘群体虚拟互动的关系逻辑研究:基于社会资本理论视角[J].情报杂志,(10):106-111,84.

王艺璇,2019.建构与赋权:网络粉丝社群的文化再生产——基于鹿晗网络粉丝社群的实证研究[J].学术界,(11):151-158.

夏倩芳,仲野,2021.网络圈子影响人们的生活满意度吗?——基于一项全国性调查数据的分析[J].国际新闻界,43(11):84-110.

杨国斌,2016.引言 英雄的民族主义粉丝[J].国际新闻界,38(11):25-32.

杨江华,陈玲,2019.网络社群的形成与发展演化机制研究:基于“帝吧”的发展史考察[J].国际新闻界,41(3):127-150.

张爱军,秦小琪,2019.微博与微信比较政治分析[J].湖南师范大学社会科学学报,48(1):42-50.

张海燕,2020.论微信群主的民事责任承担[J].法学论坛,35(3):141-150.

张文宏,2003.社会资本:理论争辩与经验研究[J].社会学研究,(4):23-35.

周恒,2020a.论互联网社交在法治社会建设中的功能[J].河北法学,38(4):103-115.

周恒,2020b.互联网社会的自我秩序化:可能、形式及其意义[J].新闻界,(3):63-70,92.

朱宏森,张生太,闫辛,2019.微信群中隐性知识传播模型研究[J].科研管理,40(2):106-115.

朱丽丽,赵婷婷,2015.想象的政治:“耽美”迷群体的文本书写与性别实践[J].江苏社会科学,(6):202-208.

BAKER A, 2012. The exchange of material culture among rock fans in online communities [J]. Information, communication & society, 15(4): 519-536.

BARZILAI-NAHON K, 2004. Gatekeepers and gatekeeping mechanisms in networks [D]. Tel-Aviv: Tel-Aviv University.

BARZILAI-NAHON K, NEUMANN S, 2005. Bounded in cyberspace: an empirical model of self-regulation in virtual communities [C]//Proceedings of the 38th Annual Hawaii International Conference on System Sciences. 192b-192b.

BERRY N, LOBBAN F, BELOUSOV M, et al., 2017. # WhyWeTweetMH: understanding why people use Twitter to discuss mental health problems [J]. Journal of medical Internet research, 19(4): e107.

BOURDIEU P, 2005. The political field, the social science field and the journalistic field [M]//BENSON R, NEVEU E. Bourdieu and the journalistic field. Cambridge: Polity Press, 29-47.

JENKINS H, 2002. Interactive audiences? [M]//HARTIES D. The new media book. London: British Film Institute, 157-170.

KOZINETS R V, 2002. The field behind the screen: using netnography for marketing research in online communities [J]. Journal of marketing research, 39(1): 61-72.

LI H, 2004. Virtual community studies: a literature review, synthesis and research agenda [C]//AMCIS 2004 Proceedings, 324.

LIN N, 1999. Building a network theory of social capital [J]. Connections, 22(1): 28-51.

RHEINGOLD H, 2000. The virtual community: homesteading on the electronic frontier[M]. Cambridge: MIT Press.

ROTHAERMEL F, SUGIYAMA S, 2001. Virtual Internet communities and commercial success: individual and community-level theories grounded in the atypical case of Time-Zone.com [J].Journal of management, 27(3): 297-312.

SIGGELKOW N, 2007. Persuasion with case studies [J]. Academy of management journal, 50 (1): 20-24.

TÖNNIES F, 2012. Gemeinschaft and gesellschaft[M]//BELL C, NEWBY H. The sociology of community: a selection of readings. London: Routledge, 7-12.

TU F, 2016. WeChat and civil society in China [J]. Communication and the public, 1(3): 343-350.

# 英文摘要

## The Establishment Criteria and Rational Boundaries of Online Rumors Crime: A Perspective of Risk Criminal Law

Han Fang GuoXiaoan

**Abstract**: In the face of the ubiquity, pervasiveness, and severity of rumors in the cyberspace, the involvement of criminal law in the governance of online rumors is not only a contemporary necessity but also an imperative. However, influenced by the perspective of risk criminal law, which considers criminal law as an important and effective "tool" for eliminating social risks, criminal law, which should ideally be positioned at the end of the sequence of online rumor governance, is increasingly being viewed as a frontline measure. The criminalization of online rumors must strictly adhere to the principle of legality in criminal sentencing, closely following the "false information, substantial consequences, malicious intent" tripartite criteria for establishing criminal liability. It is necessary to consider both the substantive objective consequences and the malicious subjective motives, adhere to the principle of unity between the subjective and objective aspects, and prevent any form of undue objective attribution. Clearly defining the reasonable boundaries for criminalizing online rumors can promote smooth integration in the enforcement process, prevent the arbitrary criminalization of online rumors, and limit the excessive expansion of criminal law, thereby restricting the arbitrary expansion of penal power. Therefore, the extent and limitations of criminal law intervention in the governance of online rumors should strike a balance, simultaneously combating speech crimes while safeguarding the constitutional right to freedom of expression for the public. It is imperative to know what to do and what not to do.

**Keywords**: Online Rumors; Risk Criminal Law; Criteria for Criminalization; Boundaries of Criminal Law; Freedom of Speech

## Risk Communication from the Perspective of Stakeholder Theory: Value Analysis and Path Selection

Huang Yifeng

**Abstract**: Risk communication is not only an important part of the risk governance process, but also a key to the success of risk governance. Risk communication is of great significance for risk governance. Based on stakeholder theory analysis, this article believes that risk communication is beneficial for meeting the risk information needs of stakeholders, improving their risk awareness level, alleviating their risk fear psychology, and strengthening their risk emergency preparedness. Effective risk communication requires analyzing the target audience of the risk and clarifying the target audience for risk communication; Pay attention to changes in risk information and determine the content of risk communication; Follow the principle of risk communication and choose a risk communication method. Through risk communication, it can help risk stakeholders understand risks and make risk decisions, intervene in the risk governance process, and better implement risk governance.

**Keywords**: Risk Governance; Risk Communication; Stakeholders

## From Rumor to Disinformation: An Analysis of Information Dissemination Mechanisms in Major Risk Events

Huang Hebo

**Abstract**: The connotation of rumor has undergone a great evolution from the pre-Internet era to the network era, and has its corresponding theoretical interpretation power in the context of different times. Rumors reflect the social mentality of the public at that time. With the arrival of the risk society and mediatized society, disinformation in the framework of major risk events, its connotation, structure, and means of measurement are different from the rumor research in the general sense, and different types of events, different stages of development, and different groups of people rumor dissemination also show greater variability. First, the mediatized society provides a macro-social context for the proliferation of disinformation; second, the mediatized dissemination of disinformation profoundly affects the uncertainty of individual cognitive psychology; and lastly, the mediatized dissemination of disinformation is an important force that triggers the change of the emotional structure of the group. In the context of major risk events, disinformation exhibits social-emotional attributes, subjectivity and intentionality, and organization, etc. The governance of disinformation should also be different from the traditional path of rumor governance, and should strengthen the main responsibility of the media in the risk, as well as prevent large-scale, industrialized and transnational information counterfeiting through the means of fact checking. Academics need to pay urgent attention to the disinformation dissemination mechanism in the context of major risk events, and reflect on the new concepts, characteristics and trends of disinformation.

**Keywords**: Major Risk Events; Rumors; Disinformation; Mediatized Society; Information Governance

## Landscape Presentation and Visual Governance: Short Video Communication in Major Risk Events

Yang Shaoting

**Abstract**: In recent years, visual information represented by short videos has deeply embedded visual logic into the ideographic systems of many major risk events. In order to answer questions such as what kind of risk social landscape short videos have shaped, what visual logic and emotional biases landmark images in major risk events exhibit, how they affect public risk perception, and why they cause social amplification of risks, etc, This article collects a case library of major risk events that have occurred in China in the past five years, and retrieves iconic short video idioms from the events on the short video platform. It analyzes the short video presentation of risk landscapes, and finds that short videos enhance risk perception by recording multi-dimensional and evidence-based images of the scene. Through the arduous narrative of disaster relief (rescue) scenes, empathy communication is activated, and visual information weaponization is promoted, frame the emotional public and further become an amplifier of online public opinion. At the same time, the risk landscape created by short videos also brings about issues such as information noise, public opinion loss of focus, and even conflicts of civilization. Further consideration needs to be given to incorporating visual tools into risk management.

**Keywords**: Risk Landscape; Short Video; Major Risk Events; Visual Governance

## Research on the Effectiveness of International Communication in Mainstream Media: A Perspective of Network Agenda Setting and Affective Agenda Setting

Ji Xiaoyu, Zhong Zhijin, You Yuxia

**Abstract**: Agenda setting theory explains the process of agenda salience transfering from the media to the public, and gradually focuses on the psychological and emotional of the audience. This study discusses the effect of mainstream media´s international communication around China from the perspectives of network agenda setting and affective agenda setting. Using social network analysis to deal with the data of CGTN on YouTube, this study finds that although there is a network agenda setting effect of CGTN on overseas audiences. That is, the interpretation of issue relations during media coverage can help overseas audiences establish similar issue relationship associations. However, further analysis shows that there are differences in the specific discourse between overseas audiences and CGTN under the framework of same issues. The results of the sentiment analysis show that the effect of CGTN on setting the emotions of overseas audiences varies depending on the topics covered by the media. Under micro issues such as national image, national quality and national life, mainstream media CGTN have significant influence on the sentiment of overseas audiences, while under macro issues with obvious positive orientation, the impact may not be significant.

**Keywords**: Mainstream Media; International Communication; Network Agenda Setting; Affective Agenda Setting; Emotion

## The Chinese Public's View of Fact-checking and Its Influencing Factors: Evidence from Two Online Surveys

Yan Wenjie, Song Shuang

**Abstract**: Fact-checking is a form of journalism innovation that has been growing rapidly around the world. As part of this worldwide trend, fact-checking emerged in China in recent years. Based on two online surveys ($N_1 = 508$, $N_2 = 917$), this study examines the Chinese public's attitudes and behavioral inclinations toward fact-checking in terms of their favorability, familiarity, and frequency of use of fact-checking. It is also aimed to examine the extent to which such views on fact-checking have been influenced by individuals' news use and general attitudes toward media. The results show that in general, the Chinese public views fact-checking positively, and that their tendencies to use or avoid news as well as different levels of media trust shape their views on fact-checking to different extent. This study sheds new light on the development of fact-checking in China from an audience perspective.

**Keywords**: Fact-checking; News Exposure; News Avoidance; Media

Trust; Journalism Innovation

## Attitude is Important: A Study on the Influencing Factors of Environmental Protectionintention in the Public Sphere—Discussing the Moderating Role of Face Awareness

Tan Yunpeng, Zhang Nan, Huang Liyao

**Abstract:** As internal and external factors related to people's attitude and behavior, personality trait and social media have an important relationship with the public's intention to protect the environment. Through data analysis of 995 questionnaires, it was found that: (1) personality trait, social media environmental information exposure and intention to environmental protection in the public sphere are positively correlated; (2) Opinion leadership and the social media environmental information exposure can have a positive impact on the intention of environmental protection in the public sphere through environmental attitude; (3) Face awareness weakens the positive correlation between opinion leadership and environmental attitude. The study clarified the importance of personality trait and social media in the process of generating environmental protection intention in the public sphere; it is suggested that when promoting environmental protection through social media, not only the call of opinion leaders should be considered, but also the cultural factor.

**Keywords:** Opinion Leadership Characteristics; Environmental Information Exposure; Environmental Attitude; Face Awareness; Environmental Protection Intention in Public Sphere

## "Fostering Data": Digital Infrastructure and Labor Practices —Take the Cross-Border E-Commerce L Platform As an Example

Xu Tianmin, Lin Ying

**Abstract:** As a practical activity of digital platforms, cross-border e-commerce is becoming an important object of platform media research. From the perspective of infrastructure theory, this paper re-examines the meaning of "data" in media practice, and explores how data can be "breeded" and then become The infrastructure process of platform subject interaction. Through participatory observation and in-depth interviews, we found that big data in cross-border e-commerce practice serves as an important technical support behind the platform. On the one hand, the platform intelligently captures individual surface behaviors and habits to form algorithms; on the other hand, data serves as the operating basis for algorithms Continue to support algorithm practice. Cross-border e-commerce uses "raising data" as a means to compete with the platform, and forms the dissemination and realization based on data commercialization through "raising words", "raising numbers", and "raising weights" in the platform labor, and shapes the use of data. Oriented reverse discipline, the basic relationship of the operation of the main body of the isomorphic platform.

**Keywords**: Data; Digital Infrastructure; Platform; Cross-Border E-Commerce

## Browse Short Videos or Not? A Research on Intermittently Discontinue Behavior of Mobile Short Video UsersAmong University Students

Dong Tiance, Su Yihan, Gong Liankang, Liu Chang, Liu Yixuan

**Abstract**: As the majority of short video users, do university students continue to watch short videos, or do they actively reduce or discontinue their use of short video applications, resulting in intermittent dropout behaviour? This study analyses the perceived value and emotional state of university students towards short videos based on the "Cognitive-Affective-Conative" theory. The results of the questionnaire (N=379) showed that university students mainly browse short videos and have intermittent discontinued behaviour; users´ perceived benefits have a significant positive effect on intermittent discontinued behaviour, while state anxiety plays a significant mediating role between perceived value and intermittent discontinued behaviour. The theoretical value of this study lies in: for the first time, emotion is used as a mediating variable to explain the relationship between college users´ perceptions and their intention to intermittent discontinued behaviour; it combines the "cognitive factor-emotional factor-intermittent discontinued behaviour" model and the "Cognitive-Affective-Conative" theory, which enriches the current academic perspective on short video and intermittent discontinued behaviour.

**Keywords**: Short Video; Intermittently Discontinue Behavior; Perceived Value; State Anxiet; University Students

## Research on the Influence of E-commerce Live-streamer Characteristics on Persuasion Effect: A Computational Communication Analysis Based on Taobao Live

Cheng Xiaoxiao, Ou Dongni

**Abstract**: As the core of e-commerce live marketing model, e-commerce anchors have an important impact on the live persuasion effect. Based on persuasion theory and visual methodology, this paper presents a computer vision-based content analysis of 156 live broadcast videos of 52 e-commerce anchors. It is found that the popularity and innovation of e-commerce anchors positively affect the persuasion effect of e-commerce live broadcast, and the professionalism and spatial presentation impact negatively affect the persuasion effect. The empirical model of e-commerce anchor characteristics on the persuasive effect of live broadcast constructed in this study not only expands the applicability and boundaries of persuasion theory and key opinion leader, but also has important implications for e-commerce live marketing at the practical level: enterprises should take visibility as the main indicator for choosing e-commerce anchors to cooperate with, and e-commerce anchors should enhance their personal uniqueness on the basis of meeting professionalism and attractiveness requirements of the industry.

**Keywords**: E-commerce Anchor Characteristics; Persuasion Effects; Visual Analysis; Computational Communication

## Exploring the Effect of Influencing Factors of Rural Residents' Behavior Intention of Identifying Online Misinformation: An Analysis Based on Y County, Henan Province

Chu Jianxun, Wang Chenyang

**Abstract**: Stimulating the active intention of rural residents to identify misinformation on the Internet is an important means to resist the infringement of misinformation. Through field questionnaire survey in 16 administrative villages of Y County, Henan Province, structural equation model and multiple linear regression analysis were used to analyze the influencing factors of rural residents' intention to identify misinformation online. This paper found that attitudes, subjective norms, perceived behavioral control, personal norms, risk perception, certainty of punishment and severity of punishment all positively affect rural residents' online misinformation discrimination intention. Female's discrimination intention is stronger than male, and the higher education level and social network density, the stronger the discrimination intention. This paper suggests that we should explore and establish a synergistic prevention mechanism and technical platform for network false information. Efforts should be made to prevent false information from being propagated in rural areas. Encourage young family members to enhance their "digital feeding" to middle-aged and elderly members; Attach importance to the construction of rural bookhouses and improve the information literacy of villagers.

**Keywords**: Online Misinformation; Identifying Misinformation; Social Media; Behavioral Intention; Risk Perception; Digital Survival; Digital Literacy

## The Formation and Evolution of Self-governing Rules in the Online Interest-based Community: A Case Study of a Knowledge-sharing WeChat Group

Li Jiarui, Huang Mengxia

**Abstract**: Community life in online interest-based groups has become a daily experience for internet users. However, establishing group rules and engaging in self-governance within these communities still requires further research. Unlike traditional social communities influenced by family and professional relationships, interest-based online communities highlight shared interests and temporarily overlook real-life differences, opening up new possibilities for community self-governance and providing opportunities to observe the formation and evolution of online community rules. This article uses a WeChat group focused on knowledge interests as a case to reveal one possible process for the formation and evolution of rules within small to medium-sized online interest-based communities through online observation and interviews. The study found that the basic foundation for individuals to gather in groups is technical support and shared interests. Through interaction, differences in role permissions and individual participation lead to hierarchical differentiation within the community. Initially, the formation of autonomous rules is mainly influenced by community interests, external norms, and the considerations of community administrators. Triggered by key events, group negotiation, boundary-setting, and "exception" calls constitute the three mechanisms for rule evolution, in which community administrators play an important role. Additionally, the evolution of community self-governance rules also affects member turnover, group activity, and hierarchical structure. The evolution of online community self-governance rules provides people with experiences of self-governance in online spaces, helping us reflect on the process and possibilities of online community self-governance.

**Keywords**: Online Interest-Based Community; Self-Governance Rules; Hierarchical Structure; Group Negotiation; Deviance

**图书在版编目(CIP)数据**

中国网络传播研究:风险传播与治理/夏倩芳主编.--北京:中国传媒大学出版社,2024.11.

ISBN 978-7-5657-3820-3

Ⅰ. G206.2-53

中国国家版本馆 CIP 数据核字第 2024F75Q39 号

**中国网络传播研究:风险传播与治理**

**ZHONGGUO WANGLUO CHUANBO YANJIU:FENGXIAN CHUANBO YU ZHILI**

**主　　编**　夏倩芳
**责任编辑**　于水莲
**封面设计**　拓美设计
**责任印制**　李志鹏

**出版发行**　中国传媒大学出版社
**社　　址**　北京市朝阳区定福庄东街 1 号　　**邮　　编**　100024
**电　　话**　86-10-65450528　65450532　　**传　　真**　65779405
**网　　址**　http://cucp. cuc. edu. cn
**经　　销**　全国新华书店

**印　　刷**　唐山玺诚印务有限公司
**开　　本**　710mm×1000mm　1/16
**印　　张**　18.5
**字　　数**　280 千字
**版　　次**　2024 年 11 月第 1 版
**印　　次**　2024 年 11 月第 1 次印刷

**书　　号**　ISBN 978-7-5657-3820-3/G · 3820　　**定　　价**　89.00 元

**本社法律顾问:北京嘉润律师事务所　郭建平**